酒店管理专业系列创新教材

JiuDian GuanLi ZhuanYe XiLie ChuangXin JiaoCai

总主编 罗旭华

酒店公共关系实务

Jiudian GongGong GuanXi ShiWu

主编 吕 莉

经济科学出版社

Economic Science Press

图书在版编目（CIP）数据

酒店公共关系实务 / 吕莉主编. —北京：经济科学
出版社，2013.9（2021.3 重印）
酒店管理专业系列创新教材
ISBN 978 - 7 - 5141 - 3763 - 7

Ⅰ. ①酒⋯ Ⅱ. ①吕⋯ Ⅲ. ①饭店－公共关系学－高
等学校－教材 Ⅳ. ①F719.2

中国版本图书馆 CIP 数据核字（2013）第 215074 号

责任编辑：刘明晖 李 军
责任校对：郑淑艳
版式设计：齐 杰
责任印制：李 鹏

酒店公共关系实务
吕 莉 主编
经济科学出版社出版、发行 新华书店经销
社址：北京市海淀区阜成路甲 28 号 邮编：100142
总编部电话：88191217 发行部电话：88191540
网址：www.esp.com.cn
电子邮件：esp@esp.com.cn
天猫网店：经济科学出版社旗舰店
网址：http://jjkxcbs.tmall.com
固安华明印业有限公司印装
710×1000 16 开 16.25 印张 310000 字
2014 年 1 月第 1 版 2021 年 3 月第 6 次印刷
ISBN 978 - 7 - 5141 - 3763 - 7 定价：36.00 元
（图书出现印装问题，本社负责调换。电话：88191502）
（版权所有 翻印必究）

酒店管理专业系列创新教材
编写委员会

前　言

　　公共关系是社会组织内求团结、外求发展的管理科学与艺术。公共关系学是 20 世纪 80 年代引入我国的一门新兴的综合性的应用科学，是一个社会组织为了塑造组织形象，通过传播管理、形象塑造、沟通协调等手段来影响公众的科学与艺术。在我国，公共关系首先是在宾馆酒店发展起来的。在现代酒店管理中，如果没有较强的公关意识就很难赢得顾客的信赖，不掌握一定的公关知识和技巧也不可能成为一个好的经营者和管理者。

　　《酒店公共关系实务》是高职高专酒店管理专业的主干课程。本教材在兼顾公共关系作为一个完整学科体系的同时，突出了其作为应用型学科的特点，着力从实际、实用、实践的角度出发，强调了酒店公共关系职业能力的培养与开发。主要内容包括酒店公共关系认知、关系协调、信息传播、酒店形象设计与推广、酒店危机公关和酒店公关活动管理。在内容上，力求体现学科的重点知识和最新的研究成果，选用了一批实战性或启发性较强的案例；在体例上也有所创新，每个项目中都包括"主要内容"、"学习目标"、"案例导入"、"能力培养"、"知识拓展"、"特别提示"、"小资料"、"同步案例"、"本章小结"、"案例分析题"、"思考练习题"和"实训项目"，并制作了丰富的图表以帮助学生理解，力争做到让学生在做中学，学中练，学做结合，使学生更好地理解和把握各项主要的酒店公共关系任务，培养学生初步具有酒店公共关系岗位所需要的创新思维和分析问题、解决问题的能力，切实提高学生的公共关系实务操作能力。本书是适用于高职高专酒店管理专业相关课程的专业教材，也可作为酒店公关人员及营销人员自学、培训的参考书。

　　本书由中国劳动关系学院副教授吕莉担任主编，由中国劳动关系学院陈卓老师、黑龙江东方学院姚建设老师共同编撰。具体分工如下：吕莉承担了教材总体思路与框架的拟定工作，以及项目一和项目二的编撰工作和全书的统稿、定稿工作；陈卓承担了项目三和项目五的编撰工作，姚建设承担了项目四和项目六的编撰工作。在统稿的过程中，在保持理论体系完整性的前提下，尽量保持了每一位老师独特的写作风格，以便将更加丰富的色彩呈现在广大的学生面前。本书的编写出版得到了中国劳动关系学院高职学院副院长罗旭华教授的大力支持和指导，以及中国劳动关系学院的领导和同仁对我们多年来的关心与支持，在此一并表示感谢。此外，本书的出版还得到了经济科学出版社李军老师的大力支持，在此同样深表感谢。

　　酒店公共关系是一门实践性很强的综合性学科，涉及管理学、消费心理学、广告学、传播学、语言学、行为学、市场营销学等一系列的学科。在教材的编撰过程中，我们参考、借鉴、引用了大量相关的著作和文献资料以及同行的研究成果，有的还直接引用了精彩的论述，在此谨向各位我们参考过的资料、文献的作者表示诚挚的谢意，如有疏漏，深表歉意。由于时间和编者水平有限，教材中难免存在不足和疏漏之处，敬请有关专家和广大读者批评指正，以便不断修正和完善。

目 录

项目一 酒店公共关系认知

【主要内容】

本项目介绍了公共关系的概念以及酒店公共关系的含义和本质，使学习者了解酒店公共关系的特点，明确酒店公共关系的基本特征；并对构成酒店公共关系的主体、客体和中介三大要素及其内容进行了详细分析。

【学习目标】

1. 熟悉公共关系及相关概念
2. 理解酒店公共关系的核心概念和本质
3. 理解公共关系与其他关系的联系与区别
4. 掌握酒店公共关系部门的机构设置
5. 掌握酒店公共关系的构成要素

【案例导入】

小李大学毕业后第一份工作是担任某酒店的公关部助理。入职后，为了早日适应岗位要求，并非公关专业出身的小李特别留意观察自己同事和上司的工作。王主管经常在外面跑，在办公室时也是电话不断；陈主管倒是不常外出，一上班就坐在电脑前收邮件、看新闻、写稿子、编内刊。同事小美告诉小李，他们的经理更忙，他经常要给媒体、政府和行业主管部门打电话或者上门拜访。一般情况下是轮流的，这样可以确保每月能够与每个人沟通一次，通过这种沟通可以获得更多的信息资源，以便及时地从不同的角度、根据不同的媒体整理成相应的文章发给媒体作为参考，这样可以保证企业的信息和观点每月都在媒体上出现。经理还总要求他的下属尽量多地收集资料，他本人一直保持每个月 80～100 份的报纸、杂志和书籍的阅读量。小李还觉得，经理的会很多，像公司各部门主管的例会、老总召见、政府部门和酒店行业内的联络会、媒体沟通会等，当然还有他们自己部门的例会。小美却说这不算什么，如果是遇上酒店要举办大型活动或像去年竞争对手在网上散布流言的事情，那才叫忙呢。小李想，这要学的可真多啊。

资料来源：尹景明，贺湘辉．酒店公关实务（第三版）[M]．广东经济出版社，2012.

【工作任务分析】

1. 你认为小李要学些什么？

2. 如果你是小李，除了观察同事和上司的工作之外，还会做哪些准备以尽快进入自己的工作角色？

【讨论任务难点】

1. 怎么理解公共关系？从事公共关系工作主要做些什么？

2. 这个案例为我们了解公共关系提供了哪些借鉴？

3. 如果在讨论中碰到困难，请在下面列出难点的具体内容（学生讨论后列出）。

(1) _____

(2) _____

(3) _____

模块一　步入酒店公关世界

【能力培养】

1. 能正确理解公共关系的几种含义。

2. 熟练掌握公共关系的职责与功能。

3. 正确辨析酒店公共关系与相关实践活动的关系。

任务一　公共关系 HOLD 得住

在市场经济条件下，一个企业拥有良好的公共关系是极其重要的。企业在发展的过程中，要树立公共关系意识，培养与企业内部和外部的公共关系，这样才能使企业长久健康地发展壮大。步入酒店公关世界，首先从 HOLD 住公共关系的含义入手。

【知识拓展】

公共关系一词，是英文"Public Relations"中译，英文缩写为"PR"，公共关系也可简称为"PR"。"Public Relations"既可翻译成"公共关系"，又可以翻译成"公众关系"，两种译法在词的内涵解释方面几无差异。在中国，公共关系已成为一种约定俗成的概念，不仅被人们广泛接受和使用，而且在法律上也得到了认可。

一、HOLD 住公共关系的定义

（一）何谓公共关系

公共关系作为一种社会现象，应该说是一种与人类社会的产生同步存在的客观现实。它泛指团体、企业或个人在社会活动中的相互关系。在历史的长河中，由于社会历史条件的限制，人们没有，也不可能认识到这种客观显现而尚待进一步发展的公共关系状态，因而也不可能探索出这种公共关系状态的变化及其一般规律，并从中得出启迪与教益来指导现实生活。因此，严格来说，在19世纪以前，人类社会还没有产生和形成公共关系思想，也不存在任何与之相关的活动，而仅仅是在各项社会活动中表现出一定的公共关系意识取向，我们把这一段漫长的历史叫做准公共关系时期。

19世纪末20世纪初，公共关系思想起源于商品经济比较发达的美国。由于当时美国经济的"托拉斯化"，"卖方市场"向"买房市场"转变，传统的"生产中心论"开始被以顾客为中心的是"市场中心论"所取代。市场竞争日趋激烈，优胜劣汰已成规律。一个企业的生存和发展很大程度上依赖于良好的公众关系和社会舆论。企业的社会形象和公众信誉，成为占领市场的重要因素。于是，公共关系作为经营管理的一种方法，被广泛应用于工商业等各个领域。目前公共关系已成为现代经营管理的重要手段和企业家们的重要哲学观念。当然，随着社会进步，公共关系理论也在日趋成熟，它具有多方面的功能，因而能在社会生活的各个方面发挥作用。

（二）公共关系的定义

公共关系的定义历来众说纷纭，这从一个侧面反映了公共关系的发展过程及其内涵的丰富。对公共关系的界定，大致有以下几种具有代表性的表述，见图1－1。它们分别得到众多学者的赞同，并对公共关系学及其相关领域的公共关系产生过重要影响。

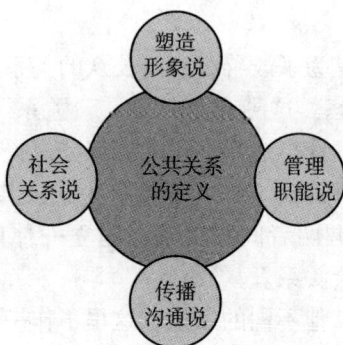

图1－1　公共关系的定义

1. 塑造形象说

赞同这一说法的学者认为：公共关系是一门塑造形象艺术。在现代社会日趋激烈的竞争中，公共关系为组织设计、塑造和传播形象。它不仅是软竞争的排头兵，而且还是企业开拓市场和对外发展的重要手段。该观点认为，公共关系是社会组织为了塑造自身的良好形象，运用传播媒介信息沟通与其公众建立的利益互惠的社会关系。是企业为了塑造形象，建立信誉，通过传播沟通手段影响公众的社会科学与艺术。

2. 管理职能说

在企业的公共关系活动中，公共关系在沟通信息、协调关系、宣传招徕、社会交往、咨询决策等方面的特殊功能，确实成为企业生存发展的重要手段和制胜法宝。所以在我国，认为公共关系是一种管理职能的观点，在这个学科的研究领域中很有市场。

国际公共关系协会给公共关系下的定义是：公共关系是一种管理功能，它具有连续性和计划性。通过公共关系，公立的和私人的组织、机构试图赢得同它们有关的人们的理解、同情和支持——借助对舆论的估价，以尽可能地协调它们自己的政策和做法，依靠有计划的、广泛的信息传播，赢得更有效的合作，更好地实现它们的共同利益。

3. 传播沟通说

这一类定义强调公共关系是组织一种特定的传播管理行为和职能，认为公共关系离不开传播沟通。持这种观点的学者极其重视研究社会组织与公众之间的沟通行为与规律。他们认为公共关系是一个组织与其相关公众之间的传播管理，是指社会组织与公众之间的一种传播方式，公共关系活动的本质是交流。公共关系学是现代传播学的一个应用分支。这种观点认为，公共关系是组织的信息传播行为与职能；是组织与公众之间双向交流的过程；是传播、沟通活动的结果。

4. 社会关系说

公共关系的最终目的是为了改善组织与公众的关系，创建一种有利于组织健康发展的良好社会关系状态。这种观点认为，"关系"体现公共关系的本质属性，公共关系是一种特定的社会关系，正确认识公众关系，处理公众关系是开展公共关系的出发点和归宿。因此，一些学者认为：公共关系的主体是社会组织，客体是公众。其目的是协调两者间的关系，建立一种良好的社会关系网络。因此，公共关系应是一种社会关系。

公共关系的定义还有其他不同的表述，这里不作一一陈述。

通过以上各种公共关系的定义，我们可以得出以下启示：

（1）公共关系定义之所以多种多样，表明了公共关系的内涵十分丰富。它具有巨大而又复杂的潜能，有待我们进一步去发掘与深化。

（2）上述四种具有代表性的定义，均侧重于公共关系的某一个特殊功能。可以认为，这四种功能在不同领域和不同社会实践中必定都获得过巨大成功，因此成为公共关系理论构建的宝贵源泉。

（3）公共关系的定义尚待进一步完善，随着公共关系理论与实践的发展，对公共关系定义的科学化与规范化是指日可待。

（4）尤其值得一提的是，公共关系内涵的丰富性与外延的扩展性是客观存在的。因此，我们对公共关系的定义不必死抱教条，或强求统一，完全可以根据公共关系所应用的不同领域和行业的不同特点，形成具有行业特色的公共关系学说，从而丰富公共关系的理论体系。

【特别提示】

公共关系的核心思想

公共关系的核心思想是：一个组织采用传播手段，通过与公众双向沟通，来树立自身美好形象，以获得公众的好感和支持，为自身发展创造良好的社会环境。这个核心思想包含以下基本要点：

1. 从事公共关系活动的主体是社会组织。
2. 公共关系活动针对的对象是该组织的公众。
3. 开展公共关系活动的手段是传播沟通。
4. 公共关系活动的内容是树立组织美好的整体形象。
5. 公共关系活动的目的是争取获得公众对组织的好感和支持。

资料来源：冉戎，吴颖. 公共关系学［M］. 重庆大学出版社，2012.

二、HOLD 住公共关系的基本特征

（一）形象至上

组织形象的好坏决定了公众的购买行为。在公众中塑造、建立和维护组织的良好形象是公共关系活动的根本目的，而这种形象既与组织的总体有关，也与公众的状态和变化趋势直接相连。这就要求组织必须有合理的经营决策机制、正确的经营理念和创新精神，并根据公众、社会的需要及其变化，及时调整和修正自己的行为，不断地改进产品和服务，以便在公众面前树立良好的形象。可以这么说，良好的形象是组织最大的财富，是组织生存和发展的出发点和归宿，企业的一切工作都是为了顾客展开。

（二）沟通为本

在现代社会，社会组织与公众打交道，实际上是通过信息双向交流和沟通来实现的。正是通过这种双向交流和信息共享过程，才形成了组织与公众之间的共

同利益和互动关系。这是公共关系区别于法律、道德和制度等意识形态的地方。在这里，组织和公众之间可以进行平等自愿的、充分的信息交流和反馈，没有任何强制力量，双方都可畅所欲言，因而能最大限度地降低不良的副作用。

（三）互惠互利

互惠互利的原则是指公共关系的主体与客体双方受益的原则。组织对公众"投之以桃"，公众也会对组织"报之以李"，这是公共关系互惠互利原则的必然结果。组织与其公众之间的相互适应、共同发展从根本上说就是组织与其公众间利益的相互兼顾、共同获取。

组织的公共关系工作之所以有成效、之所以有必要，恰恰在于它能协调双方的利益，通过公共关系，可以实现双方利益的最大化，这也是具备公关意识的组织和不具备公关意识的组织的最大区别。

（四）真实真诚

追求真实是现代公共关系工作的基本原则。"现代公关之父"美国人艾维·李的公共关系信条是："公众必须被告之"，"说真话"，主张企业管理遵循"门户开放"的原则。尤其是现代社会，信息及传媒手段空前发达，这使得任何组织都无法长期封锁消息、控制消息，以隐瞒真相，欺骗公众。正如美国总统林肯所说，你可以在某一时刻欺骗所有人，也可以在所有时刻欺骗某些人，但你绝对不能在所有时刻欺骗所有人。因此，组织从事公关活动时要真实地传递信息，不应采取隐瞒、夸张或造假等手段来误导公众认知。

【特别提示】

公共关系强调告知公众真相，让公众知道正在发生什么事情。公共关系从业人员的行为要专业化，要以真实、准确、公正和责任感面向公众（美国公关协会职业标准准则）。公共关系要为真诚对话建立道德、心理及智力方面的条件（国际公关协会准则）。一系列的关键词如真相、真实、真诚对话，强调了传播管理以"真"为前提。公共关系强调的是以双向传播为目标，即传播者与接收者都认为自己的意见能够影响对方，只有这样才能达成有效沟通。

说真话是公共关系专业的核心价值。正是因为公共关系具有高度可信的特征，它适应扮演品牌建筑师的角色，适用于同日益多元的公众达成双向沟通。公共关系的任务是建立信誉，信誉是公共关系的价值所在。

资料来源：谢景芬. 说真话是公关的核心价值 [J]. 国际公关，2010，(5).

（五）着眼长远利益

公共关系追求的是组织与公众之间稳定而长久的良好关系状态，但这并不是一蹴而就、一朝一夕就能够建立起来的。由于组织及社会环境的复杂性，组织需要做出长期的努力，只有持之以恒，日久才能见成效。当然，在公众中树立良好的信誉和形象，维护组织的长远利益，更要高瞻远瞩，着眼未来，持久不懈地努力。有时，为了长远的利益要舍得付出眼前的代价，通过平时的点滴积累，取得公众的信任。那种欺骗公众的"急功近利"与"临渴掘井"的应急心态都不是原本意义上的公共关系。

【小资料】

公关通俗解

公共关系——"90%靠自己做得对，10%靠宣传"。

公共关系——"让大家爱我"。

公共关系——"信与爱的结合"。

公共关系——"争取对你有用的朋友"。

公共关系——"一门研究如何建立信誉，从而使事业获得成功的学问"。

公共关系——"博得公众好感的技术"。

公共关系——"一个建立公众信任，增进公众了解的计划方案"。

公共关系——"就是讨公众喜欢"。

公共关系——"说服和左右大众的艺术"。

资料来源：霍瑞红. 公共关系实务［M］. 中国人民大学出版社，2011.

三、HOLD住公共关系与其他关系的联系与区别

公共关系作为一种内求团结、外求发展，塑造组织良好形象的管理科学，对组织改善与社会公众的关系，促进公众对组织的认识、理解及支持，达到树立良好组织形象、促进商品销售有重要作用。可是，由于人们缺乏公共关系意识和对公共关系的基本内涵和职能的了解，不能把握对公共关系与其他相关概念的质的区别，这对公共关系在中国的普及和应用造成了障碍。因此，我们有必要分清公共关系与其他关系的联系与区别。

（一）公共关系与庸俗关系

"拉关系"、"走后门"等庸俗的社会现象，它是一种非正常的、不健康的、庸俗化的人际关系，它以损公肥私、侵占他人利益及危害社会利益为特征，是一种赤裸裸的私利关系。公共关系与庸俗关系有着本质上的区别，它主要表现在：

1. 两者产生的基础不同

公共关系是商品经济高度发达、现代民主制度不断发展、信息手段十分先进的产物，是社会经济发展到一定阶段的产物，在商品交换关系日益复杂、信息传播量急剧增加、竞争日益激烈、卖方市场向买方市场转化的历史条件下，组织要

获得生存与发展，就要通过公共关系来树立自身的形象和提高自己的信誉，以此赢得社会公众的理解与合作。而庸俗关系则是在封闭落后的经济条件下，生产力不发达、市场经济发育不完善、物质供应不充足的产物，带有浓厚的血缘、地缘的色彩。

2. 两者的理论依据不同

公共关系以现代科学理论为指导，按照正确的目标、科学的方式、规范的组织形式、严格的工作程序和道德准则来进行；庸俗关系则建立在市侩经验的基础上，其方法是险恶的权术，奉行的是"人不为己，天诛地灭"的信条。

3. 两者的活动方式不同

公共关系是社会组织与社会公众之间的正当联系，主要是通过正式渠道，采取大众传播或人际传播等手段，公开地进行活动，其活动是正大光明的。而庸俗关系是个人与个人之间的不正当联系，是私人之间相互利用的一种不正当的活动。其参与者尽量掩盖其所作所为，进行幕后交易，如通过奉承拍马、内外勾结、营私舞弊、行贿受贿等庸俗手段，进行暗中拉关系、谋私利的活动。这些活动不能在公众场合下公开进行，只能在暗地里偷偷地进行。

4. 两者所要达到的目的不同

公共关系以建立良好的组织形象、提高知名度与美誉度、维护组织与公众双方的合理利益为目标，恪守公正诚实、信誉至上的原则，从而使组织获取较好的社会效益与经济效益；庸俗关系则是通过各种卑劣手段，来达到个人私利的目的，如搞些紧俏商品，买些便宜货，谋个好职务，在竞标中搞到竞标项目等。前者为公共利益而奋斗，后者只是为个人的私利而投机钻营。

5. 两者产生的效果不同

公共关系是通过有计划进行的一系列活动，使社会组织在与社会整体利益一致的前提下不断发展，其结果是组织、社会、国家和公众都受惠，为社会创造一种以诚相见、讲求信誉、提高声望的良好风气；有利于形成和谐、友善、正常、健康的人际关系；有利于提高社会文明程度，促进社会的发展。庸俗关系则是将人际交往商品化，使人们变得唯利是图、目光短浅，整个社会充满市侩气，个人中饱私囊，而国家和公众的利益却遭到损害。

【小资料】

破除关于公关的 3 大误区

误区一：
公关就是漂亮的小姐＋接待

破除原因：

公关与礼仪是密不可分的，但是公关不仅仅等于接待。接待仅仅只是公关比较初级的阶段，此外，公关还有中级和高级阶段，中级阶段即公关经理达到的水平，这个时候需要你会做专题、组织培训，需要有良好的应变和创新能力。高级阶段指的是高层公关，比如企业战略的咨询、与政府的联络等。

误区二：

公关就是英俊的小伙＋推销

破除原因：

公关确有推销的成效，但是与推销有本质的区别，区别在于，公关更有人情味，重点在于通过树立企业、产品的形象达到推销的最佳效果。一次成功的公关活动，给公司带来的销售业绩比直接的推销高得多。

误区三：

公关与庸关不分

破除原因：

有些人以为，公关就是拉关系，走后门，实际上是把公关庸俗化了，混淆了公关与"庸关"的区别。实际上这二者的目的、手段、方式、效果都是不同的，有着本质区别。

资料来源：《什么样的人适合做公关》，http://wenku. baidu. com/view/6e61aac389eb172ded63b755. html。

（二）公共关系与人际关系

人际关系是指在现实社会的实际活动中，人们通过交往而形成的人与人之间的相互作用和相互影响，即人们通过交往沟通形成的人与人之间的一种心理联系及相应的行为表现。常指除亲属关系以外的人与人交往关系的总称，也被称为"人际交往"，包括朋友关系、学友（同学）关系、师生关系、雇佣关系、战友关系、同事及领导与被领导关系等。人是社会动物，每个个体均有其独特之思想、背景、态度、个性、行为模式及价值观，然而人际关系对每个人的情绪、生活、工作有很大的影响，甚至对组织气氛、组织沟通、组织运作、组织效率及个人与组织之关系均有极大的影响。

公共关系与人际关系是两个既有联系又有区别的概念。二者联系紧密，公共关系以人际关系为基础，良好的人际关系有助于组织内部环境和外部环境的和谐与改善。但二者是不同的事物和概念。公共关系指组织与公众之间的传播与沟通。人际关系指个人在社会实践中形成的各种社会关系。

1. 公共关系与人际关系的联系

（1）从工作内容上看，公众关系中包含了许多人际关系。

（2）从工作方法看，公关工作需要运用人际沟通的手段，要求公关人员具备较好的人际关系能力。良好的个人关系有助于建立良好的公共关系。

2. 公共关系与人际关系的区别

【同步案例】

案例 1

有位女士善做菜，而且特别喜欢让人品尝她的手艺。一次她请友人吃饭，忙了大半天，终于做好了一桌子饭菜。朋友们也开心地大吃特吃起来。在大家都吃得差不多时，女主人却还在不断地忙着上菜，此时满桌上的菜已经剩下不少了，女主人盛情相劝，请大家继续吃，友人们连忙推辞道谢："你的菜做的实在太好吃了，我们都快撑得走不动了。"女主人自然很高兴，接口一句："看你们说的，再吃点，再吃点，要不，剩下也是喂狗……"话一出口，彼此尴尬。

案例 2

美国一家工厂对待经常酗酒影响工作的人，不是简单地处分或开除，而是采取了特殊的处理方法。

工厂专门聘请了心理医生，设立心理咨询中心，定期接待爱酗酒的工人登门到访，针对不同心理情况做细致的工作。有趣的是工厂特地找了一位有酗酒经历的心理医生，现身说法，更有说服力。

这一做法不仅使工人本人深为感动，而且使家属更为感激，认为这挽救了他们全家。

更意外的是这样做以后，总裁在员工中的威信大为提高。不酗酒的工人也很感动，认为企业这样关心职工，关心职工的前途和家庭，值得为它努力工作，从而大大提高了企业内部的向心力。

资料来源：何燕子，欧绍华. 公共关系理论与实务［M］. 合肥工业大学出版社，2012.

从上述两个案例可以看出，公共关系与人际关系的区别在于：

（1）主体不同。公共关系的行为主体是组织，人际关系的行为主体是个人；

（2）对象不同。公共关系的对象是公众，人际关系的对象是私人关系；

（3）内容不同。公共关系是组织的管理职能，人际关系是个人的交际技巧；

（4）手段不同。公共关系较强调运用大众传播，人际关系局限于人际传播；

（5）目的不同。公共关系是建立适应组织生存和发展需要的形象。人际关系在于增进双方了解，联络彼此感情。

（三）公共关系与广告

一般情况下，人们提到的广告大都指商业广告，即广告主为了扩大销售、获取盈利，以付钱的方式利用各种传播手段向目标市场的广大公众传播商品或服务的经济活动。开展公共关系无疑要运用广告这种重要的传播形式，但广告不等于公共关系，它们之间既有联系又有区别。其联系主要是二者都具有依靠传播媒介传播信息的特征，同时公共关系可以借助广告的形式去实现其传播信息的职能，而广告则可以借助公共关系去增强它的说服力。

【小资料】

公共关系与广告的区别

以一个马戏团要在某小镇表演而作的市场活动为例来说明两者的不同：

如果你在街上作一个牌子，写上"×××马戏团将于×月×日在本镇上演大戏"，这就是在做"广告"。

如果你在马戏团里找一头大象，把这个牌子放在大象的背上，在大街上来回走动，这是在做"促销推广"。

如果你让背着牌子的大象踏进镇政府大门前的花园，这就是在做"炒作"。

如果你能让镇长对"大象踏进镇政府大门前的花园"这件事发表意见，这就是在做"公关"。

资料来源：张玉雁，刘成君，卢国红．公共关系理论与实务［M］．天津科学技术出版社，2010．

公共关系与广告的区别主要在于：

1. 传播的目标不同

公共关系的目标是赢得公众的信赖、好感、合作与支持，树立良好的整体形象，"让别人爱我"；广告的目标是激发人们的购买欲望，对产品产生好感，"让别人买我"。

例如，一家五星级酒店为山区希望小学捐了一笔款，这所学校的孩子不会因此就来住店。酒店的捐款行为仅仅是向公众证明了其有社会责任感、有爱心，关心祖国的教育事业和贫困山区的孩子成长，仅仅是树立这样一个形象而已。当然，好形象也会带来好效益。

再如，一个产品广告连续做了 3 个月，有人来买、销量大增就是好广告；没人来买或没多少人知道，销量没变化，就被认为是失败的。因此，有人形象地比喻为"广告是让人买我，公关是让人爱我"。

2. 传播原则不同

广告的信息传播原则是引人注目。只有引人注目的广告，才能使企业的产品和服务广为人知，激发人们的购买欲望，最终达到扩大销售和服务的目的。公共关系传播的首先原则是真实可信，其传播的信息都应当是真实的、可信的，绝不能有任何虚假。当然，公共关系信息传播也要讲究引人注目，但"引人注目"是从属于真实性，是为真实性服务的。

3. 传播方式不同

广告为了引人注目，可以采用各种传播方式，包括新闻的、文学的及艺术的传播方式，可以采用虚构的乃至神话的夸张手法，以激起人们的兴趣，加速人们的购买欲望。但公共关系的传播方式，最重要的是靠事实说话，其信息传播手段主要是新闻传播的手段，如新闻稿、新闻发布会、报纸、杂志等。这些传播手段的特点是：靠信息的真实性、客观性及其内在的新闻价值说话，认为成功的关键不在于当事人运用什么哗众取宠、耸人听闻的表现手法，而在于善于选择适当的时机、采用适当的形式，通过适当的媒介，把适当的信息及时、准确地传递给目标公众。

4. 传播周期不同

通常来说，广告的传播周期是短暂的，短则十天半月，长则数月一年，一般不会太长。相对来说，公共关系的传播周期则是长期的，其任务主要是树立整个企业的信誉和形象，急功近利的方式是很难奏效的。

5. 所处地位不同

一般来说，广告在经营管理的全局中所处的地位是局部性的，其成败好坏，对全局没有决定性的影响。但公共关系工作却不同，它在经营管理中处于全局性的地位，贯穿于经营管理的全过程。公共关系工作的好坏，决定着整个企业的信誉、形象，决定着整个企业的生死存亡。

6. 效果不同

一般来说，广告的效果是直接的、可测的，其经济效果是显而易见的，对某项广告而言，其效果也往往是局部的，只影响到某个产品或某项服务的销路。因此，广告的效果又是局部性的、战术性的。而公共关系的效果则是战略性的、全局性的。一旦确立了正确的公共关系思想，并开展了成功的公共关系工作，企业就能在外界建立起良好的信誉和形象，使组织受益无穷，而且社会各界也会因此受益不浅。成功的公共关系所取得的效益，应该是包括政治、经济、社会等各方面效益的社会整体效益。一般来说，这样的整体效益是难以通过利润的尺度来直接衡量的。

【同步案例】

公关造名，广告创利

可口可乐擅长用公关手段制造美名。它依靠一个所谓的"神秘配方"的故事持续书写百年传奇。同时，可口可乐也是广告运作高手。它之所以能够长期执全球饮料界之牛耳，一系列关于圣诞老人的广告居功至伟——我们今天所熟知的圣诞老人的形象，就是可口可乐公司创造的。而在第二次世界大战期间，可口可乐公司向公众宣称：有盟军的地方，就一定要有可口可乐。随着世界反法西斯战争的节节推进，可口可乐公司也实现了他全球化的布局——

可口可乐与人类正义同在，可口可乐与胜利同在，这是多么激动人心的品牌塑造！近年来，面对着百事可乐用超级明星群战略抢夺年轻人市场塑造时尚品牌形象的步步紧逼，可口可乐通过与在年轻人最有号召力的游戏《魔兽世界》的联手，相继打出公关、广告、促销的营销传播组合拳，一举击退百事可乐的进攻。

资料来源：http://www.chinatat.com/new/184_288/2009a8a21_sync03924941212128900219796.shtml.

（四）公共关系与新闻宣传

公共关系与宣传的联系主要表现在：二者性质上都是一种传播过程，并具有一些共同的活动特点；二者的工作内容有时也是相同的，如每个组织都有团结内部成员，增强群体凝聚力、向心力、荣誉感等方面的任务，这既是组织内部宣传工作的内容，也是组织内部公共关系工作的目标。但是公共关系与宣传是有区别的，其区别表现在：

1. 工作性质不同

传统的宣传工作属于政治思想工作范畴，是政治思想工作的手段和工具。宣传的目的主要是改变和强化人们心理状态和精神状态，获取人们对某种主张或信仰的支持。其主要内容是国家的方针、政策、社会道德、伦理、法制等方面的教育。公共关系作为一种特殊的管理职能，其目的是塑造组织形象，建立组织与公众的良好关系，除了宣传、鼓动以外，其工作的主要内容是信息交流、协调沟通、决策咨询、危机处理等。

2. 受众不同

公共关系是从组织利益出发，其传播的直接目的，是为本组织的利益服务。因此，它的传播受众主要是相关公众，必须对相关公众负责。而新闻宣传的受众是全体社会大众，因此，它必须对整个社会负责。

3. 工作方式不同

宣传工作是单向传播过程（组织→公众），带有灌输性和强制性；其目的有时是隐秘的，并不为公众所知晓；工作重点往往是以组织既定的目标来控制公众的心理；有时为了获取目标对象的支持，宣传容易出现夸张渲染的片面效应。公共关系工作是一种双向传播过程（组织公众）；公共关系必须尊重事实，及时、准确、有效地向公众传递组织信息，以真诚换取公众对组织的理解和信任；公共关系除了向公众解释、说服工作外，很重要的职能在于向组织的决策层提供信息和咨询；其目的、动机是公开的，应努力使公众了解，让公众知晓；公共关系工作是说与做的统一，不仅要求组织做好本身工作，还要求把自己做好的工作告诉公众。

任务二 几句话告诉你什么是酒店公共关系

【案例导入】

日本东京一家贸易公司有一位秘书小姐专门负责为客商购买车票。客商中有一位德国人，是一家大公司的商务经理，经常请她购买来往于东京和大阪之间的火车票。不久，这位经理发现：每次去大阪时，座位总在右窗口，返回东京时又总在左窗口。这位经理问小姐什么缘故，秘书小姐笑着回答："车去大阪时，富士山在您的右边；返回东京时，山又到了您的左边。我想，外国人都喜欢看富士山的壮丽景色，所以我替您买了不同位置的车票。"德国人听了大受感动，他想："这么微不足道的小事，这家公司的职员都能想得这么周到，那么，跟他们做生意还有什么不放心的呢？"于是，他决定把同这家日本公司的贸易额由原来的400万欧元提高到了1 200万欧元。

秘书小姐的行为是公关行为吗？

日本公司女秘书订票时细小的行为，在客商心目中形成了该公司认真负责、体贴温情的形象，增加了企业的可信度和亲和度。德国经理增加贸易额正是对这一形象的肯定和回报。

是如此，又不是如此。

说它是，公关活动的确是一种特殊的人际交往工作，在服饰礼仪、语言举止等方面都应有严格的职业化的训练，这是公关人员的素质要求。

说它不是，公共关系的内涵绝不仅于此，其核心是一种公关意识或公关理念，这种意识或理念不光是对公关人员的要求，也是对从组织最高层领导到一般员工的普遍要求，通过合理的制度就可以对外化为组织的行为，进而形成良好的公众形象。而这种社会形象既有社会价值，又有经济价值。

资料来源：何燕子，欧绍华．公共关系理论与实务［M］．合肥工业大学出版社，2012．

思考：

1. 你如何理解企业的公共关系？
2. 酒店公共关系应该包括哪些方面的内容？

【知识拓展】

一、酒店公共关系的概念界定

酒店公共关系是指酒店为创造良好的生存环境和发展环境，通过一系列有目的、有计划、持续的传播沟通工作，与其特定的公众对象建立起来的一种和谐的社会关系。它是酒店从事公众信息传播、关系协调与形象管理事务的一种艺术和科学，它是涉及调查、策划、实施、评估和咨询的一种实践活动。

（1）我们从公共关系的含义来看，公共关系是社会组织为了塑造组织想象，通过传播、沟通手段来影响公众的科学与艺术。具体而言，一是公共关系活动的根本目的就是塑造组织形象；二是社会组织通过传播、沟通手段影响公众；三是公共关系既是一门科学又是一门艺术。从理论上讲，公共关系是一门科学；从运作上讲，公共关系又是一种艺术。它是科学与艺术的统一体。（2）从酒店公共关系的基本职能来看，首先是酒店公共关系具有传播性职能，包括：采集信息，监测环境；组织宣传，创造气氛；交往沟通，协调关系；教育引导，服务社会等。其次是酒店公共关系具有决策性职能，主要体现在：咨询建议，决策参谋；发现问题，加强管理；防患于未然，危机处理；创造效益，寻求发展等。（3）从酒店营销工作本身来看，酒店营销不仅是酒店营销部门的工作，更应当是酒店所有员工共同的责任。同样，尽管公关是营销的一种手段，酒店公关通常由酒店营销部门负责，但是酒店公关却是每一位酒店员工义不容辞的责任。

二、酒店公共关系的本质

考察酒店公共关系的本质，其目的是区别它与其他事物的差别，有利于我们了解、认识、运用酒店公共关系。要探讨酒店公共关系的本质，首先要搞清酒店公关活动的基本要素。构成酒店公关活动的基本要素是组织、公众和传播。他们在酒店公关活动中分别发挥着主体、客体与中介的作用。

公共关系的结构是由组织、公众、传播三要素构成的（见图1-2）。公共关系的主体是社会组织，客体是社会公众，联结主体与客体的中介环节是信息传

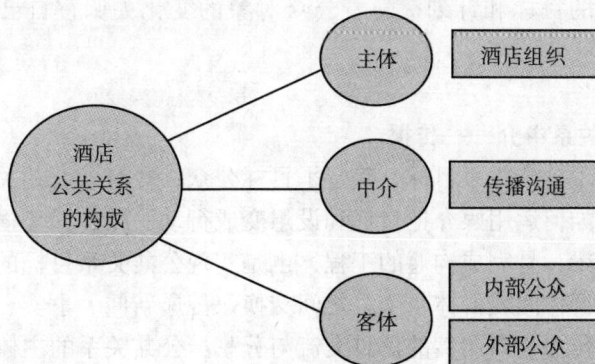

图1-2　酒店公共关系的本质

播。这三个要素构成了公共关系的基本范畴，公共关系的理论研究、实际操作都是围绕着这三者的关系层层展开的。

（一）酒店公共关系主体——组织

酒店公共关系的行为主体是组织机构，而非个人；酒店公共关系是酒店组织的活动，而不是个人的事务和技巧；酒店公共关系处理的是组织的关系和舆论，而非私人的关系和事务；酒店公共关系追求整体的公关效应和组织的社会形象，而不局限于个人的印象、情感和利益。因此在理解酒店公共关系的时候，需要特别强调其行为主体是组织而非个人，应该从组织和管理的层面去认识和理解公共关系。

任何一个酒店的生存与发展，都需要得到社会的认可、接受和支持，都需要一定的现实条件和环境。酒店通过公共关系管理活动的实施，可以为企业发展创造良好的环境和塑造美好的形象。

（二）酒店公共关系客体——公众

公共关系也称作公众关系，因为公共关系的工作对象就是公众。要做好公共关系工作，就必须了解和研究公众。在公共关系学里，公众与"大众"、"群众"是有区别的。它不是泛指社会生活中的所有人或大多数人，也不是泛指社会生活中的某一方面、某一领域的部分人，而应具体地称为"组织的公众"。公众与酒店组织之间必须存在着相互影响和相互作用。公众的态度和行为会影响酒店的目标、决策和行动；相反，酒店的目标、决策和行动也会影响到公众的态度和行为，这种相互影响和相互作用具有社会性的意义。

因此，"公众"是任何酒店公关活动不可缺少的一个方面，离开了公众，组织的一切公共关系活动都是毫无意义的。这就要求酒店在计划和实施自己的公关工作时，都必须首先确认和研究自己的公众对象，根据公众对象的特点去制定酒店公共关系工作的目标和计划，随着公众对象的变化去调整自己的公关政策和行为。

（三）公共关系中介——传播

当酒店明确了公共关系目标，确定了目标公众，并有了公共关系活动的设想之后，便要考虑如何运用媒介把目标和设想变成行动。媒介即传播，是连接社会组织和公众的桥梁，是完成沟通的工程，也是实现公共关系目标的唯一手段。传播是指个人间、群体间或群体与个人之间交换、传递新闻、事实、意见、感情的信息过程。这种传播是双向性的信息交流与分享。公共关系的主体与客体之间正是通过这种双向信息交流而建立起相互信任、相互理解关系的。因此，研究各种传播媒介和沟通方法的特点和作用，研究它们在酒店公共关系中的应用方式，研究酒店组织和公众之间的传播过程与模式，构成了酒店公共关系的主要内容。

（四）三大要素间的本质联系

酒店组织作为公共关系活动的主体，具有很强的主导性。它希望通过一系列的公共关系活动来塑造形象、传播形象、影响公众、改善环境，创建一种"天时、地利、人和"的良好公共关系状态。

酒店组织的相关公众虽然是被影响、被作用的对象，但公众是公共关系活动的主体，有着自己的观点、看法和体验，因此要获得公众的理解并非易事，所以必须认真对待公众利益，扎实做好公众工作。在现代社会的市场竞争中，公众的支持是无形的财富，是酒店组织取胜的决定性因素。

公共关系的传播属性是"双向沟通"，即一方面将酒店信息有效输出，另一方面又把公众信息及时输入，信息经过分析、筛选、提炼之后，成为酒店调整经营决策的重要依据。公共关系作为一种现代经营管理科学与艺术，就是为了树立组织形象，用传播沟通的手段去影响公众。

"组织"、"公众"、"传播"这三个要素是我们对公共关系原理的深入探究的基点，也是对公共关系概念的全面阐释。

任务三　酒店公共关系亮点在哪里

【案例导入】

迪拜伯瓷七星级酒店的公关策划

全世界最豪华的酒店之一为阿拉伯联合酋长国境内迪拜的帆船（BurjAl-Arab）酒店，翻译成汉语又称"阿拉伯塔"，又叫做"阿拉伯之星"，被誉为世界上第一家七星级酒店。位于中东地区阿拉伯联合酋长国迪拜酋长国的迪拜市。迪拜为了这个代表城市和旅游形象的标志进行的一系列轰动全球的宣传策划，这样的结果其实也是实至名归。

1999 年 12 月，伯瓷酒店开业公共关系推广。

2004 年，"老虎"伍兹在帆船酒店的顶层挥杆，将高尔夫球击入阿拉伯海湾。

2005 年，帆船酒店的直升机停机坪被临时改造成了一个网球场，网球名将费德勒与阿加西在这里进行的表演赛通过电视传播到全世界。这件事让世界上超过半数的国家的人们认识了迪拜，也认知了帆船酒店。

迪拜作为一个旅游目的地的成功，在于他们把迪拜当品牌在经营，用各种想象力来建设迪拜。这与迪拜塑造品牌、开展酒店公共关系有密切的联系。其中成功的关键,在于懂得利用事件、集中焦点开展公关和包装行销。这也是迪拜迅速成为全世界焦点的原因之一。从这里可以看出,酒店企业要善于把握酒店公共关系的特点,才能形成企业组织形象的亮点。

资料来源:http://blog.sina.com.cn/s/blog_8a239c990100w7cx.html.

思考:

酒店公共关系在酒店的经营管理中发挥着怎样的作用?

【知识拓展】

酒店是一种营利性的服务行业,同时也是一种具有依托性的行业,酒店公共关系具有其鲜明的亮点,这主要表现在酒店公共关系的独特特点、作用和在现代社会酒店公关的创新上。

一、酒店公共关系的特点(见图1-3)

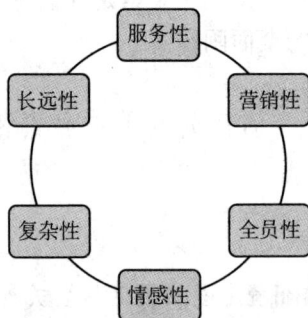

图1-3 酒店公共关系的特点

(一)服务性

酒店是一种服务性行业,其特点决定了酒店公共关系工作的出发点是为酒店创造各具特色的形象服务。服务质量乃酒店的生命,服务质量的高低最终取决于消费者的切身感受。因此,为公众提供更好的服务是酒店公共关系工作的核心内容和塑造良好形象的基础。

(二)营销性

酒店作为第三产业,追求经济利益是其基本目标,要实现这一经济目标,酒店必须要在激烈的市场竞争中立足并赢得市场。公共关系之所以在酒店经营管理中广为应用,其主要原因是公共关系能与市场营销相结合,有利于酒店扩大客源市场,从而促进酒店经济利益的提高。

（三）全员性

每一个员工的言行都直接关系到整个酒店服务的质量，关系到酒店的形象。因此，酒店公共关系必须注重树立"全员公关"的公共关系意识，教育员工自觉遵循公共关系的原则和要求，并牢记：良好的服务会使顾客满意，而质量低劣的服务会使顾客不满，甚至使酒店失去顾客。所以，创造让顾客满意的服务，是酒店公共关系的重要内容，而这是绝对不能背离公关工作的全员性的。

（四）情感性

现代企业已经进入了"情感化"的经营时代，即"情感"作为一种重要的激励机制，已成为管理的一种重要方式。酒店在经营过程中更加突出这一特点，更集中地表现为人与人的直接交往。酒店公共关系作为一种管理职能，在公共关系活动中把"情感"这一重要因素导入其中，使酒店组织更加富有亲和力。

（五）复杂性

酒店公共关系的复杂性主要表现在以下三个方面：

1. 酒店公众的广泛性和复杂性

酒店活动不仅涉及面广，参加人数众多，而且已日趋经常化，这就说明了酒店公关活动不能局限于某一领域或某一时期。酒店客源市场不是单一的，依据国家、民族、地域、政治、经济、文化等不同的角度，可以划分为不同的客源市场类型，酒店组织和外宾、内宾、各种组织和团体以及不同身份、职业、层次的顾客都要打交道，所以，酒店组织的公共关系活动绝不能简单从事，一概而论，应当区别不同情况，开展多种形式的宣传活动。

2. 酒店组织的多元性和复杂性

酒店公共关系的主体是各类各级酒店组织，酒店组织具有多种类型，而且其功能具有多元性。就我国而言，从层级上划分，酒店组织可分为中央的和地方的；从性质上划分，酒店组织可分为行政机构、事业单位、企业单位、社会团体等。这些类型中，有的是直接为酒店业服务的组织，有的则同时为不同的对象服务，具有多种功能。酒店行业同业之间既有竞争，又有合作。开展酒店公共关系活动，分工不同的酒店组织之间就应当加强沟通，注重相互协调配合，树立起酒店行业的整体形象，为实现酒店自身和公众的利益创造一种最佳环境。

3. 酒店行业与社会其他行业和部门关系的复杂性

酒店活动是一种包括多种需求的综合性活动。酒店活动的完成，不仅需要酒店组织的经营，而且需要社会其他行业和部门的支持。例如，民航、铁路、商业等行业，直接为酒店业提供了服务；建筑、电力、石化等行业，为满足酒店业的基本需要创造了条件；环保、公安、教育、文化等部门，则在社会范围内为酒店业创造了一个良好的酒店环境。因此，作为酒店公共关系主体的各级各类酒店组织，不仅要加强相互之间的沟通与了解，而且要与社会其他行业和部门加强联系，与上下左右相互沟通，才能促进酒店的发展。

（六）长远性

酒店公共关系所要追求的最终目标是塑造酒店的良好形象、营造酒店的和谐环境、促进酒店与社会公众的共同发展，这是酒店组织的一项长远战略，是酒店公共关系不断努力的方向。实现这一目标需要酒店各组织、各部门及相关人员克服种种障碍，同心协力，持之以恒。

二、酒店公共关系在组织的经营中发挥着怎样的作用

首先，树立形象。社会组织开展公共关系的最终目的就是塑造良好的组织形象。公共关系的首要功能是在其职责范围内，通过深入细致、持之以恒的具体工作，取得社会公众对组织的理解和接受，进而赢得公众的信任和支持，为组织发展创造良好环境。

其次，沟通协调。社会组织由于面对的社会公众，在其发展过程中，不可能始终与公众处于融洽和谐的状态，必然会出现曲折，与这些公众发生摩擦，产生矛盾。社会组织只有努力进行沟通，协调与他们之间的关系，才能在较为适宜的环境中平稳地运行。在公共关系的几大作用中，协调沟通至关重要，可以说组织形象就是在协调沟通中逐渐树立和完善的。

再次，凝聚人心。"内求团结，外求发展"是公共关系职能目标的具体体现。酒店组织是由内部全体员工共同组成。对一个组织来说，素质优秀、全身心地为组织服务的员工无疑非常重要。凝聚人心，调动员工的积极性，发挥他们的主观能动性，是组织的公关工作一个重要组成部分。公共关系工作能通过建立和完善组织内部的各种传播沟通渠道和协调机制，促进组织内部信息交流，做到上情下达、下情上达，员工之间和睦相处，相互支持，创造酒店组织内部融洽、和谐的人事环境。

最后，优化环境。社会组织开展公共关系活动，不仅可以树立起自身的良好形象，还能优化生存和发展环境。公共关系的沟通联系，使得组织与各种公众建立起了通达顺畅的关系网络，使组织在许多工作中得心应手、游刃有余，而这正是组织生存和发展的基础和根本。

三、现代酒店公共关系管理的创新思路

（一）以人为本，强化酒店公关人员素质

要搞好酒店的公关工作，在树立公关意识的前提下，酒店公关人员的素质是第一位的。因为不论外界环境如何，最终使公关工作取得成功的最重要的因素是

酒店公关的内因。所以酒店公关人员的素质，在某种程度上是公关工作成败的关键。对酒店公关人员而言，他们不仅应必备公关的基本素质，更重要的是还应具备策划、实施等较高素质。由于这些高素质是逐步培养起来的，因而对酒店管理者来说，从制度上进行策划和调控，不断强化酒店公关人员素质显得尤为重要。

（二）善于把握媒体效应和名人效应

公关媒体是公关主体和公关客体沟通交流的桥梁，媒体畅通，就意味着信息在他们之间可以共享。如果在某地的一定时间段内，某一种媒体效果良好，形成公关主体应用媒体的首选、公关客体选择媒体信息必不可少的参考，那么这种情况就形成了某种媒体效应。在此基础上，若又有名人介入，则其知名度通过名人光环就会更加灿烂，因而就可能会形成名人效应。对酒店公关人员而言，善于在众多媒体中选择具有"媒体效应"的媒体就显得极为重要；同时对酒店公关人员来说，利用名人效应更是事半功倍。所以，要搞好酒店公关，必须在调查的基础上，认真策划、灵活操作，才能较好地把握公关媒体效应和名人效应。

（三）准确影响主要公众

一般而言，每项营销活动都要找准对象。就酒店公关而言，找准主要公关公众极其重要，否则，公关活动就会对牛弹琴。因此，公关工作特别是具体酒店的公关活动更要准确地影响主要公众，影响关键公众，尤其是影响他们的决策。只有这样，才可以说酒店的公关活动有效果。而这一切都必须精心策划，用心运作。

（四）把握关键性问题，正确处理公关危机

一个酒店遇到公关危机事件的时候，是指那种突然发生，公众舆论反映强烈的、威胁到酒店整体形象和声誉的重大事件发生之时。作为酒店的经营管理者和公关部门，必须把握几个关键性问题。一是作为当事方，酒店应迅速反映，隔离危机。与此同时，应快速收集信息，启动酒店"应急"方案。二是应对酒店危机中的公众进行分析。无论是危机事件的"受害者"、媒体、内部员工、政府公众、广大消费者，还是相关团体等，作为酒店公关部门都应认真客观分析，以期做到有的放矢，使舆论向有利于酒店的方面发展。三是酒店在危机事件中应采取有效的媒介策略。公关之父艾维·李的公关思想核心是"说真话"。因而，我认为酒店在危机中，作为公关部门应让酒店与公众间的真实信息渠道畅通，避免更多误解和流言的产生。最后是酒店也应认真自查，寻找危机的根源，从而进一步完善应急预案制度，增强抗风险能力和可持续发展能力。

（五）提高全员公关意识，努力打造全员公关效应

作为酒店经营管理者，要想酒店每一员工在思想上都树立公关意识、从行为上为酒店公关，必须：一要从酒店管理制度上进行策划，在酒店管理活动上精心落实。例如说，新进员工必须参加公关培训；每年对老员工，搞一次公关检查与测试，不合格者必须停工学习，通过测试才能重新上岗等。二要从酒店文化上进行策划，增强员工的归属感。作为酒店经营管理者，不仅要关心员工的物质利益有无得到保障，而且更要关心员工是否对酒店信任、是否对酒店有信心和依恋感，从而将个人利益与酒店利益结合起来，促使员工以酒店为家，增强员工对酒店的归宿感。三要从酒店对客服务工作上进行策划，强化员工公关行为及其效应。鼓励员工将公关思想付诸实际工作，打击公关行为负面影响，树立全员公关的良好氛围。

模块二　酒店公共关系有三个主角

【能力培养】

1. 能够针对酒店的实际情况设计公关部门的机构设置。

2. 能够根据酒店公共关系人员的素质要求进行自身的常识素养、专业技能和心理品质等方面的培养。

　　酒店的公共关系活动有三个主角，即由作为主体的酒店组织、作为客体的内外公众和作为中介的传播。三个主角相辅相成，是不可分割的整体，共同统一于公共关系活动当中，并在公共关系活动的舞台上发挥着各自的作用。酒店组织是公共关系的主导性操作机构；内外公众是公共关系的对象；传播是联结酒店与公众的桥梁。在公关主体的策略与谋划下，有目的、有计划，积极主动地改善酒店组织的内、外关系，能为酒店创造一种"人和"的良好公共关系状态，以利于酒店组织健康地生存与发展。

任务一　酒店公共关系的主体

【案例导入】

临危一笑折服老总　20万年薪盛情相邀

　　2004年7月2日，双星集团以四川体育休闲基地总经理职务向一位成都空姐发出了邀请，希望"挖到"这位难得的人才。原因是这位空姐在乘客生命陷于危急之时，临危不乱，化解危机于谈笑间，其综合素质和能力折服了双星副总裁。

项目一　酒店公共关系认知

2004年6月5日晚,从北京飞往成都的川航班机里,双星副总裁、双星成都科技投资发展有限公司董事长刘树立在倦意中半眠着。

"先生,您身体是否有点儿不舒服?"一声轻柔的声音唤起刘树立,刘树立睁眼看到一位年轻靓丽的空姐站在面前。顺着空姐的眼光,刘树立注意到自己身边的乘客,顿时吓了一跳——只见他脸色发青,泛白的嘴唇抖个不停……刘树立意识到,这个中年人在万米高空上,无医无药中陷入了生死一线的危境,并且已经没有了呼救的力气。征战商海近20年的刘树立鼻子上也渗出了汗水。

"一向不服输的我,没想到关键时刻不如一个小姑娘",刘树立笑称。当时那位空姐一脸笑容,"这位先生请您放松"、"××,请先去通知头等舱乘务员这里出现了紧急情况"、"这位先生,如果您方便请协助我们扶起这位生病的乘客"……刘树立事后一琢磨,该空姐在不到一分钟里连续做出了近10个形势判断并做出相应对策。又在3分钟内组织了两位空乘人员以及4位乘客把病人扶到了头等舱。与此同时,机舱内响起了"求救广播",不一会儿,两位乘客医生来到头等舱,在详细询问了病人的症状后,一名姓陈的旅客拿出了自己随身携带的胃药,10分钟后,刚刚还头冒冷汗的乘客脸色逐渐恢复了正常。刘树立注意到,在整个救护过程中,这位乘务长空姐始终沉着冷静。

"她头脑冷静,思考全面,特别是笑解危局的从容,绝对超出了一般危机处理范畴",时隔一月,刘树立还是难以忘怀。

作为一名空姐,她代表着公司的形象,同时也可以说是公司的一名公关人员。这位空姐的表现说明了任何人都是本组织公共关系的主体,都是本组织的公关人员,人员素质的高低直接影响到组织形象的好坏。

资料来源:http://www.people.com.cn/GB/paper447/12376/1113328.html.

思考:

1. 什么是公关意识?
2. 企业公共关系的主体包括哪些人员?

【知识拓展】

酒店组织即公共关系的主体。酒店是自主经营、自负盈亏的服务性企业,酒店作为公共关系的主体决定了公共关系的状态和主宰着公共关系活动。在公共关系活动中酒店企业发挥着主导作用,但是在当今信息社会中,企业组织的任何活动都不可能是随心所欲的,其所作出的决策必须是以事实为依据,以互惠为原则,充分考虑公众利益,积极适应外部环境的影响,树立并维护企业良好组织形象。

一、酒店组织与外部环境

社会是由一个个组织"细胞"组成的，酒店是社会的细胞，不可避免地要与社会发生千丝万缕的联系。酒店所面临的社会环境一般包括（见表1-1）：政治环境、经济环境、国际环境、科学文化环境和法律环境等。这些环境的变化差异，都会对酒店组织产生深远的影响。

表1-1　　　　　　　　　　酒店面临的社会环境构成

环境要素	主要内容
政治环境	是指党和国家的大政方针、政策、规划、政局、政治形势等对酒店组织产生的影响。
经济环境	国家的生产力发展水平、企业宏观管理体制的变更，以及经济发展趋势对酒店组织产生的深远影响。
科学文化环境	科学技术的发展，高科技产业化的进程大大提高了劳动效率，加速了生产力的发展；而社会风尚、道德观念、文化教育、价值取向、消费心理等，又是对酒店经济效益产生影响的文化因素。人们空闲时间的增加和文化品位的提高，为扩大旅游内需提供了条件，又形成了酒店组织的外部经济环境。
国际环境	是指国际政治经济形势、国际格局、国际市场变化，以及国际关系等对酒店组织产生的影响。

上述的这些环境因素，都对酒店的经营行为产生不同程度的制约和影响，而酒店公共关系部门，是酒店组织与社会环境的调节器，在酒店与社会公众中起润滑剂的作用。要知道如何使酒店组织与社会环境保持平衡，公共关系调节器与润滑剂的作用如何发挥，就必须透彻地了解酒店组织与外部环境的关系。

1. 社会的需要，是酒店经营的主体目标；社会的利益，则是酒店组织应当承担的责任。一个酒店的经营活动，只有与社会的发展、商品经济的变化，以及社会公众利益保持协调一致，才可能健康地生存与发展，才可能具有良好的知名度与美誉度。因此，外部环境是酒店组织必须依赖的条件和必须适应的土壤。

2. 由于构成酒店外部环境的政治、经济、军事、科学文化，以及法律环境的客观条件不尽相同，它们对酒店组织的影响，也有其大小之别，即层次性。如经济环境对旅游业就起着决定作用。因为旅游需要消费，且费用较高，人们的旅游消费心理及经济承受能力，决定着旅游业的兴衰是不言而喻的。

3. 酒店组织的外部环境不是一成不变的，随着社会的发展，政治、经济、文化和法律都会发生相应的变化，因而它是一个动态的、变化的过程，时而局部影响整体，时而整体改变局部。因此，我们应据其特点对变化中的环境进行分析预测，以确保酒店的组织目标，在适应环境的变化中，求得生存与发展。

4. 酒店组织虽然要受社会环境的影响和制约，但在充分了解环境和掌握环境发展动态的基础上，也可以对现存的社会环境有所影响、有所创造、有所超越；不过，这种超越是有限的，这种改造和影响也需要经过时间来形成。

二、酒店公共关系机构设置

（一）酒店公共关系机构设置的一般模式

由于酒店本身规模不同、工作方法不同，公共关系部的机构设置亦分为不同类型。

1. 从酒店的规模来分类

（1）大型酒店公共关系部的机构设置。

大型酒店由于规模大，公共关系活动多、工作量大，而且公共关系活动的要求高。因此，在大型酒店中，公共关系机构内部应有较细的分工，并应配备专职的公共关系顾问，以便策划有效的公共关系活动。具体设置见图1-4。

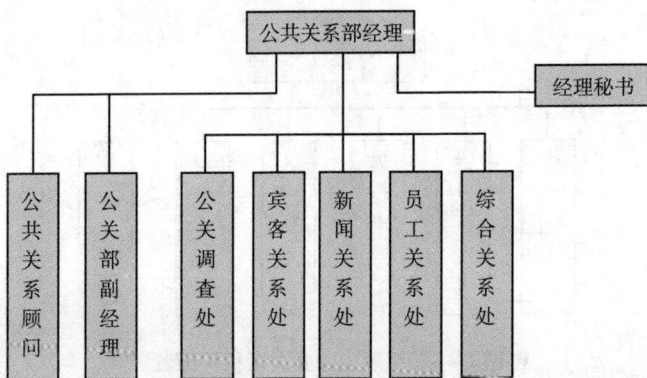

图1-4 大型酒店公共关系机构设置

（2）中型酒店公共关系部的机构设置。

中型酒店公共关系部的机构设置，应根据自己规模的状况，比大型酒店有较大的精简。不过也不可过于简单，否则会影响酒店公共关系职能的发挥。具体设置见图1-5。

（3）小型酒店公共关系机构的设置。

小型酒店因规模小，不宜设置过繁、过细的公共关系机构。

小型酒店可设置公共关系经理一人、秘书二人。三人协同工作，分工不可过细。

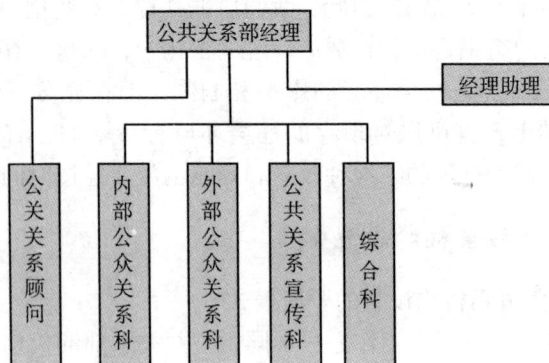

图 1-5　中型酒店公共关系机构设置

2. 从公共关系部的工作方法来分类

（1）公共关系手段型。

这种类型机构设置的特点，是公共关系所属部门的名称，分别为公共关系工作手段的名称，见图 1-6。

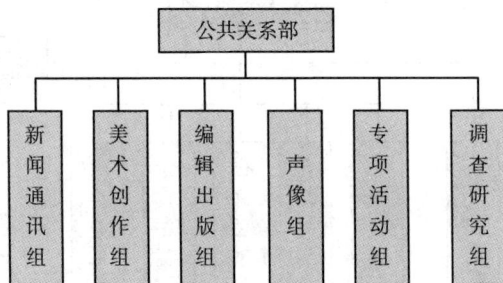

图 1-6　手段型公共关系机构设置

（2）公共关系对象型。

这种类型机构设置的特点，是公共关系部所属部门的名称，分别是公共关系工作对象的名称，见图 1-7。

（3）复合型。

这种类型机构设置的特点，是把前两种类型合二为一，在公共关系部所属部门名称中既反映公共关系的工作手段，又反映公共关系的工作对象，见图 1-8。

（二）公共关系机构在酒店中的隶属关系

公共关系机构在酒店中的隶属关系，一般可分为下列几种情况：

1. 公共关系部直接隶属于酒店的最高领导，由副总经理兼任公共关系部经

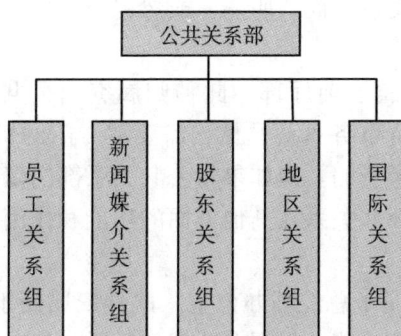

图 1-7 对象型公共关系机构设置

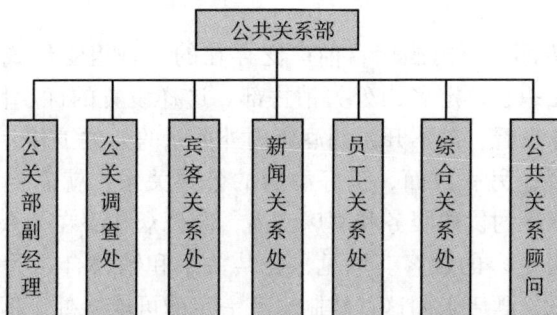

图 1-8 复合型公共关系机构设置

理，或者由酒店最高领导即总经理直接负责。公关部直接向总经理报告工作，对总经理负责。它不仅显示了公共关系部在酒店中举足轻重的地位，而且还显示了公共关系部不同于酒店中一般职能部门，这样可以很好地从宏观角度去把握和处理信息与事务。

2. 公共关系部隶属于最高领导层以下的第二层组织，与其他主要职能部门处于同级，有与酒店最高领导层直接联系的机会。

3. 公共关系部处于第三层次的组织机构，其隶属情况又可分为：

（1）公共关系部归属于销售部。一些酒店营销学将公共关系视作一种促销策略。此种归属偏重于公共关系的促销功能，强调公共关系在市场营销领域中的作用，将公共关系部门的职能局限于处理酒店营销方面的公共关系。此种归属容易偏废公共关系的其他重要职能，忽视其他公共关系对象。

（2）公共关系部归属于广告宣传部门。此种归属偏重于公共关系的传播功能，主要将公共关系部门作为酒店的对外发言人，配合广告、宣传树立酒店形象，作为广告、宣传的一种补充。此种归属容易忽视公共关系在分析公众、反馈信息、辅助决策和协调关系方面的职能，或忽视公共关系在经营管理、行销等方面的作用。

（3）公共关系部归属于前厅部，此种归属突出公共关系的礼宾接待功能。由于酒店的日常应酬接待事务日益繁忙，需要有专门的机构代表酒店出面安排，公共关系部无疑是责无旁贷的。但如果将公共关系部门仅局限于迎来送往的交际应酬之中，那就束缚了公共关系在其他方面的功能和作用，贬低了公共关系工作在酒店中的地位。

（4）公共关系部归属于总经理办公室。此种归属便于最高领导的直接指挥，亦不过分偏重某一方面的功能。根据办公室的性质和任务，将公共关系部设在第三层次的组织结构中，这种归属是比较可行的。属于一种比较灵活的又便于掌握的形式。

（5）公关销售部。国内酒店目前广泛存在的一种组织形式，是把公共关系部与销售部合并在一起，定名为公关销售部。这样设置的优越性在于：一方面，从酒店销售的任务来看，离不开协调酒店内外关系的公关工作，因此，销售中的公共关系十分重要；另一方面，搞好酒店的公共关系，就需要把酒店的经营思想、经营目标及酒店的优质服务和酒店产品，向公众和潜在公众传播，树立良好形象和信誉，吸引更多的顾客。可见，公共关系和销售合二为一，有一定的理由。在现有条件下，酒店采用这种建制也有一定的可取之处。但是，公共关系工作，并不只是为了销售，更高层次的公共关系工作内容，必定是要从销售工作中独立出来的。

三、酒店公共关系部的工作内容

【同步案例】

先搞清这些问题

有一家酒店新设了一个公共关系部，开办伊始，该部就配备了豪华的办公室，漂亮迷人的公关小姐，现代化的通讯设备……但该部部长却发现无事可做。后来，这个部长请来了一位公共关系顾问，向他请教"怎么办"，于是这位顾问一连问了以下几个问题：

"本地共有多少酒店？总床位有多少？"

"旅游旺季时，本地的外国游客每月有多少？港澳游客有多少？国内的外地游客有多少？"

"贵酒店的知名度如何？在过去三年中，花在宣传上的经费共多少？"

"贵酒店最大的竞争对手是谁？贵酒店潜在的竞争对手将是谁？"

"去年一年中因服务不周引起房客不满的事件有多少起？服务不周的症结何在？"

对这样一些极其普通而又极为重要的问题，这位公共关系部部长竟张口结舌，无以对答。

于是，那位被请来的公共关系顾问这样说道："先搞清这些问题，然后再开始你们的公共关系工作。"

公共关系不是一种盲目的、随意性的活动，而是有意识、有计划的行为，公共关系部的设置是搞好公关工作的组织保证。明确公共关系部的任务是开展酒店公共关系部工作的前提，酒店公共关系部的任务是维护酒店形象，宣传并扩大酒店的知名度，适时适度地为酒店做宣传广告。

公共关系工作不仅具有较高的艺术性，而且还有较强的科学性。俗话说："无规矩不成方圆"。按照公共关系原理，公共关系工作程序分为四个步骤，即调查、策划、实施、评估，亦称"四步工作法"。调查研究是公共关系工作的第一步，是做好公共关系工作的基础和前提。公关部的经常性任务就是利用自身与各类社会公众之间的广泛联系，开展调查，获取信息，为组织的最高决策层提供信息保障。显然，本案例中的该酒店公关人员对公共关系的内涵缺乏了解，甚至存在误区。公关部部长被公关顾问的一系列问题问得张口结舌，自然在所难免。

资料来源：http：//wenku. baidu. com/view/362599126edb6f1aff001f12. html.

思考：

（1）公共关系部部长为什么会觉得"无事可做"？

（2）公共关系顾问提出的问题怎样才能"搞清"？

（3）酒店公共关系部门的岗位职责和工作内容是什么？

酒店公共关系部的工作主要是三个层次，最低层次的是专门活动的组织，第二层次的是对酒店的 CIS、CS 工作，最高层次的是酒店长期公共关系的维护。围绕这三个公关层次，酒店公关部的内容极为丰富。就一般而言，酒店公共关系部的工作内容，包括日常工作、定期工作和专门活动三个方面。

（一）公共关系部的日常工作

公共关系部有大量的日常工作，这些日常工作完成得好坏，直接关系到公共关系部的定期工作和专门活动能否顺利进行。其日常工作有：

1. 随时搜集酒店内外公众的各种意见；
2. 编写并向新闻界散发新闻稿、照片和特写文章，汇编有关报刊目录；
3. 协同摄影制作方面的人员拍摄、整理、保存资料图片；
4. 同各种传播媒介的新闻记者保持紧密的联系；
5. 同有业务往来的公共关系顾问公司保持联系；
6. 同主管部门、政府有关人员保持联系；
7. 对酒店在公众中的形象作出评价；
8. 设计、筹划、监制酒店的各种宣传品和赠品；
9. 接待国家、政府代表团和重要宾客（VIP）时，落实各项迎接和服务措施；

10. 代表酒店接受公众的各种投诉和有关咨询，对合理要求通知有关部门协助解决。

（二）公共关系部的定期工作

公共关系部的定期工作，是系统完成公共关系工作目标的主体工作。定期工作的反复展开，确保酒店可以分步骤地完成任务，不断积累工作成果。

公共关系部的定期工作主要有：

1. 组织记者招待会、接待参观访问；

2. 编辑出版以旅行社、旅客为对象的对外刊物；

3. 编辑出版供酒店员工阅读的内部报纸和刊物，组织其他各种形式的内部传播；

4. 编写并提供各种资料，诸如酒店历史、年度报告、酒店介绍等；

5. 参加各种管理会议，了解酒店内部的管理状况；

6. 参加市场营销调研活动，了解酒店同外界的竞争状况；

7. 为管理部门安排会见各类新闻媒介记者的采访；

8. 同酒店所在社区的公众代表进行定期接触；

9. 组织安排酒店员工的集体娱乐活动；

10. 分析、反馈、评估为实现既定目标所作努力的结果。

（三）公共关系部的专门活动

公共关系部的专门活动，是为达到若干特定目的而集中人力、物力和经费所安排的活动。每一次策划、组织公共关系专门活动，都应取得一些明显的效果。

公共关系部的专门活动主要有：

1. 委托制作有关酒店情况的影视作品，诸如纪录片、配音幻灯片、录像带，并负责编目和播放等；

2. 在酒店内组织各类展览和演出活动；

3. 筹划和监制广告、编制广告预算、监督广告的实施、测定广告的效果；

4. 设计并委托制作酒店的店徽、标志和吉祥物等；

5. 筹备和组织酒店的开业典礼、店庆活动，力求使这些活动有强烈的社会影响；

6. 组织酒店新的服务设施、服务内容，以及酒店产品的推广和介绍；

7. 代表酒店参加社会赞助活动，并力求给社会公众留下深刻印象；

8. 代表酒店与社会知名人士建立和保持密切联系，主动邀请他们参加酒店的重要活动，并突出他们在酒店活动中的地位；

9. 预防并及时处理酒店的意外事件和危机事件；

10. 策划专题性的公共关系活动，并组织实施。

四、酒店公共关系人员应具备的职业素养

（一）酒店公共关系人员的素质要求

酒店公共关系人员是公共关系活动的主体核心，一切公共关系工作的成败得失、有效程度在很大程度上取决于公共关系人员的素质条件。酒店公共关系人员的素质，首先应该是一种现代人的全面发展的综合素质，如现代人的思维方式、现代人的知识结构、现代人的观念意识等；其次应该结合公共关系职业的特点，以良好的公关品质为核心，以强烈的公关意识为基础，以丰富的知识素养为基础而形成的一种整体职业素质，见图1-9。

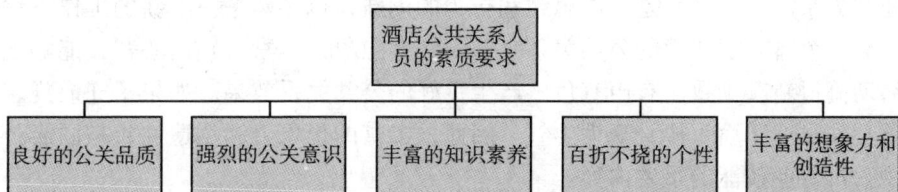

图1-9　酒店公共关系人员的素质要求

1. 良好的公关品质

对于公关的实质，英国公共关系学会曾给予了一个非常明确的概念："公共关系的实施是一种积极的、有目的的、持久的努力，以期建立及维护一个机构与公众之间的相互了解。"这就要求公关人员必须具备实事求是、遵纪守法、诚实可信的职业道德。由此，才能在公关行为中获得良好的信任度、支持度。相反，唯利是图，以欺诈及性贿赂手段追求工作业绩积累的行为，只能使所代表的企业在公众心目中信誉扫地。在公关界流行一句话："以人品看产品"。

2. 强烈的公关意识

一个合格的公关人员，必须具备有强烈的责任心和主动的公关意识，"行动即公关"。一方面强调言行的自控，它代表所在企业的文化和形象，影响公众对企业的态度、印象和评价。另一方面，要时刻有职业的自觉敏感，把握每一个可以公关的时机和对象，是公关生活中不可或缺的内容，这是把握公关实质的表现。

3. 丰富的知识素养

作为企业的代言人，宣传产品、介绍企业，就要有一定的相关专业知识。同时，面对五湖四海不同国籍、不同文化背景的公关对象，公共关系人员应对风土人情、风俗习惯、礼貌礼节、外交政策等有所了解，对文学、音乐、绘画等艺术领域有所涉猎。公共关系人员社会知识越丰富、文化素养越深厚，在开展公共关

系工作时，就越得心应手。由此，才能形成比较全面的智力结构和能力结构，从而满足"行销适路"的公关需要。

4. 百折不挠的个性

成功的公关常常是长期作用的结果，要实现公关目的，就需要有一种持久的激情。能够面对可能出现的曲折挫折，有百折不挠的坚持和耐力。同时，面对不断推陈出新的产品、信息，要做到保持热情和创新。

5. 丰富的想象力和创造性

公共关系是高尚的、富于创造性的智慧型劳动。其社会功能，是沟通、理解、协调、拓展。它涉及面广、灵活性大，具有艺术化的独创性。任何一次成功的公共关系活动，必然是一次思维和行为的创新，也必然是一次新的工作方法的尝试。一个富有创造力的公共关系人员，必然想象力丰富、别出心裁，能够把各项活动搞得新颖别致、有声有色，产生良好的公共关系效果。如果墨守成规、生搬硬套，必然千篇一律，毫无生气。因此，丰富的想象力和创造性，是酒店公共关系人员专业技能的重要内容。

【职场指南】

公关职场新人秘诀

1. 积极的态度是成功的一半，主动、热情、专心地投入工作。

2. 不抱怨环境，不怨天尤人，认真做好每件小事情，注重细节，追求完美和卓越。

3. "三人行，必有我师"。要善于发现周围同事的优点和长处，并向他们学习。

4. 做一个出色的沟通者，善于聆听。

5. 掌握过硬的能力，培养良好的习惯。娴熟的中英文能力、时间（精力）管理能力和高效率的工作习惯，都是优秀的公关人员必备的素质。

6. 让自己永远像儿童一样充满好奇心，接受新思想，不断学习新知识。

资料来源：霍瑞红. 公共关系实务［M］. 中国人民大学出版社，2011.

（二）酒店公关人员的基本能力（见图1-10）

1. 出色的沟通能力

公共关系工作就某种意义而言，是一种与公众打交道的艺术。现代酒店的公众对象，具有明显的层次性，有普通的顾客或一般的公务员、政府首脑和知名人

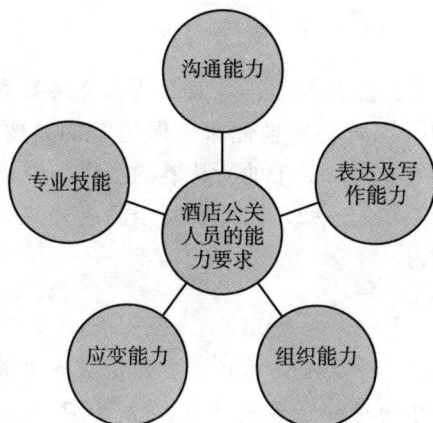

图1-10　酒店公关人员的基本能力构成

士，也有国内客人和海外客人。因此，酒店公共关系人员要学会与各种人群打交道的本领，具备良好的沟通能力。一个缺乏沟通能力的人，往往会人为地在自己与社会、自己与周围环境、自己与他人之间筑起一道心理屏障，这样的人是与公共关系工作的要求格格不入的。

2. 表达及写作能力

能说、会写是公共关系人员的基本功。口头表达能力，即口才。能在任何情况下用简捷、准确的语言表达某种意向，说出应该说的话。实现语言表达的最佳效果，离不开公共关系人员高超的说话技巧和书面表达能力，即写作能力、文字功夫。酒店公共关系人员写作的范围十分广泛：有新闻稿件、宣传资料、信函、致辞、演讲稿、有关公关文告及祝贺卡上的祝贺语等。除一般性写作要求之外，公共关系文稿，还要求写作速度快，语言精练、婉转、热情、富有感情色彩和鼓动性。

3. 组织能力

这是指有计划、有步骤、有目的地开展和完成某项具体活动的能力。一项活动的完成包括调查、策划、组织人力和物力以及进程把握等环节，这是对公共关系人员组织能力的检验。公共关系活动往往与组织活动分不开，如各类庆典活动、组织新闻发布会、新产品推广等。酒店公共关系人员要自始至终合理统筹、合理安排，圆满完成组织活动的任务。

4. 应变能力

这是指应付突发情况的能力。世界上任何事物都处在千变万化之中，公共关系工作莫不如此。酒店公共关系人员会经常遇到一些突发事件，公共关系人员必须在突发事件中处乱不惊、紧急应变，这就要求公共关系人员必须具有驾驭环境、坦然应变的能力。

5. 专业技能

公共关系人员的专业技能及能力，是他们从事公共关系工作的本领。这种本领，一部分可以由他的常识直接转换而来，但更多的是要在实际锻炼中才能获得。公共关系人员的实务能力，对于他所从事的工作来说是至关重要的。实务能力直接关系到公共关系工作的成效。因此，每个酒店公共关系人员，都应提高自己的专业实务技能和能力。

【特别提示】

与西方发达国家相比，中国公关真正落后的是实务技术，而造成这种落后的原因，正是专业公关人才的奇缺。毋庸讳言，近20年来，公关在中国的发展之所以欠佳，与公关从业人员的素质有着很大的关系。

优秀的公关从业人员，除了具备基本的知识之外，更应是谙熟人性规律、掌握传播技术、善于分析把握甚至运作舆论并且富于创新意识和创新能力的高级人才。这样的人才固然是不多见的，也唯有如此，才显得特别的珍贵。当然，他们在工作中给企业带来的效率和效益也会是非常可观的。

（三）酒店公共关系人员的职业道德

职业道德是同人们的职业活动紧密联系的，具有自身职业特征的道德准则。它是职业范围内的特殊的道德要求，是一般社会道德在人们职业生活中的具体体现。公共关系职业道德，是用来规范公关从业人员行为的准则，是在公关工作实践中逐渐形成的道德要求。

从公共关系的特殊要求来看，对酒店公共关系人员的职业道德要求，可做以下概括（见图1-11）：

图1-11　酒店公关人员的职业道德要求构成

1. 诚实

就是在公共关系活动中，要讲实话、办实事，要做到表里如一、实事求是，与公众以诚相见。这是公共关系人员的首要职业道德，也是开展公共关系活动的基础。缺乏诚意，欺骗公众，投机取巧，或许能得到一时的利益，但最终必将自食其果。

2. 信用

就是在公共关系活动中，要言必行，行必果，取信于内外公众。一个企业的信誉有赖于公众对它的信任，而信任来源于企业对公众要恪守信用。如果公众相信一个酒店所提供的服务或商品是货真价实、童叟无欺的，那么，这个酒店的形象和信誉就确立起来了，就可以在竞争中立于不败之地。

3. 公益

就是在公共关系活动中，要尽力为公众和社会提供有益的服务，酒店的行为要符合公众的需要和利益。公共关系人员的行为，始终要把社会利益、公众利益、酒店利益放在首位，做到廉洁奉公、不谋私利。

4. 平等

就是在公共关系活动中，要与其他组织和个人平等相处。酒店公共关系人员不能因自己在企业中的地位与作用，而产生居高临下、盛气凌人的傲气。反之，更应虚心学习、平等待人。

5. 公正

就是在公共关系活动中，对酒店交往的各种对象，都要公平、正直、一视同仁。对于酒店的顾客，不论是知名人士还是平民百姓，也不论是老主顾还是新客户，都要公正对待。并且还要有正义感，敢于同不良行为作斗争。

6. 责任

就是在公共关系活动中，要有强烈的责任感。酒店公共关系人员对自己所从事的工作，要尽心尽责，恪尽职守，对自己效力的企业，要忠诚、负责，与酒店同呼吸共命运，为酒店的生存与发展竭尽全力。同时，酒店公共关系人员要对社会和公众负责，如果酒店的决策是违反社会和公众利益的，就有责任规劝和抵制。

诚实、信用、公益、平等、公正和责任，是对酒店公共关系人员最基本的职业道德要求。

【职场指南】

两则酒店招聘公关人员的信息

一、某酒店招聘公关人员

（一）职位描述

1. 负责酒店建立并维护酒店的客户管理信息系统；

2. 组织进行有效的公关资讯搜集、加工、管理；

3. 协助业务人员完成客户的维系工作，与客户保持日常事务性联系；

4. 良好的广告行业相关媒体资源，并保持与媒体的良好沟通，建立长期稳定的合作关系；

5. 危机公关的预警与处理。

（二）任职要求

1. 大专以上学历，公共关系、广告、传媒及营销管理专业优先；2 年以上相关工作经验；

2. 熟悉酒店品牌和产品宣传，公关推广活动的策划和运作；

3. 具备良好的沟通技巧和人际交往技能，有团队合作精神；

4. 具备一定的亲和力、感染力，有较强的沟通及语言表达能力；

5. 工作态度认真，应变能力强，计算机操作熟练。

二、某酒店招聘公关企划专员

（一）职位概述

负责酒店广告宣传及品牌推广工作和制定媒体广告计划及整体形象宣传计划，进行内外媒体资源整合工作；

负责协助酒店促销活动的策划执行，全面处理部门内部财务及日常事务协调工作。

（二）职位说明

1. 负责维护当地媒体环境安全，开发和维护当地媒体关系，处理媒体危机；

2. 对外资源整合及外协单位的关系建立、管理，并进行合作组织及有效评估；酒店 PR 活动策划；

3. 根据酒店经营策略和目标，负责各个阶段媒体宣传计划的制定与实施，以及广告发布媒体资源的开发、租赁及管理工作；

4. 负责酒店公司品牌推广工作，根据品牌推广策略和目标，参与 PR 活动的策划并负责具体组织实施；

5. 负责酒店公司内部宣传，包括：月刊、门户网站的组稿、投稿及沟通联络工作；负责所在酒店官方微博的内容发布及管理工作。

（三）任职资格

1. 大专（含）以上学历。

2. 市场营销、广告传媒、公共关系、新闻及相关专业优先；

3. 具备敏锐的市场洞察、分析能力；

4. 对广告及传媒资源有较深的了解并具有一定的整合能力；

5. 熟悉国家、地区广告及传媒相关法律法规；

6. 优秀的外联与能力、具备解决突发事件的能力。

资料来源：尹景明，贺湘辉. 酒店公关实务（第三版）[M]. 广东经济出版社，2012.

任务二　酒店公共关系的客体及其分类

什么是酒店公共关系的客体？客体即公众，它是酒店公共关系工作的对象。

在公共关系学中，公众是一个重要概念，它不同于我们通常所说的"人民大众"和"群众"。所谓酒店公共关系的公众，是指与酒店组织发生联系并相互作用的组织和个人的总和。不同的公关主体，有不同的公众；不同时期的公关主体，也有不同的公众。而群众和人民大众却具有相对稳定性和独立性。应该说，公众包含于人民大众之中，是与某一公关主体发生联系和相互作用的群体和个人。没有公众，酒店公共关系就失去了工作的前提条件，当然也就没有了实际的意义。

一、酒店公众的基本特征

与酒店组织发生联系并相互作用的组织和个人，必须与酒店有着某种实际的或潜在的利益关系和影响力。因此，酒店公共关系的公众一般具有以下五个特征。

（一）广泛性

酒店在与各式各样的组织和个人发生联系的过程中，形成了各式各样的社会关系，这些社会关系即酒店公共关系的公众。它的范围非常广泛：在顾客公众群中，有科学家、艺术家、商人、工人、教育工作者等；在客源输送机构公众群中，有各类旅行社、各有关接待部门等；在社区公众群中，有左邻右舍、兄弟单位、协作伙伴等；在媒介公众群中，有报纸、杂志、广播、电视等新闻单位；在政府公众群中，有上级主管部门、政府各职能机构等；酒店还必须面对内部公众，如员工、股东，而且员工和股东中的成分也不是单一的。因此，广泛性是酒店公共关系公众的第一个特征。

（二）同质性

所谓同质性，即酒店公共关系的公众，都因共同性质的问题和涉及的共同利益，而与酒店保持着某种联系，成为酒店公共关系某一时期的工作对象。例如，某酒店由于菜肴质量问题，导致当日在酒店进餐的消费者食物中毒，这些原本互不联系的人，面临一个共同的问题，即同质性的利益关系。他们共同关心的是对此项恶性事件的处理，以及对个人利益的维护。于是，这些同一事故的受害者，形成了酒店某一时期的特定公众，而通常所说的群众和大众都不具备这种特征。

（三）可变性

社会环境是一个动态的、可变的网络系统。处于这一变化环境中的公众的价值观念、消费行为、思维方式也在变化着。因此，公众具有可变性特征。如随着社会的发展、人们经济能力的提高，消费的需求正在由温饱型向小康型转变，购买商品也发生了从追求"价廉物美"到讲究"名牌"、"质优"的变化。正是由于这种可变性，酒店公共关系工作必须围绕公众的需求而采取相应的对策，寻找有利于组织发展的公关之路。

（四）可导性

公众的动机和态度具有可导性。酒店公共关系工作借助各种公关方式和手段，通过不懈努力来改变组织机构的形象，逐渐影响和改变公众的态度，力图创造较高的公众信誉度，防止不利于酒店组织的行为出现。如果没有公众的可导性，公共关系工作就是失去了存在的意义。

二、酒店公众的分类

公共关系工作如没有目标公众，就会无的放矢，不仅公共关系计划无从制定，而且必然影响到公共关系工作的实际效果。因此，公众的划分是开展公共关系工作的前提和基础。

如何划分酒店公共关系的公众呢？从不同的角度出发，可以进行不同的划分：从传播学角度，可以把公众分为顺意公众、逆意公众、中间公众；从酒店组织对公众的影响程度，可把公众分为非公众、潜在公众、知晓公众和行动公众；根据公众对酒店组织的重要程度，可以把公众分为首要公众和边缘公众等。为了使酒店公共关系人员明确酒店的基本公众（即目标公众）在哪里，还是从酒店自身所处的内部环境和外部环境来划分较为妥当。

酒店组织的内部公众，一般包括员工和合资酒店中的股东，他们与酒店组织有最直接、最密切的利益关系，与酒店同呼吸共命运，是酒店公共关系的重要目标公众。

【特别提示】

任何组织的首要公众都是它的员工
——替组织创造价值的人们

如本田汽车的创始人所说，如果说汽车的性能由马达决定，那么组织的"性能"是由组织的"脑力"来决定。如果只有 CEO 想到了改进的方法，那这也仅仅是一个"脑力"而已，如果整个管理层来开动脑筋，那么就会有100～500 个"脑力"，如果鼓励每个人为公司进行思考并提出意见，那么一个组织就能有20 000 或更多的"脑力"。管理大师彼得·德鲁克提醒我们，组织是"由人组成的工作团队"，需要每个人发挥自己的才能从而获取成功。许多时候，管理层似乎并没有意识到这一点，他们总认为自己才是这个组织中的成员，而其他人似乎是多余的。一家汽车公司的年会证实了德鲁克所说：一个股东询问 CEO，为什么利润被用于提高员工的福利而不是增加红利。CEO 回答说："因为你我都不懂怎样制造汽车，而他们却懂！"

酒店组织的外部公众，主要是指与酒店有着较紧密联系和较重要利益关系的社会群体。它们应该是：主要顾客群、客源机构、社区、新闻媒介机构、政府机关、旅游教育界、酒店物资设备供应商、金融界和竞争对手等。他们也是酒店公共关系的重要目标公众。在现代社会里，能否正确处理好与这些外部公众的关系，是衡量一个组织机构素质的重要标准之一，也是酒店能否取得成功的重要条件。

任务三　酒店公共关系中介

酒店的公共关系工作，是通过各种传播媒介与社会公众保持信息沟通的，传播是酒店与社会公众保持信息沟通的中介要素。在公共关系学中，传播是个相当重要的概念。它是连接公关主体和与之相关客体的纽带，起着相当重要的作用。

所谓传播，是人们使用语言符号或非语言符号进行信息交流与沟通的一种社会行为。传播学认为，对于人类来说，传播是一种自然的、必要的、无所不在的活动。人与人之间通过传播进行思想、信息、观念的传递和分享，人的一切生产和社会活动都离不开传播。酒店公共关系人员必须重视传播的中介作用，了解传播的基本构成要素、特征及传播效果，从而在进行传播活动时，增强其灵活性和针对性，减少干扰因素，提高传播效率。

一、传播的构成要素

传播的基本构成要素为：传播者、信息和受传者。传播是个信息流动的过程，首先由传播者将信息进行编码（即把要表达的意思变成讯息），然后经过信道传导给受传者，受传者接受讯息后进行解码，对内容有所理解后作出反馈。

传播由四个要素构成（见图 1 - 12）：

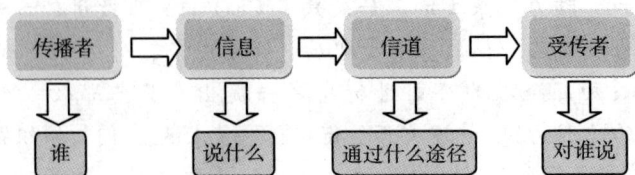

图 1-12 传播的构成要素

1. 传播者

传播者（或称传者、发信者），是将传递内容符号化或形象化，并负责传递出去的某人或某组织机构。

2. 信息

信息，即被传播者传递出去的内容。

3. 信道

信道，即传播的渠道、传播所采用的媒介，或者是传播所选择的途径。

4. 受传者

受传者，也称为受者，是接受讯息并作出相应反馈的个人或集体。

二、传播的基本特征

一般意义上的传播，具有以下四种特征：

（一）传播是一种社会现象，是自人类产生以来就广泛存在的

例如，与人聊天、通信、打电话、发表演说、交际、交流、沟通是传播；做一个表情、摆一种姿势、丢一个眼神、穿某种服装也是一种传播。总之，人的一切生产和社会活动都离不开传播。

（二）传播活动发生在人与人之间

传播者将信息编码，受传者要对信息进行解码，才能达到传播效果，而且传播者与受传者必须有共同的经验，才能彼此沟通，达到对信息分享的目的。

（三）传播是一个信息流动的过程

这个过程的起点是传播者，终点是受传者，信道是传播的途径。在信息流动的过程中，因为表达者口齿不清，或环境喧闹、字迹模糊，都可能会使传播内容发生失真、受到干扰，或者因为受传者或传播者自身对信息内容持有误解或偏见，也会使信息传播的准确性受到影响。

（四）传播必须借助形象或声音等载体进行

例如，形象，即文字、数字、音符和各种图形；声音，即口语、音乐和其他人为的音响；还有表示各种意义的光亮和颜色等。

项目一　酒店公共关系认知

【特别提示】

怎样才能在公众中提高自己的形象？这是在认识公众力量和自身价值基础上的第三次提升。实践中认识到，形象是通过传播而起作用的。在古代，主要是通过人与人之间的语言和文字的传播来进行的。

例如，古罗马的将军凯撒，采用了文字作为传播媒介来提高自己的形象的做法。他每次率军出征，都坚持把自己每天的情况写成战报，派使者送到国内。他的一言一行成为民众关注的焦点。他的形象也在传播中不断丰富和高大。胜利后，民众拥立他做了罗马帝国的皇帝。

资料来源：http://wenku.baidu.com/view/7675cd0ab52acfc789ebc9b8.html.

三、传播的类型及效果分析

对于传播的分类，公共关系专家和传播界的学者们众说纷纭，莫衷一是。有的从传播上划分，有的从传播信息的流向属性上划分，还有的从传播的范围和内容上划分。从酒店公共关系的角度，可把传播划分为三种：即人际传播、酒店自控传播和大众传播。

（一）人际传播

人际传播是发生在个体与个体之间的传播行为，是最常见、最广泛的一种传播方式。人际传播表现为一个人发出信息，另一个人接收信息。由于这种传播方式大多是面对面地进行，直接而具体，受传者有机会立即反馈，并上升到"情感"层次。

人际传播的显著优点，是使人与人之间的交流易于情感化，而且能够立即得到受传者对信息的反馈，使传播者窥见传播效果的优劣，并根据反馈的内容，及时修正传播的内容，进一步解释与澄清，获得受传者的支持、理解与合作。人际传播范围较小，影响面不大，这是它的一个弊端。常见的人际传播方式有电话联络、书信往来、会见、交谈等。

（二）酒店自控传播

所谓酒店自控传播，是公共关系组织传播的一种形式。它通过酒店会议、酒店活动、酒店刊物和酒店电子传播媒介，进行"内求团结、外求发展"的组织教育，使酒店员工的特殊问题，得到酒店组织自身的特殊解决，从而取得树雄心、鼓士气，增强酒店组织向心力和凝聚力的效果。其沟通的方式有两种：一种是下行与上行的垂直传播，如经理与员工之间的工作角色沟通；另一种是平行的横向传播，如酒店领导与领导之间、员工与员工之间，以及领导与员工之间的感情沟通等。

（三）大众传播

所谓大众传播是指职业传播者通过大众传播媒介（如报纸、杂志、书刊、广播、电影、电视），向为数众多的社会公众提供信息的传播过程。

大众传播的显著优点是传播的速度非常快捷，传播的范围非常广泛。它可在短时间内迅速把酒店信息传播到城市、农村，乃至世界的四面八方，从而产生巨大的影响力。显而易见，它是提高知名度的有效手段之一。

大众传播的另一个显著特点是，它往往给被传播的人与事赋予一种特殊的意义。即通过大众传播媒介介绍和宣传的人就成了"名人"；酒店企业就成了"名酒店"、"名企业"，尤其是电视播放的黄金时间、报纸刊登的头版头条，都更能显示某人或事在社会生活中的重要地位，易于在社会公众心理上产生重大影响。这种特殊的作用，公共关系人员应了解并掌握。

酒店公共关系人员，应十分熟悉上述三种传播的特点，综合各种传播之长，视具体情况，进行有机结合，最大限度地争取获得良好的传播效果。

【项目小结】

公共关系是一个社会组织在运行中为使自己与公众相互了解、相互合作，采取传播、沟通手段争取公众的科学与艺术。公共关系学作为一门综合性的边缘应用学科，其研究对象是公共关系活动的现象及变化和发展规律。公共关系的特征体现在形象至上、沟通为本、互惠互利、真实真诚、着眼于长远利益。

酒店公共关系是指酒店为创造良好的生存环境和发展环境，通过一系列有目的、有计划、持续的传播沟通工作，与其特定的公众对象建立起来的一种和谐的社会关系。酒店公共关系的结构是由组织、公众、传播三要素构成的。酒店公共关系的主体是酒店组织，客体是社会公众，联结主体与客体的中介环节是信息传播。这三个要素构成了酒店公共关系的基本范畴，酒店公共关系的理论研究、实际操作都是围绕着这三者的关系层层展开的。

酒店公共关系的特点是服务性、营销性、全员性、情感性、复杂性。酒店公共关系在组织的经营中发挥着塑造形象、沟通协调、凝聚人心、优化环境等作用。现代酒店公共关系管理要发挥以人为本，强化酒店公关人员素质；善于把握媒体效应和名人效应；准确影响主要公众；把握关键性问题，正确处理公关危机；提高全员公关意识，努力打造全员公关效应等方面的创新思路。

酒店公共关系的组织机构是专门执行公共关系任务、实现公共关系功能的行为主体，是公共关系工作的专业职能机构。酒店公共关系的人员是组织的形象和化身，其一言一行、举手投足都代表着组织的文化和姿态。因此，酒店公关人员必须具备基本的素质和能力，必须了解其应遵循的职业道德和职业准则。

【思考题】

1. 你是如何理解公共关系的概念及其特征的？
2. 公共关系与其他关系的联系和区别体现在哪些方面？
3. 酒店公共关系的概念如何界定？
4. 酒店公共关系的本质是什么？
5. 酒店公共关系在组织的经营中发挥着怎样的作用？
6. 现代酒店公共关系管理的创新思路是什么？
7. 酒店公共关系部门的工作内容是什么？
8. 你认为酒店公共关系人员应具备怎样的素质和条件？
9. 为什么公关从业人员应具备一定的思想素质？对公关实践有何意义？
10. 你认为怎样才能将自己培养成一名合格的公关从业人员？

【案例分析题】

广州大厦"多方位公关品牌战略"

广州大厦是一家公务饭店，该饭店针对自己的特点，围绕整体的品牌战略，将公共关系渗透到企业的系统管理之中，多方位地开展公关。

一、形象公关，拓展品牌的外部环境

作为广州市政府接待基地的广州大厦审时度势，率先亮出"公务饭店"的品牌形象，在经营上实现了前所未有的突破。广州大厦在盘活无形资产的同时，相继在《人民日报》、《接待与交际》等媒体上刊登系列报道，与全国同类型接待基地分享经验，共同开拓公务饭店的市场，为进一步建立健全销售网络奠定基础。树品牌形象，建外部关系网，融品牌建设于成功经验的分享之中，并通过外部公共关系网的建立，塑造品牌形象。

广州大厦总结长期承担接待任务的经验，创造出一整套适合公务活动的服务模式，为公务活动营造最佳的环境和气氛，把大厦的"舞台"变成公务活动的"舞台"，让公务客人乐于到大厦来组织各类活动，并主动向其他企事业单位推荐大厦。广州大厦以自身的努力和突出表现，赢得了公众的支持和帮助。

二、服务公关，增强品牌的竞争力

作为公务饭店，大厦凭借自己丰富的经验为客户的活动策划、组织工作出谋划策，从细微之处为会议或活动组织者着想，最大限度地使在大厦举办的会议和活动尽善尽美；同时，只要条件允许，大厦公关部的工作人员乃至总经理必定会亲自迎接客人，他们不但在现场指挥，做好协调工作，而且还面对面地与客人沟通、交流，听取意见和建议，收到了良好的公关效果。

广州大厦重视每一位踏进大厦的客人，把质量作为重点工作常抓不懈，不断向员工灌输质量意识和服务意识，逐步形成安全、优质、快捷的服务规范。广州大厦还重视对顾客的售后跟踪服务，利用合适机会向客人送上关怀，送上问候，哪怕仅仅是一张卡片，但真正做到了"把尊重送到每个客人心里"。广州大厦在服务中传播品牌，在品牌传播中为营销服务，从而树立了口碑。

三、特色公关，提升品牌的含金量

广州大厦想客人之所想，以方便客人为目标，改造或增加服务设施、服务项目。大厦针对女性客人的心理，采用不同的色彩做出了以春、夏、秋、冬四季为主题的女宾房，满足了女性客人对美的追求；大厦还根据新一代公务员的年龄、层次、工作方式等方面的变化和需要，提供上网、手提电脑以及公务咨询等系列服务，为公务员在大厦营造了临时的办公室气氛，方便了公务所需。

四、全员公关，奠定品牌腾飞的基础

广州大厦充分认识到全员公关是奠定品牌腾飞的基础。为此，大厦一方面注重营造"人和"的内部环境，他们通过采取科学的方法，加强部门之间沟通交流、配合协调，共创企业佳绩；另一方面，他们开展对全体员工的公关教育和培训，增强全体员工的公关意识，自觉树立起"大厦形象从我做起"的公关风气，使全体员工明白：企业的形象、信誉和品牌是相统一的，其无形资产比有形的资金更为珍贵。通过全体人员的共同努力，大厦形成人人讲公关、人人搞公关、人人塑形象的局面，并使之蔚然成风。

资料来源：姜华，姜锐. 酒店公共关系［M］. 中国人民大学出版社，2009.

问题：

1. 广州大厦多方位公关策略的关键何在？如何落实？

2. 你觉得多方位公关策略的推广需要饭店自身具备哪些条件？

【实训题】

1. 将本班的同学分为若干小组，以小组为单位走访当地酒店，收集酒店员工对公共关系的看法以及公共关系概念的理解，然后结合本章学习的内容，集中讨论（每组选出一名同学进行讲解）公共关系的定义、特征、职能，以及目前社会对公共关系的误解。

2. 选择本市中的一家五星级酒店作为模拟练习对象，了解其公关部的设置情况，并结合其设置模式，制定公关部各岗位的岗位职责。

3. 角色扮演。一位顾客冲进你的办公室，怒气冲天，因为她上个月买的洗衣机坏了，让客户服务部派人去修理，却迟迟未见答复。这时，你该如何接待这位客人，并与之进行有效的沟通和谈判，维护酒店的形象。

要求：两人一组，分别扮演秘书和来客。

4. 请收集相关资料，分析目前国内成功的几位公关人士的性格特点、气质、学识、能力等，总结他们具有哪些共性和个性，对你今后的个人发展有何借鉴和指导意义。

项目二　关系协调

【主要内容】

本项目介绍了酒店公共关系的工作对象——内部公众和外部公众的特点、构成；内部公共关系协调的基本理论和方法；组织外部顾客关系、社区关系、政府关系、媒体关系的重要性以及与之协调的基本策略。

【学习目标】

1. 熟悉酒店公共关系协调的含义；掌握酒店公共关系公众的划分
2. 掌握内部员工关系协调、股东关系协调的方法
3. 掌握社区关系、顾客关系、政府关系、媒介关系、社区关系、名流公众关系协调的方法
4. 培养开展和实施对内、对外公共关系协调的公共关系能力

公共关系协调是指建立和保持企业与各类公众的双向沟通，向公众传播企业信息，争取理解和支持，强化与公众关系的职能。公共关系的协调要在沟通的基础上，经过调整，以达到组织与公众互惠互利的和谐发展。"和谐"是公共关系追求的境界，公共关系也是追求和谐的艺术。孟子说："天时不如地利，地利不如人和"。酒店公共关系致力于为酒店创造人和的环境，协调企业内部关系及内部和外部之间的关系，即内部与外部的和谐，以促进酒店目标的实现和可持续发展。内部和谐，指的是要搞好酒店内部公共关系的协调。酒店内部环境的和谐与内部公众潜能的充分发挥，是酒店生存和发展的基础，是酒店充满生机和活力的源泉。同时，也要搞好酒店外部公共关系的协调。酒店外部公共关系的目的在于妥善处理好酒店与外部公众之间的关系，加强酒店与社会各界的交往和联系，谋求支持和合作，形成有利于企业发展的外部社会环境。总之，搞好酒店内、外部各方面公共关系的协调，是建立和谐公共关系环境的根本保证。

公共关系工作如果没有目标公众，就会无的放矢，不仅公共关系计划无从制定，而且必然影响到公共关系工作的实际效果。因此，公众的划分是开展公共关系工作的前提和基础。

如何划分酒店公共关系的公众呢？从不同的角度出发，可以进行不同的划分：从传播学角度，可以把公众分为顺意公众、逆意公众、中间公众；从酒店组

织对公众的影响程度，可把公众分为非公众、潜在公众、知晓公众和行动公众；根据公众对酒店组织的重要程度，可以把公众分为首要公众和边缘公众等。为了使酒店公共关系人员明确酒店的基本公众（即目标公众）在哪里，还是从酒店自身所处的内部环境和外部环境来划分较为妥当。

酒店组织的内部公众，一般包括员工和合资酒店中的股东，他们与酒店组织有最直接、最密切的利益关系，与酒店同呼吸共命运，是酒店公共关系的重要目标公众。

酒店组织的外部公众，主要是指与酒店有着较紧密联系和较重要利益关系的社会群体。它们应该是：主要顾客群、客源机构、社区、新闻媒介机构、政府机关、旅游教育界、酒店物资设备供应商、金融界和竞争对手等。他们也是酒店公共关系的重要目标公众。在现代社会里，能否正确处理好与这些外部公众的关系，是衡量一个组织机构素质的重要标准之一，也是酒店能否取得成功的重要条件。

模块一　内部公众关系协调

【能力培养】

1. 正确理解酒店内部公众关系协调的重要性。
2. 培养在酒店组织内部开展及时有效的公关协调工作的能力。
3. 能够协调酒店部门之间、人员之间的合作关系。
4. 掌握协调股东关系的基本方法。

【案例导入】

刘备摔阿斗

当阳常阪之战是曹操、刘备两军一次遭遇战，骁将赵云担当保护刘备家小的重任。由于曹军来势凶猛，刘备虽冲出包围，家小却陷入曹军围困之中，赵云拼死厮杀，七进七出终于寻到刘备之子阿斗，赵云冲破曹军围堵，追上刘备，呈交其子。刘备接子，掷之于地："为此孺子，几损我一员大将！"赵云抱起阿斗连连泣拜："云虽肝脑涂地，不能报也。"

有人说，刘备爱子是真，摔阿斗是做做表面文章而已。这话不是毫无根据的。作为刘氏统治集团继承人的阿斗，刘备是不会轻易掷地的。也有人说，刘备摔阿斗是出于爱将之心，激情所至，是对赵云的精神赏赐，这是可以理解的。东汉末年，群雄逐鹿中原，各统治集团都尽力搜罗人才，壮大自己的实力。赵云作为难得的将才，其地位在刘备的心目中是可想而知的，如果赵云有什么闪失，刘备还得掂掂分量。

其实，刘备摔阿斗，也是刘备内部公共关系御人术的一次表演，其精彩之处在于：既收买了赵云誓死随主之心，又教育和感化了当时在场的所有文武随从，起到一石二鸟的作用。刘备从一"织席贩履之徒"成长为一代风流人物，其内部公共关系御人术的确有令人拍案叫绝之处。因而后人诗曰：曹操军中飞虎出，赵云怀内小龙眠。无由抚慰忠臣意，故把亲儿掷马前。

述评：

1. 古人云：动人心者莫过于情。情动之后心动，心动之后理顺。仁爱兵卒，仁爱部下，无非也是要求为将者如何动之以情，统一军心，达到制胜的目的。可见，刘备对此是深有体会的。要不，就不会有这样惊世骇俗的举动。

2. 现代市场竞争亦如古之兵战。现代管理者必须懂得人是世界上最富有感情的群体，"情感投资"是管理者调动人的积极性的一项重要方式。管理心理学研究表明，一个人生活在温馨友爱的集体环境里，由于相互之间尊重、理解和容忍，使人产生愉悦、兴奋和上进的心情，工作热情和效率就会大大提高；反之，其工作热情将大打折扣。管理工作者在"情感投资"的实际操作中，应抓住一个"心"字，能与下属互相交心、互相关心，以心换心，从而达到同心同德、共同一心干事业。

资料来源：董原，陆凤英. 公共关系学［M］. 经济科学出版社，2012.

思考：

1. 酒店为什么要进行内部公众关系的协调？

2. 内部公众关系协调的重要性体现在哪些方面？

内部公关是酒店公共关系工作的起点。掌握内部公众状况，满足内部公众需求，协调内部公众关系，调动内部公众积极性，是内部公关的主要任务和根本目标。

一般而言，酒店内部公众主要包括员工和股东两大构成要素。无疑，酒店员工构成了最大也是最丰富的内部公众，应当成为公关战略的对象。

任务一　员工的团结是组织发展的基石

【案例导入】

香格里拉酒店的凝聚力

香格里拉酒店被誉为华人的企业典范，据说香格里拉的一名客户服务员可以到任何一家酒店担任客户部经理，它的一名酒吧服务生可以担任任何一家酒店的大堂经理。

曾经有一家酒店以高薪聘请了几位香格里拉的高级管理人员，希望他们能运用香格里拉的经验提高酒店的管理和服务水平。但几年过去后，酒店的经营并没有多大起色。同样的人为什么不能发挥同样的作用呢？因为，香格里拉的经营管理长期锤炼已经形成了一个统一的整体，已经形成了强大的凝聚力。

这种经过长时期磨合而形成的凝聚力不是任何个人所能带走的。离开香格里拉的人能带走的只是一些制度、方法等程序化的东西，但他们却永远带不走香格里拉的文化氛围，而一旦离开了这种具有凝聚力的文化氛围，这些制度、方法等程式化的东西也就失去了整合的作用。不仅如此，这种凝聚力还表现在人才的网罗和聚集上。全球第一大人力资源公司惠悦公司总裁、总执行长约翰·海勒说，越来越多的跨国企业将发展重心移向中国，并迅速实现企业人才本地化，这一过程中，"最重要的不是金钱，而是企业文化"。如果单纯以金钱报酬为标准，只会造成员工没有归属感，为追求高额报酬频繁跳槽，企业不敢投资对员工进行教育培训，长此以往，形成恶性循环，造成人才频频流失；并且员工为了追求高工资而相互明争暗斗，导致员工之间不和谐，这对人才成长和企业发展都会造成消极影响。因此，拥有一个适宜于员工成长的企业文化以及相对灵活的工作环境，使员工有强烈的归属感，不仅给员工提供现有工作领域的培训，而且给员工发展的机会，这样的企业才有可能在现代竞争激烈的环境中生存发展下去。

资料来源：方莉玫，熊畅. 公共关系实务 ［M］. 机械工业出版社，2013.

思考：
1. 香格里拉的凝聚力是如何形成的？
2. 要想形成企业的凝聚力，应该从哪些方面入手？

【知识拓展】

良好的组织形象，卓越的组织成就，来自于组织内部全体员工的共同努力和不懈的奋斗，只有求得组织内部的团结，才能求得组织的发展，因此，组织内部的公共关系协调是公共关系的重要基础工作。内部公共关系是各类组织有效开展全方位公共关系工作的基础和出发点，内部公共关系状态的良好对组织的正常运转十分有利。

一、员工关系的重要作用

员工是与酒店组织发生紧密联系而最接近的公众，他们是企业赖以存活的细胞，与酒店的目标和利益关系最为密切。酒店的一切方针、政策、计划、措施，必须得到他们的理解和支持，才可能有"人心齐、泰山移"的效果。"内求团结"是酒店内部公共关系的宗旨。员工是酒店内部公共关系的重要对象，而健康良好的员工关系，是酒店"外求发展"的基本保障和塑造酒店形象的基石。开展组织内部公关，处理好员工关系的作用见表 2 - 1。

表 2 - 1　　　　　　　　　　酒店组织内部员工公关的作用

类型	说　明
凝聚作用	内部公共关系活动使人们在个人目标与组织目标高度一致的基础上树立一种以组织为中心的群体意识，从而潜意识地对组织和集体产生强大的向心力。组织目标成为强有力的"黏合剂"，把本组织全体成员的意志凝聚在一起
激励作用	通过一些表彰会、庆功会等内部公共关系活动，使每个成员的进步和贡献及时得到领导的赞赏、同事的夸奖和集体的褒扬，从而诱导和刺激人们潜在的热忱与干劲，起到良好的激励作用，激发员工的工作积极性
导向作用	通过内部公共关系活动塑造广大职员共同的价值观和共同的追求目标，它对组织内部的全体公众有一种强烈的感召力，能把众多员工的言行引导到组织既定的公共关系目标上来。例如，麦当劳的经营原则是为世人提供品质上乘、服务周到、地方清洁、物有所值的产品和服务；经营口号是"顾客永远是最重要的，服务是无价的，公司是大家的"；干部标准是"忠实、吃苦耐劳、献身精神"。麦当劳通过不断的内部公共关系活动号召广大员工牢记公司的经营原则和口号，把它作为自己行为的指南
规范和约束作用	在内部公共关系活动中通过一些无形的非正式、非强制和不成文的行为准则，对组织中每一个员工的思想观念及行为举止起规范约束作用。管理的最高境界是无为而治，内部公共关系的最终目标是让全体员工都能自觉、发自内心、主动地参与组织的各项活动，并能充分发挥各自的潜能
辐射作用	通过内部公共关系活动，树立良好的员工精神面貌、管理风格与特色、经营思想、价值观念和行为准则，从而树立良好的组织形象，提高本组织在各界公众心目中的认知度、美誉度、和谐度，给广大公众留下良好的印象。尤其当企业出现外部危机后，内部公共关系对防范和处理好企业的外部公共关系危机、维护企业的品牌和声誉都有极为重要的作用
调适作用	调适作用是指为员工创造一种良好环境和氛围，给员工以心理调适、人际关系调适、环境调适、氛围调适。调适作用能使员工在友好的氛围下，保持愉悦的心情工作，为组织创造更多的财富

资料来源：曾思燕主编．公共关系实务［M］．中国劳动社会保障出版社，2012.

　　组织需要员工的认可、支持和配合。任何组织都是由内部员工共同构成的，每一个员工都是组织的细胞。员工关系协调，员工积极配合和支持组织，充分发挥积极性、主动性和创新精神，组织的价值和目标才会实现。员工关系的协调，可以在组织内部形成相互交流、相互配合、相互支持、相互协作的人际关系，创造一种良好的组织心理气氛，提高工作效率，为组织发展提供强大的动力。

二、员工关系协调的艺术

一位日本人曾说过这样一段话："一群人在一起工作，其效果并不像数学公式 1 + 1 = 2 那样简单。两人协力的结果，可能 3 倍甚至 5 倍于一个人的力量，相反，如果互相不协力，效果可能是 0。"员工队伍由性格各异的个人所组成，他们所处的位置不同，看问题的角度和观点也不尽相同。有人严谨，有人奔放；有人外向活泼，有人内向稳重；即使一个人也存在着不断交替的不平衡姿态。如何内求团结，把每一个员工纳入酒店组织的整体，充分激发每个人的潜在能力，创造和谐、协作的酒店气氛，培养认同感、归属感，形成向心力和凝聚力，这是酒店内部公关的重要任务。

（一）关心员工，理解并尽力满足不同需求

一位公共关系专家说，爱你的员工吧，他会百倍地爱你的事业。关心员工属于一种情感激励，能使员工对企业产生归属感和亲切感。关心员工，应该充分了解和充分实现员工的各种物质的、精神的需要。

【同步案例】

万豪集团——将员工当做顾客对待

万豪家族最突出的特点就是把员工当做顾客对待。老万豪先生始终强调：员工是直接服务客人的，我们怎么对待员工，员工就怎么对待客人。在此理念的指导下，万豪集团员工的福利得以更加丰富与人性化。餐饮部每日都会推出两顿共四道菜两款饮料的试餐（客人菜单上项目）活动，只有员工了解、喜欢自己所推销的食物，才能自信地进行销售、为客人做出个性化推荐。

在客房部，优秀员工能享受免费入住酒店套房一晚。只有员工真正像客人一样入住其中，才能理解从客人入住到退房这过程中的行为习惯，不会单纯负面地抱怨工作量大，而是身同感受，为客人做出个性化、更细致的服务。万豪集团鼓励在职员工到自己在全球下属的酒店进行消费，并能享受员工价待遇：他们只要到人力资源部申请一张员工优惠卡片，带上就能享受"国际统一折扣"。

资料来源：王文慧，吕莉．酒店营销新拓展［M］．企业管理出版社，2011．

满足员工的物质需要，这是调动员工积极性，维持劳动热情的基本保证。酒店必须通过工资、奖金、福利、保险等手段，满足员工衣、食、住、行、安全等

基本的物质需要。公共关系部应通过内部的信息交流，随时了解员工的各种物质需求，并及时反馈到决策层，对其正当合理的物质需求，力求迅速、主动地予以解决，竭力消除员工的误会，变消极情绪为工作热情。

【同步案例】

威斯汀酒店及度假村向全球 25 000 名员工推行
全球健康计划即威斯汀员工优化计划

2011 年 10 月 10 日威斯汀酒店及度假村宣布推行全球员工优化计划，旨在让品牌的"健康平台元素"通过主要接触点渗透至世界各地的员工之中。威斯汀还从品牌的特色宾客体验中汲取灵感，向员工实行特色计划，激发他们对在工作空间内外畅享健康生活的巧思妙想。威斯汀员工优化计划让员工感受其享誉盛名的宾客体验、活力食品、威斯汀健身及呼吸，激发他们对于幸福健康生活的灵感。

此项优化计划由活力食品（SuperFoods）、威斯汀健身（Westin Workout）及呼吸威斯汀（Breathe Westin）组成，它们将覆盖至酒店内部，同时酒店也将委任"健康大使"监督计划的全面实施。此外，新近与威斯汀建立合作伙伴关系的新百伦也将为此项计划提供支持，精选酒店的客房服务人员在换班期间可穿着新百伦多功能训练鞋，让工作变得更为舒适。员工优化计划于 2011 年在威斯汀全球 181 家酒店向超过 25 000 名员工实施。

威斯汀是首家向宾客奉上特色活力食品、倡导健康生活方式的酒店品牌。如今，员工也将有机会享受这些营养丰富的美味餐点，精力充沛地面对工作。每家酒店的健康大使将连同行政主厨精心研发健康餐点及每日活力食品菜单。此外，酒店还将开设活力食品休闲小吃与健康餐点的烹饪课程。

威斯汀明白健身是实现健康的重要方式，因此也为员工提供体验备受宾客青睐的创新威斯汀健身计划的机会。作为计划的一部分，健康大使将连同各部门主管引导员工在换班前后进行日常伸展运动。新近与威斯汀建立合作伙伴关系的新百伦也将为精选酒店的客房服务人员提供防滑多功能训练鞋，此运动鞋具备缓冲、减震和足弓支撑的功效，为这些长时间站立工作的员工带了极大的舒适。此外，酒店还将建立跑步/运动团队，并为员工的日常生活提供多方面的指导，其中包括抬重物、长时间坐在桌旁及站立。

受呼吸威斯汀计划和喜达屋环保理念的启发，每家酒店的健康大使在检验现有方案、寻求新的发展领域之后，推行一系列创新举措以改善整体空气质量。比如，威斯汀酒店在复印机、打印机等设备旁边合理摆放可以抵消有害排放物质的植物，如日本葵、白掌等。酒店还将倡导员工节约能源，了解吸烟的危害，分享有关戒烟计划和资源的信息。作为行业内首家引入无烟政策的酒店品牌，威斯汀不断致力于推行创新方案与举措，为宾客和员工营造清新健康的环境。

当威斯汀决定将其享誉盛名的宾客计划推广至世界各地的员工之中时，品牌已经获得了工作空间的健康数据，这些数据充分地说明了此项计划势在必行。最近的一项研究表明，肥胖、吸烟、缺乏运动、蔬果摄入不足等生活方式因素均与病假的次数与时间及工作效率低下有密切的关系，同时工作环境的倡导健康计划亦会减少医疗支出及缺勤率，提高工作效率，共有 49 家公司的 10 624 名员工参与了此项调查。

资料来源：http：//www. prnasia. com/pr/2011/11/04/111086121. shtml.

满足员工的精神需求，这是发掘劳动潜能，调动积极性的重要手段。希望获得尊重和实现自我价值，是每个正常人的心理需求。因此，精神激励尤为重要，它是物质激励的补充。随着一个人的发展成熟，社交、尊重、自我实现等高级需求，相对于生理需要而言变得重要起来。人们对精神的需求往往超过对物质的需求，有时为了某种目标的实现，甚至可以自觉调节对低级需要的渴求，而发挥巨大的能量，积极主动地促使事业的成功。

【同步案例】

案例 1：“与总经理一起吃早餐”

为了让员工感觉到自己的重要性，并且激励员工更好地为客人提供服务，上海波特曼丽嘉酒店（上海的丽思·卡尔顿）总经理狄高志先生每个月都会请 10 个表现优秀的员工和他一起吃早餐，其目的在于，通过早餐的形式，总经理可以在更加轻松的环境与氛围中与员工交流，了解员工需要什么，以便为员工提供最好的工作环境，最大限度地满足他们的要求。当然，这个早餐会仅仅是狄高志与员工交流方式中的一种。作为酒店的总经理，他把 70% 左右的工作时间投入在与 800 名员工有关的事务方面。他认为自己了解员工需要和工作状况的最好方式，就是走到每个员工的实际工作环境中，亲身体会他们的感受，一起讨论如何更好地改进。而员工们也可以自由地到总经理办公室来，提出他们的建议和想法。“尽管我们每年都会进行员工满意度的调查，但员工满意与否是每天都要衡量的问题，而不是在进行某种调查时才存在。”

狄高志还有一个别出心裁的方式来款待酒店的员工：逢年过节，他会用自己的那辆二轮摩托载着两名优秀员工在市中心兜上一圈。“这可是总统级的待遇”，员工们笑言，因为这个“总经理市容观光游”通常只是为入住酒店总统套房的贵宾准备的。员工只有得到了来自领导 100% 的尊重和服务，并且亲身体会到了这种“尊重和服务”，才能在面对客户时将“尊重和服务”有效地传递给顾客。

资料来源：http：//www. ceconline. com/hr/ma/8800033124/01/.

案例 2：“喜达屋关爱”

“喜达屋关爱”是喜达屋酒店集团于 2001 年推出的服务理念，“喜达屋关爱”就是关爱生意、关爱客人、关爱同事、关爱社区。酒店认为没有满意的员工就没有满意的顾客，没有满意的顾客就没有满意的效益，没有满意的效益就没有满意的员工。酒店正是在这条价值链的循环中实现运营的。四个关爱中，员工关爱是顾客满意、生意兴隆的起点。酒店会定期举办员工生日会，定期组织员工外出旅游，组织员工参与各种业余活动，如篮球队等，让员工感受到酒店的关爱。在员工受到酒店关爱的基础上，酒店也鼓励员工关爱顾客、关爱同事，每个月酒店都会评选出关爱之星，以此促进酒店服务质量的提高。员工的职业生涯计划也是"喜达屋关爱"的重要组成部分，酒店为每一位员工准备了喜达屋明星服务四大标准培训，支持员工到其他部门进行工作学习，鼓励员工寻找合适的晋升机会，为具有潜力的员工提供异地、异国的管理培训，让员工不断超越自我，获取职业生涯的发展。"喜达屋关爱"的力量将全世界的喜达屋酒店凝聚起来，并自始至终保持着强盛的生命力和竞争力。

资料来源：刘晓萍，崔春芳. 酒店服务新概念［M］. 企业管理出版社，2012.

（二）充分尊重和信任员工

尊重和信任员工，树立以人为本的观念，是搞好员工关系的根本基点。员工只有得到尊重和信任，才能把自己的利益和组织的利益融合在一起，才能以主人翁的责任感来维护组织的形象，并在维护组织良好形象的具体过程中不断实现自我价值的更高层次。

尊重员工，是指尊重员工的人格、劳动、意见、价值信念等。尊重员工的人格，尊重他们的劳动和尊严，使他们处处感觉到自己是组织不可缺少的一分子，认识到组织荣辱与他们的工作息息相关。

信任员工，就是要为员工提供一个十分自由、宽松的工作环境，让其放手工作。对员工而言，信任就是最高的奖赏。俗话说，"疑人不用，用人不疑"，组织应充分信任员工，让他们在自己的职权范围内大胆工作，绝对不可又用又疑。

【同步案例】

充分信任，授予权力

丽思·卡尔顿的信条中提到："给予客人关怀和舒适是我们的最高使命；我们保证为客人提供最好的个人服务和设施，创造一个温暖、轻松、优美的环境。""丽思·卡尔顿的服务经验不仅可令宾客身心舒畅，更加可以满足客人内心的需求与愿望。"为了使客人获得更好的服务，丽思·卡尔顿给每位员工2 000美金的授权。在这个范围内，员工不用请示上级就可以做出力所能及的决策，用这笔钱为客人签单或者赠送额外的礼物，碰到突发事件也可以及时给客人满意的答复。

2 000美元授权源自华盛顿丽思·卡尔顿酒店一个真实的故事：华盛顿丽思·卡尔顿酒店的一位行李员不辞辛苦，自费乘坐飞机将一位顾客迟到的行李送到他的家中，避免客人上庭时缺乏必需的文件而在工作上遭受损失，因而得到了客人的表扬，并在媒体杂志上予以公布。回到酒店后，他的这一行为也得到了酒店总经理的认可。

给员工这样的权力，缘自一份尊重，同时信任他们会充分为酒店考虑，作出正确的判断，不会乱花一分钱。当然这种高度信任的基础应当归结于慎重的招聘程序，酒店相信他们自己所挑选的每位员工都有服务的天赋和热情。

因为有了这 2 000 美元的授权，在世界范围内各个丽思·卡尔顿酒店都上演着一幕幕员工感动客人、令客人满意甚至惊喜的情节与故事。上海波特曼丽嘉，就曾经发生过员工运用这 2 000 美元授权的经典案例：一位欧洲女士与丈夫到上海波特曼丽嘉下榻，打开整洁舒适的房间后，觉得很不错。但为他们服务的行李员认为她的丈夫非常高，因此行李员建议并帮助他们换了另一间有大床的大房间。这位女士觉得非常惊喜和满意——换房间本来并非行李生的职责，而他自己可以运用权力做出这个决定。回到欧洲以后，她告诉了自己的亲朋好友波特曼丽嘉的员工是如何设身处地为客人考虑的，而且他们拥有酒店赋予的自主权力。充分信任员工给酒店带来的回报就是：客人甚至他们的朋友和家人在选择酒店的时候，一定会优先考虑令他们感到满意与惊喜的酒店。

资料来源：王文慧，吕莉．酒店营销新拓展［M］．企业管理出版社，2011．

（三）肯定员工的贡献，承认员工的个人价值

承认员工的个人价值，切实保障员工的主人翁地位，是使员工自觉地将个人利益与酒店利益合为一体的有效方法。人心中主要有两种欲望，既希望自己是优秀组织中的一员，又希望自己鹤立鸡群、出类拔萃，有卓越的个人价值体现。因此，只有尊重员工的个人价值，激发他们的主人翁精神，才能将个体价值与团体价值辩证地、有机地结合起来，促使员工把个人价值与酒店的团体价值有效融合。

【同步案例】

香格里拉酒店设立的"令客人喜出望外计划奖"

为了表彰和激励员工在服务中不断超越"满意"，令客人达到"喜出望外"，香格里拉酒店集团专门针对员工设立了"令客人喜出望外计划"奖。员工如在一个月之内得到客人 3 份有效的表扬卡，总经理听到客人反映的好事迹一件、或者员工有一项建议被采纳，这三种条件其中一项，都会获得提名，得到当月的银星奖；累计 3 次银星就可以得到金星，金星奖可以免费享用店内二人自助餐一次或者获得酒店发放的奖金；1 年中获得 8 次银星则升为钻石，除了现金奖励 1 500 元以外，还可免费享受香格里拉集团提供给员工的带薪旅游假期，到国内外姐妹酒店住宿两晚并包往返机票，最后这项大奖，被员工们称为"最诱人的奖励"。

这是对优秀员工及其出色服务的肯定，不仅大大鼓舞了员工的士气，而且使员工在享受奖励的同时体验了酒店产品。可以看出，"令客人喜出望外计划"的依据标准就是顾客满意，谁能令客人满意，谁就可以获得酒店给予的奖励。

为了让更多的员工向这些优秀员工学习，酒店集团还将一些优秀的事迹进行汇总，成为

"Moment Story（关爱时刻故事）"，每天早晨，酒店员工只要一开电脑，就能看到集团选出的来自各姐妹酒店或是本酒店发生的 Moment Story，每日的晨会上也会首先分享这些故事，这些故事讲述了员工们在对客服务过程中如何做到令客人喜出望外的，它们会同时在全球的香格里拉大酒店流传，它们不仅让员工们感到骄傲，更是酒店品牌文化的直接呈现。

资料来源：王文慧，吕莉. 酒店营销新拓展［M］. 企业管理出版社，2011.

（四）加强沟通交流

公共关系部门在酒店中应担当起"中间人"的角色，上情下达、下情上呈，建立一种自上而下的信息传递和自下而上的信息反馈网络系统。加强信息沟通，既要了解员工的思想动态，又要让员工知晓酒店的经营决策，并及时反馈每一阶段的成就，增强员工的自信心、自豪感。及时的信息沟通，不仅避免了由于信息隔阻而造成的猜疑、对抗、发泄等不良行为，还可以使员工了解酒店目标和自身利益，自觉地与酒店荣辱与共，成为酒店经营活动中的一支生力军。

【特别提示】

建立内部沟通网络的具体方法

酒店要保证内部沟通网络的畅通，增进内部各方面的联系，促进相互协作。一是内部刊物，包括小报、业务通信、杂志、小册子等，刊物内容除了传达公司的一些重要信息外，还要注意增加趣味性和可读性。二是利用黑板报和墙报来传递各类工作信息或者酒店的企业理念，并达到美化视觉环境，增强文化氛围的作用。三是电子媒介，包括广播、现场闭路电视、录像播放、录音带、电话交流、互联网络等，尤其互联网的开通和普及，为内部沟通提供了更加丰富和广阔的空间。四是建立合理化建议制度，这是实行民主管理，调动员工积极性、充分发挥员工聪明才干的良好途径，它使员工对酒店的管理不再袖手旁观而是主动参与。合理化建议制度可以通过设立意见箱、热线电话、演讲会、举办活动等多种形式进行，它为信息的多方向流动创造了条件。

资料来源：葛金田. 公共关系基础［M］. 中国财政经济出版社，2011.

（五）加强酒店企业文化建设

建立企业文化、树立企业精神，是培养员工认同感、归属感的重要途径。健康的酒店组织气氛、独到的价值观念，是衡量酒店素质的重要标准。酒店精神与文化，可对塑造员工的个性、满足员工的心理需求、训练员工的精神、激发员工的自豪感和责任心，起到无可比拟的潜移默化的作用。

【同步案例】

丽思·卡尔顿酒店服务文化的建设工作

在酒店里，工程部、客房部、餐饮部、厨房等一线岗位的员工通常需要付出大量的体力劳动，但在丽思·卡尔顿酒店，相对辛苦的职位并不会让他们产生低人一等的感觉。丽思·卡尔顿酒店集团的座右铭是"我们以绅士淑女的态度为绅士淑女们忠诚服务"。

丽思·卡尔顿始终强调，每一位绅士淑女的工作，都为酒店每天的成功运转贡献了重要的一部分。其他部门员工包括二线部门的员工以及管理者有时也会参与到服务性的工作中来，当酒店举办大型活动时，宴会厅忙不过来，二线人员及管理人员都会被抽调过去帮忙，做一些接待、端盘子这样力所能及的事情，让宾客感到满意是酒店全体员工共同奋斗的目标。

在传统的组织结构当中，任何一个雇员犯了错误，都希望永远别让主管知道这件事情，他们甚至会设法掩饰错误，因为他们知道，如果主管发现了这个错误，就会斥责他们。

而丽思·卡尔顿拥有的服务文化使传统的组织结构翻了个，在丽思卡尔顿酒店中，每个人都是为顾客服务，即使员工犯了错误，也会主动呈报给自己的上级主管，而主管也不会害怕把自己部门的错误袒露给别的部门。

在丽思·卡尔顿酒店集团曾经流传着这样一个故事：一位门童，由于工作失误，在客人入住后一个小时才把行李给送上来。门童把行李送达后，立即把这件事告诉了自己的主管。这位主管向客人道了歉，并且在酒店的计算机系统上记录下了这位顾客所遇到的问题，要求在接下来的一段时间里对客人给予特别的关照。门童关心的是顾客，知道主管会采取某种纠正错误的措施。这是一种解决问题的适当方式，这种方式在缺乏服务文化的酒店中很难做到，但在丽思·卡尔顿，这种情况是员工们工作的常态。

资料来源：王文慧，吕莉. 酒店营销新拓展［M］. 企业管理出版社，2011.

（六）树立全员公共关系意识

全员公共关系意识又称"全员 PR（public relations）意识"，是指组织全体员工都要具备公共关系的意识。培养全员公关意识有利于塑造良好的组织形象；有利于员工素质的提高，使组织立于不败之地。如果每个职工都有强烈的为企业形象增辉的意识，并以此为荣，该企业一定会蒸蒸日上。全员公关是"组织内部公关的最高境界"。全员公关意识一旦形成，一定会给企业的发展带来勃勃生机，从而提高企业的经济效益。

任务二　没有永远的朋友，只有永远的利益

据说，19 世纪英国首相帕麦斯顿的一句话，"没有永远的朋友，只有永远的利益"成为了英国外交的立国之本。第二次世界大战期间英国首相丘吉尔把这句

话也作为了英国对外关系的准则。商场如战场。良好的股东关系是企业的生命线，因为股东关系直接涉及企业的"财源"和"权源"。企业要想与作为企业投资者的股东保持良好持久的关系，必须分析股东的需求特点，加强企业与股东之间的沟通，争取现有股东和潜在投资者的理解和信任，创造良好的投资气氛，力争达到企业与股东的利益双赢。

股东关系是指酒店与投资者之间的关系。股份制的实施促使企业投资多元化、市场化、社会化，从而使企业的投资关系复杂化。没有良好的公共关系，就不能吸引众多的投资者，也不能稳住自己的股东公众。股票持有者就是股东，也就是本组织的投资者，他们享有法律规定的权利，同时也承担着一定的义务。妥善处理好与投资者的关系是股份制企业稳定资金来源，增加新的资金来源的重要方式。

【知识拓展】

一、什么是股东

股东即投资者，股东关系即酒店与投资者的种种关系。

股东关系在资本主义国家的企业中，是一种常见的关系，尤其是第二次世界大战后发展迅速。战后经济大幅度增长，许多企业急需筹集资金发展生产，而广大中产阶级的经济能力已从消费转向投资，也在寻找金钱生息的道路。于是随着生产的发展，进行投资，握有企业股权，就不再是少数富人的特权。资本主义社会出现了一支由中产阶级组成的阵营强大的股东队伍。有些大众公司，其股权为大众所占有，其利润为大众所分享，由于自身利益与企业利益密切相关，因此大大提高了人们的劳动与创造热情。

随着我国经济体制改革的不断深入，许多酒店为了求得发展，纷纷进行了一些尝试。有的酒店与外商合资，成了合资酒店，中方股东与外方股东各占一部分股权，实行股份制；有的酒店除了向银行贷款外，也向社会广泛吸收资金，以弥补不足。社会上一些集体与个人，投资入股就成为股东；还有一些小型酒店，在小范围内自筹资金，联合起来，于是形成股份式的合作企业；有的酒店为调动员工的工作积极性，动员全体员工入股，实行全员入股的联营制。在经济逐渐繁荣的现代中国社会，尽管股份制还处在初级的摸索阶段，形式不一，发展程度也不一致，相应的法规还不够完善，但显而易见，股份制是市场经济大发展的客观要求和必然产物，具有强大的生命力，已成为今后酒店发展的一个重要途径。

股东关系涉及酒店的"财源"，与酒店的生存与发展休戚相关。因此，改善与维持良好的股东关系，是酒店公共关系部门的一项重要职责。

二、股东的特点

股东们的显著特点，是普遍存在着一种"主人意识"和"特权意识"。他们认为自己酒店的"老板"，有权知道酒店的发展动向和经营成果，对有关酒店的各种信息十分注意，尤其对酒店的重大人事变更和经营状况特别关注。

股东们一般拥有以下权力：

① 有权投票选举股份酒店的董事会，并由董事会确认经营管理人员。

② 股票标志着持有者对酒店的所有权。股份的占有量决定着股东对酒店资产拥有所有权的大小。

③ 有买卖或转让股票的自由。

④ 有权获得与酒店经营状况相关的股息和红利。

⑤ 酒店解散时，有分配剩余财产的权利。

三、搞好股东关系的途径

首先，应当尊重股东的特权，有的放矢地开展公关工作。从股东购入股票之日起，直到他售出股票为止，酒店都应把他们当成自家人。酒店有什么新消息，应以最快的速度传达给每一位股东，使他们优先获悉酒店新动态，从心理上满足股东的"特权意识"。具体的方式方法可以采用：定期举行股东大会；编制股东公共关系刊物；举办股东座谈会；随时通过信函与各类股东保持联系；适当组织一些股东联谊活动等。

其次，视股东为最为知己的内部公众，同心同德地塑造酒店的良好形象。股东关系虽说是一种金融关系，但从公共关系的角度，不应将股东关系仅仅当做经济关系来对待，而应将它们视为最为知己的内部公众、最可靠的顾客群。良好的股东关系，不仅关系到酒店的财源稳定，而且可以利用他们广泛的社会关系，扩大酒店的知名度与美誉度，开辟新的市场，获得难以估价的社会效益。

【特别提示】

股东们最关心什么

作为一个投资者，股东最关心的问题就是收益的最大化和风险的最小化，也即其资产的保值、增值。为了保证自己的利益不受侵害，他们一方面要行使自己的法定权利，另一方面要充分了解组织的相关情况。由于在现代企业制度下所有权和经营权的分离，股东并不直接管理企业，因此，他们希望更多地了解组织的有关情况。根据国外公共关系专家的调查，股东们最想知道的是以下几个方面的情况：组织的经营管理情况和盈利情况、组织的产品或服务范围、组织的业务拓展状况、组织在同行业中的地位、组织的综合实力和发展前景。

资料来源：窦红平．公共关系实用教程［M］．北京邮电大学出版社，2012．

模块二　外部公众关系协调

【能力培养】

1. 掌握酒店外部公众关系的构成。
2. 理解顾客关系、媒介关系、政府关系、社区关系、名流公众关系协调的重要性。
3. 掌握怎样协调顾客关系。
4. 掌握怎样协调媒介、政府、社区、名流公众关系的方法。
5. 培养具备妥善处理酒店组织外部各种关系，并与之建立良好关系的能力。

任务一　顾客真的是上帝吗

【案例导入】

完善的顾客服务——新加坡航空公司优质服务

如今，航空运输业竞争异常激烈，而新加坡航空公司在国际航空业群雄角逐的激烈竞争中独占鳌头，多年连续被国际民用航空组织评为优质服务第一名。新航的服务有很多独特之处，他们把西方的先进技术及管理手段与东方的殷勤待客传统有机地融合在一起，把"乘客至上"的公共关系思想贯穿于服务的全过程，给每一位乘客留下极为深刻的良好印象，使来自各国的乘客自然成为新航的义务宣传员，再加上新闻媒体的广告宣传，公司的形象誉满五洲。

新航制定了严格的服务准则：对所有乘客一视同仁地施以关心和礼貌，在一切微小的服务细节上给乘客留下难忘的印象，并树立公司的整体形象。这些服务准则通过每一位工作人员的良好举止体现出来。

一般航空公司的乘客在订票时是不能拿到座位号的，登机前才能在机场领到印有座位号的登记卡。而新航通过公司设在全球各地的电脑订票系统，可使乘客在任何国家预订任何班次的机票时都能够同时得到座位号。公司将某次班机的全体乘客姓名按舱位平面图排列交给当班乘务员，要求每个乘务员事先记住自己所负责的那一舱位所有乘客的姓名。登机时，乘务员会在机舱门口引导乘客对号入座，并在舱位图上做记号。乘客就座完毕，乘务员就能按照记忆对每一位乘客直接以姓相称，使乘客在感到宾至如归的同时又略感意外的和谐与舒适。这样周到的服务是世界上任何其他航空公司都不曾做到的。

新航的优质服务使乘客从进入飞机起就感觉如同在殷勤的主人家中做客一般。乘客在座位上刚坐定，乘务员就手拿衣架来到面前，和蔼地询问你要不要把上衣脱下挂起来，如果要的话，可把上衣连同登记卡一并交给她，抵达目的地后，乘务员会把上衣送还。飞机起飞之前，乘务员又会送来热毛巾，端来饮料，然后送上插着牙签的小点心请乘客选用，乘客真好像是受到主人的悉心款待。

一般的洲际飞行乘客易疲劳，而且途中要用几餐饭。因此班机起飞不久，乘务员就会给每位乘客送上一双尼龙软鞋套和遮光眼镜，供乘客休息时用。还会送上一份印刷精美的菜单，上面以英、法、德三种文字印有全程每餐饭的菜名，并附有飞行各段所需的时间，然后一一登记每位乘客所选用的主菜。公务舱开饭时，乘务员会先给乘客小桌铺上桌布，再送上主菜托盘。主菜用完后，乘务员前来把托盘中的主菜取走，空出位置再送甜食或水果。这样就等于把饭店的服务方式搬进了空间狭小的机舱，而不是一股脑儿地把所有的食物都端到小桌上。

乘客在愉快的旅行后，可得到一包精美的盥洗用具，包括牙刷、牙膏、肥皂、梳子和两小瓶化妆品，上面都印有新航标记，不但是美观实用的宣传品，更是值得保留的纪念品。乘客如需写信，均可由新航免费邮寄至世界各地。头等舱和公务舱的乘客填写一张表格便可将自己的姓名和地址存入新航公司的计算机，并取得一个编号，日后可得到公司寄来的一二十张优待券，一年之内可凭优待券优先购买新航的机票，行李超重可不付费，还可以到新加坡的一些百货商店享受购物优惠。

通过一系列充满活力的公共关系服务措施，新航在国际航线上赢得了声誉，赢得了顾客，在激烈的国际竞争中胜人一筹。

资料来源：魏振香，王爱玲，黄朴编．公共关系理论与实务［M］．中国石油大学出版社，2011．

思考：
1. 新航在协调顾客关系方面采取了哪些公共关系服务措施？
2. 协调顾客公共关系对于酒店企业的经营管理有哪些重要作用？

酒店必须拥有自己的客源市场，才可能实现自己的产品价值，失去了顾客，酒店就失去了服务的对象，也意味着酒店赖以生存的基础发生了动摇。没有顾客就没有酒店，顾客对于酒店来说，具有极其重要的意义。良好的顾客关系，对于形成酒店企业生存发展的整个公共关系环境的质量具有决定性的作用。

一、顾客关系的重要性

顾客关系是指酒店企业与酒店产品或服务的购买者、消费者之间的关系。顾客是与酒店企业具有直接利害关系的外部公众，也是酒店市场关系的具体对象。协调顾客关系的目的是，促使顾客形成对酒店及其产品的良好印象和评价，提高酒店企业及其产品在市场上的知名度和美誉度，增强本酒店对市场的影响力和吸引力。

现代酒店应清醒地认识到顾客关系的重要性，要把它作为一项长期的战略任务来抓。顾客关系之所以重要，就是因为顾客决定了酒店企业存在的价值和可能，决定了酒店的前途和命运。尤其在买方市场条件下，顾客就是上帝，谁拥有顾客，谁就拥有发展的机会。

【小资料】

$$1 = 2\ 002$$

美国学者的调查表明，每有一名通过口头或书面直接向公司提出投诉的顾客，就会有约26名保持沉默的感到不满意的顾客。这26名顾客每个人都会对另外10名亲朋好友造成消极的影响，而这10名亲朋好友中，约33%的人会再把这个坏消息传给另外20个人。换言之，只要有一名顾客不满意，就会同时存在其他2 002个 [26 + (26 × 10) + (26 × 10 × 33% × 20) = 2 002] 不满意的顾客。

资料来源：http://www.globrand.com/2009/151464.shtml.

二、对顾客关系的认识经历的变化

（一）顾客是同志

20世纪70年代，所有的服务行业（包括酒店业）都把顾客当同志。顾客和服务员都是"同志"，没有高低贵贱之分，只是分工不同。在服务中，由于顾客居于被动地位，经常要忍受服务员爱答不理、横眉冷目的恶劣态度。在酒店里，服务员为顾客端茶送水、清扫房间都是日常工作，但服务员做这些本职工作通常都带着情绪，心情好时就笑脸相迎，心情不好时顾客就很难看到笑脸了。服务员与顾客之间时常发生争执。

（二）顾客是上帝

20世纪80年代，顾客就是上帝这一观念传入我国，酒店业对待顾客的态度发生了180度的大转弯，顾客从一个和服务员平等的人突然变成了至高无上的上帝。上帝是宇宙万物的创造者，主宰着世间万物，拥有至高无上的权力，受到万民的顶礼膜拜。上帝是那么遥远，酒店要怎样为上帝服务呢？"急客人之所急，想客人之所想"，一切以顾客利益优先，为客人创造良好的酒店环境、提供优质的产品和服务。酒店绞尽脑汁地满足顾客的所有需求，争取忠实顾客。服务员和顾客再也不平等了，酒店里没有了威风凛凛的服务员，却偶然出现嚣张苛刻的顾客，甚至是"吃霸王餐"的顾客、醉酒闹事的顾客，他们也是上帝吗？

"顾客就是上帝"其实是一个很模糊的概念，遥远、抽象而虚无缥缈。自古以来，无论是上帝还是皇帝，虽然高高在上，受到万民的敬重和敬仰，但"高处不胜寒"，他们也许常常感到孤独而不知道温暖、快乐为何物。顾客并不想成为上帝，他们希望感受到酒店员工的真诚和热情，感受到喜悦和感动。

（三）顾客是亲人

20世纪90年代，酒店成了顾客的"家外之家"，让顾客到酒店有"宾至如归"之感成了酒店的经营和服务理念，顾客又从天上坠入了人间。家是什么？家是一个幸福、温馨的港湾，顾客是酒店这个家庭的一员，"顾客是衣食父母"，顾客是兄弟姐妹、亲戚朋友，是"亲人"。酒店员工会记住每一位顾客的名字，当顾客觉得累了，服务员会整理好温暖、舒适的房间；当顾客过生日了，服务员会送上美味的生日蛋糕、问候的生日卡片；当顾客心情不好了，服务员会用甜美的微笑为客人带来快乐；当顾客有困难了，服务员会尽最大的努力帮助客人渡过难关。酒店的管理人员和服务人员都有极强的主动服务意识，服务员为顾客提供服务，二线管理人员和工作人员会为一线的服务人员提供服务，各部门积极协作，为顾客解决方方面面的问题，使顾客在食、住、行、游、购、娱等各个环节都感到满意和舒适。将心比心，顾客也会把酒店服务员当做亲人，当酒店的服务出现问题时，顾客会以宽容的心态对待，呵护酒店及员工的成长，成为酒店的忠实顾客。

（四）顾客是女朋友

进入21世纪，酒店行业对顾客的认识又有了进一步的发展，认为顾客不仅是亲人，而且是酒店的女朋友。随着酒店市场竞争的不断加剧，对顾客的竞争也愈演愈烈，酒店需要以优质的服务去追求顾客。如果酒店出现一丝一毫的差错，"女朋友"都有可能闹情绪，进而选择其他的酒店，酒店要想留住顾客，就要以不断创新的服务赢得顾客的垂青。

短短的几十年间，我国对于酒店服务客体的认识经历了"同志"、"上帝"、"亲人"、"女朋友"四个阶段的转变。顾客从看脸色转变为挺起腰板，从无选择消费转变为多选择消费，这无疑源于市场的发展。在酒店业高速发展的今天，只有以顾客需求作为服务的出发点，才能赢得顾客，只有重视顾客的酒店才能屹立于不断发展的酒店市场中。

三、如何发挥公共关系在协调顾客关系中的作用

（一）树立正确的经营思想

做好顾客公共关系工作的前提，是帮助酒店树立"顾客第一"的经营思想。所谓"顾客第一"，是指酒店的一切经营行为，都必须以顾客的利益和要求为导向，把顾客放在首位，竭尽全力地满足他们的需求。所有成功的现代企业，都实践了这一思想，这是经营思想成熟的表现，也是社会生产发展的必然结果。

追求利润是在商品经济的竞争环境中，任何一家酒店的基本动因。但如何获得利润，实现酒店的利润目标？最根本的因素是酒店的服务质量。酒店形象得到了公众的认可与青睐，公众信赖酒店，需要酒店，酒店才有可能通过满足社会需求来获取利润。良好的社会效益必然导致良好的经济效益。因此，做好顾客公共关系的前提条件，是把顾客放在第一位。

【特别提示】

酒店在经营中要做到"顾客第一"

在现代社会中，顾客与酒店之间的关系不仅仅是一种简单的买卖关系，而且还是一种良好的信息交流关系和相互合作关系。顾客至上，这是现代酒店树立良好形象、赢得顾客的不可动摇的公关原则。

市场经济的今天，顾客是酒店的"衣食父母"。酒店之间的一切竞争都表现为对市场的竞争、对社会公众舆论的竞争。顾客已经成为酒店赖以生存和发展的生命线，顾客的要求已成为推动酒店活动的方向标和旋转轴心，"顾客第一"的观念已成为现代酒店经营的核心理念。

1. 真正将顾客放在第一位，就要想顾客所想，急顾客所急

想顾客所想，急顾客所急是酒店赢得顾客的最起码的条件。想顾客之所想就是要主动积极的满足顾客的需求，尽最大力量来提供顾客所需要的产品和服务；急顾客所急就是将顾客的困难当做自己的困难，尽自己最大力量来为顾客服务。

2. 真正将顾客放在第一位，就要全心全意为顾客服务

优质服务是与酒店组织的形象连在一起的。由于服务在酒店的经营活动中所占的地位越来越重要，顾客往往把一个组织提供的服务作为评价这个组织的重要标准，组织提供的服务往往成为顾客对这个组织的第一印象。

3. 真正把顾客放在第一位，就要甘做顾客的仆人

酒店与顾客，两者的位置泾渭分明：无论顾客的身份高低、地位尊卑，他们都是酒店的"衣食父母"；无论酒店有多大，名气有多响，它们永远不能失去顾客，永远都要甘做顾客的"仆人"。

资料来源：查灿长. 公共关系学 [M]. 上海大学出版社，2010.

（二）摸清顾客的消费心理

酒店公共关系部门只有了解顾客的各种消费需求，准确地把握顾客的脉搏和动向，才能使酒店的经营服务得到社会的认可。

顾客的需求可分为生理需求和心理需求。生理需求是维持生命和延续种族的一种自然属性。消费者需要有吃饭、休息、娱乐的地方，于是就有了酒店。需求增加，酒店客源就趋满足。从这个角度讲，顾客的需求促进了酒店的发展。心理需求则是高层次的精神追求，酒店服务必须创设优雅的环境和优美的服务形象，才能满足顾客的心理需要，使他们得到心理的享受。

（三）服务意识是处理顾客关系必须具备的公关意识

对酒店而言，其中心工作就是服务。要稳定开拓客源市场，只有塑造最佳的服务形象，让顾客身心得到充分的调整和休息，精神得到最好的享受，才可能产生深刻、良好的心理体验，达到争取客源，扩大影响的目的。因此，服务意识是重要的公关意识之一，是酒店建立良好顾客公共关系的基础。酒店只有通过强化全体员工的服务意识，提高为顾客服务的自觉性，才能在竞争中立于不败之地。特别是在处理与顾客关系的纠纷时，一定要站在顾客的角度，努力寻找解决问题的办法，针对有着不满情绪的顾客，去做和颜悦色的解释工作，以取得顾客的谅解；反之，势必造成与顾客之间的矛盾的激化。应尽量使自己的工作做到使顾客高兴而来，满意而归。

【同步案例】

美国纽约的一天，一位陌生的顾客走进豪华的花旗银行营业大厅，仅仅是要求换一张新的 100 美元钞票，准备当天下午作为礼品用。花旗银行是世界最大的银行之一，每天的营业额高达数亿美元，业务十分繁忙，但接待这位陌生顾客的银行职员微笑着听完这位陌生顾客的要求后，请这位陌生的顾客稍候，立即先在一沓沓钞票中仔细翻找，又拨了两次电话，5 分钟后终于找到了一张这样的钞票，并把它放进了一个专放钞票的小扁盒子里递给了这位陌生顾客，同时在钞票上面附上了一张名片，上面写着："谢谢您想到了我们银行。"时隔不久，这位偶然光顾的陌生顾客又回来了，这次来的目的是在这家银行开个账户。在以后的几个月中，这位顾客所工作的那个律师事务所在花旗银行存款 25 万美元……

资料来源：查灿长. 公共关系学 [M]. 上海大学出版社，2010.

（四）加强与顾客的沟通

协调顾客的关系，离不开酒店与顾客的双向信息沟通。一方面通过各种方式的调查研究，如问卷调查、座谈访谈等，主动了解顾客的需求和认真听取顾客的意见；通过妥善处理顾客投诉，及时、诚恳地为消费者排忧解难，维护顾客的权益，并将这些顾客的需求、意见、投诉作为做好和改进服务工作的依据。另一方面通过各种媒介和渠道，如大众传播媒介、组织出版物和信函、展览和联谊活动等，积极做好对消费者的指导和引导以及咨询服务，不断提高酒店的认知度、美誉度、和谐度。

任务二　公关需要发挥"无冕之王"的威力

【案例导入】

案例 1

20 世纪 90 年代初，假日集团在长江上游的一家四星级酒店刚开张不久，公关部经理的职位连续淘汰了两个年轻貌美的小姐，第三任德国老总亲自挑选了一位三十多岁的女经理。到任之前，这位女经理连"公关"的字眼儿都没有听说过。情急之下，禁不住向人探问，到底该怎样做公关。谁都没有给她详细的解释——来自香港的副总说的是"做公关嘛，不是靠大腿就是靠大脑"；那位德国总经理却什么也没有解释，只是告诉她，上任第一周内她必须想出 8 件"事情"，在当地交上 8 位新闻界的朋友。结果有着高校教师资历的这位女经理想出了邀请当地记者协会与酒店白领搞一场足球比赛的这一件"事情"，一下子为酒店交下了远不止 8 个新闻界的朋友。这当中，我们在佩服那位德国总经理善于识才用人的同时，也不能不看到，女经理的综合素质起到了非常关键的作用。

资料来源：http://www.emkt.com.cn/article/4/430.html.

案例 2

高小姐就任上海金沙江大酒店公关部经理时，酒店还默默无闻。不久，她从她的记者朋友处得知，著名的日本某影星将偕她的新婚丈夫来北京、上海访问。她马上意识到这是酒店开展公共关系活动借以提高知名度的好机会。于是，她立即采取了一系列措施：争取到了接待客人的机会。然后又直接给尚在北京的日本影星打电话请她来上海时下榻"金沙江大酒店"。对方应允后，高小姐立刻带领工作人员进行策划和准备。

客人晚上到达酒店，等待他们的是一个洋溢着浓烈的喜庆气氛的"迎亲"场面。在一片热烈的鞭炮声中，日本影星夫妇被40多位中外记者及酒店上百名员工簇拥着进入一个中国传统式的"洞房"——正墙上大红喜字熠熠生辉，两旁的对联上写着"富士山头紫燕双飞白头偕老，黄浦江畔鸾凤和鸣永结同心"。在笑声、掌声此起彼伏的"闹洞房"仪式中，新婚夫妇还品尝了象征"甜甜蜜蜜"、"早生贵子"的哈密瓜、桂圆、红枣等，在异国他乡度过了一个难忘的欢乐之夜。

当晚，在场的记者们纷纷报道了这则饶有情趣的新闻，上海金沙江大酒店也随着这些报道在一夜之间扬名海内外，特别是在中国公众和日本公众中留下了深刻而美好的印象。

后来，高小姐调到上海华亭宾馆。针对酒店急需提高知名度的实际情况，她又策划推出题为"美国食品周"的公关专题活动。"食品周"期间，中外宾客同当地市民一起品尝了火鸡、小羊肉、开胃菜、小甜饼等美国风味小吃，还兴致勃勃地观看了同时展出的好莱坞西部片中那些老式吉普车、汽油灯、马鞍、竹筐等展品。虽然当时正值酷暑，但情趣盎然的异国情调吸引着一批又一批的公众流连忘返。一时间"美国食品周"成了大众传媒报道的热点新闻，与此同时，上海华亭宾馆也成了上海公众津津乐道的热门话题。

资料来源：张践. 公共关系学（第二版）[M]. 中国人民大学出版社，2011.

思考：

1. 酒店为什么要协调与新闻媒介之间的关系？
2. 本文中的酒店公关经理是如何"制造新闻"的？

国外常常把大众传播媒介中工作的记者们称为"无冕之王"，其寓意是说他们具有国王一样的权力和影响力。西方部分学者甚至认为大众传播媒介威力无比，像枪弹一样所向披靡，具有操纵和改变社会公众观念和行为的力量。因此，他们把新闻媒介看成是西方社会继立法、司法和行政三大权力之后的"第四权力"，成为维持国家生活的第四支柱，其主要原因就是因为媒介的本质是制造舆论。它可以通过有效的传播，使一个人或一个企业，成为妇孺皆知的名流或名企业，一时间誉满全球；也可以通过其传播的威力，使某个人或某家企业的声誉一败涂地、臭名远扬。这就是舆论的巨大力量。在信息高度发达的现代社会，酒店绝不能轻视舆论的作用，酒店公关部要特别重视与新闻媒介的关系，加强与他们的联系，建立起融洽友好的关系。

所谓媒介关系，即酒店与新闻传播机构，如报纸、杂志、广播、电视、网络等大众传播媒介的相互关系。它是酒店外部最重要的关系之一。新闻媒介具有信息量大、时效性强、反应敏捷、可信度高、传播面广等特点，是酒店公共关系媒介中的主体。有效地利用新闻媒介对协调媒介关系，发挥媒介传播的威力有着重要的意义。

【知识拓展】

一、酒店与媒介关系剖析

从主体与客体的角度来分析，传播媒介可谓具有双重性。

一方面，传播媒介是酒店公共关系的对象，是酒店必须争取的重要公众。这是因为媒介所从事的传播工作，是影响和引导民意的主要力量，其权威性是显而易见的；另一方面，媒介又是酒店开展公共关系活动的重要工具。酒店一切信息的传导与回收，都要依赖于传播媒介，都要借助于传播媒介的力量。这个时候，传播媒介又成了公共关系的操作者。因此，从这个愿意上来讲，媒介既是酒店公共关系的主体，又是酒店公共关系的客体。媒介这种具有特殊意义的双重性，是区别于其他公众的显著特征。

从公共关系人员与新闻界人士的工作性质来分析，他们之间有许多相似、相近之处。其中最主要的有两点：一是都充当中介人的角色。公共关系人员是酒店组织与社会公众之间的中介；新闻工作者是政府与社会公众之间的中介；二是他们的工作都具有耳目与喉舌的特征。公共关系人员是酒店组织的耳目与喉舌；而新闻工作者则是政府的耳目与喉舌。他们二者工作的对象，都是社会公众，都必须通过宣传去劝说和影响公众。但他们工作所属的范畴是不同的，新闻工作者从工作内容到工作效果都属于宣传的范畴；而公共关系人员则从工作目标至工作方法都属于经营管理的范畴。

二、搞好媒介关系的方法

加强联系、密切合作、以诚相待、一视同仁，这十六个字是维持良好媒介关系的原则。

（一）主动联系，加强合作

酒店公共关系人员要积极主动地保持与新闻界的联系，不是把公关工作做在事后，而是做在事前，及时提供有价值的信息材料，主动邀请有关记者来酒店采访。检查促进工作，时时注意保持与新闻界的密切合作，寻找一些双方都感兴趣的话题，为新闻工作者创造良好的工作环境。对有利和不利于酒店的报道都要以正确、认真、友善的态度对待。酒店密切与新闻媒介的联系可以设立专门通信联络员，或经常组织一些参观、访谈、游览、联欢之类的活动。为了沟通感情，加深友谊，很有必要建立良好的"个人关系"。

（二）尊重新闻媒介的工作特点

要尊重新闻工作者的工作特点，提供真实可信的材料，切忌弄虚作假，报喜不报忧。更忌提出一些不符合实际情况的要求，强迫记者按酒店的意图来写稿和采访。绝不能以利为诱饵，搞金钱贿赂。请客送礼等庸俗作风将为正直的新闻界人士所不齿。

要了解各类新闻媒介的特点和特殊的公众群，要摸清各类新闻媒介的报道特色、编辑方针、编辑风格、发行时间和渠道、发行地区和数量，甚至要掌握各位记者和编辑的偏好、思想倾向和写作特征，这样才能充分利用各类传播媒介为酒店做有效的宣传。

（三）合理"制造新闻"

建立专门信息库，随时汇集有关酒店的信息，及时、客观、准确地向新闻界输送，合理"制造新闻"。"制造新闻"就是酒店以健康正当的手段，有意识地采取既对自己有利，又使社会和公众受惠的行动，去引起社会公众和新闻界的关注。公关人员应主动向新闻界提供有新闻价值的素材，如新推出的新产品、特色服务，酒店的重大庆典等具有一定新闻价值的信息。

【特别提示】

制造新闻就是策划者为了引起媒体的注意而故意制造出来的事件或消息，使其具有新闻价值。制造新闻属于公共策划中相对高级的技巧，它要求策划者具有敏锐的"嗅觉"，能够及时发现企业或组织日常工作中具有新闻价值的事件或消息。制造新闻通常有两种方式，一是"放风"，二是"炒作"。但是在实际操作中，两者往往很难区分开来。"放风"即所谓的故意"走漏"消息，吸引媒体注意，导致媒体主动报道，而"炒作"通常则是策划者联合媒体对一些公众可能关注的事件或消息大肆渲染，从而达到知名度的目的。需要指出的是：制造新闻是一把"双刃剑"，如果使用得当，将在公共关系中所向披靡，如果使用不当，则会反受其害。这种在娱乐界大行其道的策划方法在公关策划中必须慎重使用，对于娱乐明星而言，必须通过一定的媒体曝光率以防被观众淡忘，哪怕制造一些负面新闻，而酒店公共策划追求的不仅是知名度，更是美誉度。负面新闻有损于酒店或产品的形象，这与公共策划的目的是背道而驰的，况且企业、组织或产品的生存与发展主要还是取决于实力，在现实生活中，作为制造新闻的方式之一的"炒作"被赋予了某种负面含义便是反面例证。

资料来源：http://www.17pr.com/viewthread－586930.html.

【同步案例】

北京柏悦酒店慈善点灯活动的报道

北京，2010 年 11 月。为迎接即将来临的圣诞新年佳节，北京柏悦酒店与北京银泰中心，携手中华捐书会（The Library Project）于 12 月 4 日下午 5 点 30 分至 6 点 30 分举办了一次具有特殊意义的新年圣诞树慈善点灯仪式。

此次活动是柏悦酒店与银泰中心首度合作，双方共同制作了一棵 11 米高的 LED 圣诞树，充满现代感的设计与节能环保理念让人眼前一亮，变幻多姿的颜色为长安街的夜晚增添了一丝梦幻般的色彩。以爱、给予、孩童为主题的图像，投射在圣诞树上，传递出爱与温暖。点灯仪式当天，由来自北京耀中国际学校的同学们组成的爱心合唱队，唱响圣诞组曲，欢庆圣诞的帷幕就此拉开。圣诞老人将满载着礼物与祝福亲临活动现场，点燃现场气氛。

此次活动的举办是响应中华捐书会的号召，为偏远地区的孩童捐书。于点灯当日至 2011 年 1 月 3 日止，如果市民手边有闲置的儿童书籍，可以放入位于银泰中心地下一层的北京柏悦酒店悦食悦香餐厅门口，献上一份爱心。活动期间收集的所有童书将捐赠给需要帮助的偏远地区孩童。

此次圣诞节点灯活动，不是仅仅庆祝西方人的节日，更像是一个爱心的传递，呼吁大家做些力所能及的事情，帮助那些没有书看的孩童。这次活动的举行，不同于以往或者大众熟悉的圣诞节日庆祝，别具特色同时又富含爱心，因此吸引了众多新闻媒体的报道。通过这次活动的举办和新闻媒体的宣传，北京柏悦酒店树立了良好的社会公益形象，增强了公众对酒店品牌的认识和美誉度的传播。

资料来源：http：//www. yoka. com/2010/1207414110. shtml.

（四）适时召开记者招待会、新闻发布会，向新闻界提供有关酒店的重要信息

与上述方法相比，新闻发布会、记者招待会的场面隆重，影响面较大，是其他方法难以代替的。

（五）正视媒体的负面报道，杜绝失实报道

当媒体发表了不利于酒店形象的批评报道后，酒店应虚心接受并及时采取补救措施，挽回不良影响，切不可对媒体的批评报道置若罔闻，甚至反唇相讥。如果媒体的批评报道有失实之处，首先要明确造成新闻媒体失实报道的原因，诚恳地向媒体提供真实情况，协助媒体做好新闻报道工作，并努力澄清事实真相，及时化解不利报道的新闻效应。

【特别提示】

公关传播注重新闻性和及时性，通过对新闻的策划和事件的推广来达到传递企业信息的作用。公关活动不同于广告，它需要保持持续的、不间断的引导宣传，是一个潜移默化的过程，其中包含了大量的品牌文化传播、信息告知、推广和公益活动等与社会大众互动的内容，有力的提升客户品牌的美誉度，培养消费者对客户产品的忠诚度。因此，利用公关来传播口碑对消费者的渗透力更好。通过公关活动传播与推广品牌主要有以下两种方式：一是借助新闻传播口碑；二是借助大型公众活动，主要是企业与公众的互动性活动进行传播。

任务三 做政府的"模范公民"

政府是酒店的权力公众。它是代表国家对社会方方面面进行统一管理的权力性机构。任何企业都必须在政府宏观管理下进行生产经营活动。酒店是自主经营、自负盈亏的旅游企业，与各级、各类政府的职能机构有着不可分割的关系。因此，协调和改善与政府的关系，做政府的"模范公民"，对酒店的生存和发展至关重要，是酒店外部公共关系的重要任务。

【知识拓展】

一、酒店与政府关系的演变

从新中国成立到 20 世纪 70 年代末，我国处于高度集中的计划经济时期，酒店企业与政府是一种依附关系，也是一种"婆媳关系"。政府对酒店采取的是计划性、指令性领导。酒店企业没有相对独立的经济地位，缺乏自身的活力和竞争力，在经济活动中采用统支、统收的"大锅饭"管理体制，所谓"盈利上交、差额补贴"，就是那一时期的真实写照。上级命令成为经济工作中的准则，无疑养成了"饭来张口、衣来伸手"的体制惰性，无法获取经济效益。

20 世纪 70 年代末到 20 世纪 90 年代初，政府改革了对酒店企业无所不包的管理体制，实行宏观管理、政企分开，对企业放权。对酒店的微观经营活动，政府实行开放政策，由酒店企业自行处理。从此进入了社会主义条件下有计划的商品经济时期。

20 世纪 90 年代初至今，随着改革开放的大步前进、经济体制改革的逐步深入，酒店企业已成为相对独立的生产者和经营者。政府职能也逐步走向引导市场，开始采用控制贷款利率、工商税收、财政补贴、工资基金、原材料供应等经济杠杆和经济手段，间接管理和调节酒店企业的经营行为。但是，无论怎样变化发展，酒店与政府的关系都十分重要，其主要原因是：

1. 政府是国有酒店企业的所有者，有权对酒店进行管理和督查，有权委派和任免酒店企业的主要领导人。

2. 政府决定酒店企业的发展方向。因为酒店的一切发展目标，必须与社会经济发展战略相一致，只有符合社会经济的发展，酒店才可能得到政府财政、税收、信贷等方面的支持。

3. 政府的各级各类职能部门，对酒店企业进行有关治安、纳税、商标注册、合同管理、卫生防疫检查、物价、环境保护与监测等方面的管理，政府有关的政策、方针、法律、法令及各种规章制度，都规范着酒店企业的行为。

4. 政府是一个大的协调机构和信息库。它通过有效的手段，协调酒店与其他社会组织在经营中所发生的冲突与摩擦。而且政府还是酒店企业获取重要财政经济信息的重要渠道。酒店在政府的帮助下，可以寻找合适的合作伙伴，加速酒店企业的发展。

综上所述，我们清晰地看到，政府与酒店之间是一种行政领导、指导协调、检测监督、扶持与服务的关系。酒店的兴旺发达离不开政府的支持，把政府关系放在酒店公共关系的首要地位，是不容置疑的。

二、与政府搞好关系的方法

1. 执行国家的方针、政策，遵守法律与法规，自觉接受政府的指导和管理。违法乱纪，不仅损害国家利益和企业利益，败坏企业形象，还要受到有关法律的制裁，丧失政府的支持。只有认真了解与酒店有关的法律条例、政策规定，并自觉严格执行，才能得到政府的赞赏和好评。

2. 大胆开拓、勇于创新、严格管理、努力提高经济效益，为社会、为国家做出较大贡献，是获得政府理解和支持的最根本、最有效的途径。那些能获取良好社会效益和巨大经济效益的酒店企业，政府一定会给予财政、税收等各方面的有力支持，以促进酒店企业的不断发展。

3. 承担社会责任，树立优良的酒店形象。令人钦佩的酒店信誉和令人瞩目的知名度与美誉度，也是酒店获得政府信任、争取支持的有效途径。

4. 设置专人负责保持与政府联系与沟通。与政界人士打交道要讲究艺术，在积极配合政府职能部门管理、监督工作的同时，主动争取支持和指导，与相关人员交朋友，建立正常的私人友谊，便于沟通政府与酒店的信息，提高工作效率。

任务四　开门做生意要和气生财

从社会学的角度来解释社区，即"聚集在某一地域中的社会群体、社会组织所形成的一种生活上互相关联的社会实体"。简而言之，是人们共同活动的一定区域。公共关系学中的社区关系，实际上是一种乡里关系。正所谓"开门做生意要和气生财"，"远亲不如近邻"，酒店只有与前后左右善结良缘，讲究睦邻之道，才能为酒店发展创造一种良好的区域环境。

【知识拓展】

一、酒店与社区的公共关系

酒店与社区应该说是一种相互依存、相辅相成的关系。实际上，世界著名的饭店集团在国际化进程中，基本上都很重视公司的社会责任、公司与饭店社区的关系，并以此来塑造自己的品牌和公司形象，提升企业文化的层次。从美国著名旅游餐饮咨询公司 MKG 评出的 2006 年国际饭店集团前 10 强中前几位饭店集团的企业战略来看，多数企业都以社区参与、社会项目等不同名目作为履行公司社会责任和社区发展战略的重要内容。

酒店的生产经营活动，依赖于社区的各项服务，如交通管理、水电供应、治安保卫、防火等；酒店的职工及家属的日常生活，依赖于社区的商贸、教育等社会公益事业；酒店的许多职工，尤其是旅游旺季请来的临时工、季节工，多半来自社区内的居民，酒店既可以节省从外地招工所需要的食宿投资，又可以消化社区待业人员，加深酒店与社区的睦邻关系。酒店在依存社区的同时，也为社区做了多方面的贡献和帮助。首先，上缴税金、利润和各项征收款，维持了社区财政的收支平衡，这不仅是酒店对国家、对社区的义务，也表明了酒店在社区所显露的实力。其次，酒店积极资助社会福利事业，为社区承担一部分社会责任和社会义务，除了造福于社区公众之外，也提高了酒店在社区公众中的地位和威信。再次，酒店优美的外观形象，美化了社区环境，给社区居民一种美的享受。如广州的一些大酒店，门户开放，供社区居民自由出入，成为社区居民游览、休息、消遣的好去处。再其次，酒店不断地扩大经营，为社区提供了充足的就业机会，减少了社区的待业人员，客观上也减少了犯罪的根源，促进了社区居民的安居乐业和社区的安定团结。最后，高知名度、高美誉度的酒店，在名扬四海之时，也为所在社区赢得了社会的瞩目，成为社区吸引投资、开拓发展的一种资源和财富。

综上所述，保持酒店与社区的睦邻关系，既是社区繁荣安定的基础，也是酒店公共关系创造良好外部环境的需要。

二、搞好社区关系的方法

社区关系不同于酒店的其他外部关系，它既是一种以地域关系为纽带而形成的较为稳定的关系，又属于多层次、多种类的分散型社会公众。

1. 酒店要搞好社区关系，就必须抓住社会利益这个根本，满足社区对酒店的基本要求——安全、卫生、规范经营的外部形象；尊重社区民俗及宗教习惯；酒店行为符合社区公认的道德标准；遵守国家法规、法令，维持社区安定团结；对社区公众平等相待、谦虚友善等。

2. 积极参与社区的社会公益事业，处理好各种集资、捐赠、赞助，尤其对教育、医疗、体育、卫生、社区福利事业持热心态度，采取不同形式的支持方式，以获得社区公众的信任与好感，从而在社区公众中树立起良好的形象。

3. 当社区遇到危机情况时，如火灾、车祸、传染病、暴力事件等灾难性事故，酒店应挺身而出，迅速配合社区采取各种应急措施，在"烈火"中见真金，在"患难"中树形象。

4. 不断传播酒店信息，抓住各种特殊事件，扩大酒店的影响。如开业庆典、周年纪念、重要节日等，有目的、有计划、有组织地策划一些富有创意的公共关系活动，提高酒店的知名度，巩固酒店在社区公众心目中的地位。

5. 利用酒店自身的优势，兴办"附属"企业，解决社区居民的就业问题，帮助社区居民改善生活，增加福利。并通过"附属"企业开展职工培训，提高和加强社区就业人员的文化素质和文明程度，促进社区的精神文明建设。

6. 不断美化环境，使酒店成为社区居民游玩、休息之所，成为社区公民心中的一块绿洲。还可以适当地组织社区居民参观酒店，让他们了解酒店，理解酒店的经营目标，支持酒店的经营措施并通过他们向外界传播信息，不断扩大酒店的影响，使酒店形象扎根于社区公众的心中。

任务五　巧借名人效应，迅速形成舆论"聚焦"

在现代社会，搞好酒店与名流公众的关系，既可以充分利用名流的专长为酒店的经营管理提供有益的意见咨询，又可以借助他们的声望，提高酒店的知名度和美誉度。由于现代社会的人们比较崇拜专家名流，因此，通过社会名流去影响公众舆论，尤其是引导人们消费，往往具有事半功倍的效果。

名流公众是指那些对公众舆论和社会生活具有较大的影响力和号召力的有名望人士，如政界、工商界、金融界的首脑人物，科学界、教育界、学术界的权威人士，文化、艺术、影视、体育等方面的明星，新闻出版界的舆论领袖等。这类关系对象的数量有限，但对传播的作用很大，能在舆论中迅速聚焦，影响力很强。

项目二 关系协调

【知识拓展】

一、建立良好的名流关系的意义和作用

（一）借助于社会名流的知识和专长

与社会名流建立良好的关系，能充分利用他们的知识、专长为组织的经营管理提供有益的意见咨询。社会名流往往见多识广或者是某一方面的权威，酒店在接待社会名流的过程中可以获得广泛的社会信息或宝贵的专业信息，无形中使企业增添了一笔知识财富、信息财富。

（二）借助于社会名流的关系网络

与社会名流建立良好关系，能通过他们良好的社会关系网络为企业广结善缘。有些社会名流虽然不可能为酒店直接提供所需的专业信息和管理咨询，但由于他们与社会各界有广泛的联系，或对某一方面的关系有特别重大的影响，因而酒店能通过他们与有关公众对象疏通关系，扩大社会交往范围。

（三）借助于社会名流的社会声望

与社会名流建立良好关系，能借助他们较高的社会声望，提高酒店的知名度。社会名流普遍具有较高的社会声望，或具有某方面的权威性，或由于他们对社会的特殊贡献、突出成就等而具有较高的知名度。一般公众存在"崇尚英雄"、"崇拜明星"的社会心理。酒店与社会名流建立良好关系，就可将本酒店的名字与社会名流的名望联系在一起，利用公众崇拜名流的心得，提高本酒店在公众心目中的位置。

二、做好名流公众关系协调，利用名人公关，竭力影响公众

名人大都是公众关注的对象，他们的一举一动都可能影响公众。社会名流对公众舆论和社会生活有特大的影响力，往往是新闻界和公众舆论注意的焦点。利用名人进行公关，不仅能为酒店创造良好的舆论气氛，而且还可以通过名人疏通各种公众关系，扩大社会交往，提高酒店公众心目中的地位。酒店利用名人公关，费用比较节俭，有时只是提供些超常服务就会达到惊人的效益。协调与名流公众的关系，利用名人公关一般可分为三个步骤：一是收集名人的信息资料并加以整理；二是对名人进行超常服务，以获得其对酒店的最佳印象；三是通过新闻媒介大力渲染传播，影响公众。

【同步案例】

泰国曼谷东方酒店公关策划名人效应

世界著名艺术大师朱宾·梅特率纽约交响乐团到泰国演出，住在泰国曼谷东方酒店。酒

店公关部早以各种渠道了解到大师喜欢吃芒果、玩蟋蟀。经理们四处奔波，在芒果早已下市之际，送来了芒果；还动用外交途径，得到了一盒新出版的蟋蟀比赛录像带，赠送给大师。结果朱宾·梅特率喜出望外，新闻媒介大加渲染。使曼谷东方酒店的美名不仅在泰国，而且在全世界得到了张扬。

资料来源：http://bbs.meadin.com/dispbbs_11_360179.html.

【项目小结】

公共关系的协调，是指在沟通的基础上，经过调整，达到酒店与公众互惠互利的和谐发展。酒店的公共关系涉及的范围非常广泛，但归纳起来可以分为两大类：一类是酒店内部公共关系；另一类是酒店外部公共关系。

酒店的内部公共关系如何，直接关系到酒店的生机与活力，并进而影响着外部公共关系的构建和酒店组织目标的实现。所以，搞好内部公共关系是整个公共关系协调工作的基础和起点。酒店要协调的内部关系主要包括与员工的关系和与股东的关系两大方面。

外部公众是酒店生存和发展的重要外部条件，也是酒店在经营管理活动中遇到的数量最大、层次最复杂的公众。外部公众的理解和支持，是酒店正常运转的必要条件。酒店的外部公众主要包括顾客公众、媒体公众、政府公众、社区公众和名流公众。

【思考题】

1. 联系实际思考调动员工积极性应从哪些方面、运用哪些方法去进行？

2. 小李来到 A 酒店做公关部经理助理，正遇到酒店内部员工之间因工资待遇而闹矛盾，有员工说经理偏心，有员工说男女不平等，请你针对上述情形为小李设计一套沟通协调的方案。

3. 酒店外部公共关系包括哪些内容？

4. "顾客就是上帝"，请从公共关系协调的角度评析这句话。

5. 酒店与媒体关系的处理措施有哪些？

6. 酒店与政府公众建立良好关系的措施有哪些？

7. 酒店处理社区关系应采取哪些措施？

8. 酒店如何处理好与名流公众的关系？

【案例分析题】

光顾 "波因特" 的第 100 万位顾客

位于菲尼克斯科市皮克的波因特度假村（Pointe Resort）只用了几年时间就

到达了一个重要的里程碑：迎来它的第 100 万位客人。在筹划这个里程碑活动时，公关部的工作人员决定在菲尼克斯当地市场公布这条新闻。这次他们聘请的是阿尔提克公司，该公司将协助策划公关项目并统筹该项目的实施。

波因特度假村提出了多个目标，而且每一个目标都很具体：首先，要让大约 3 000 名度假村职工组成的内部公众了解该公司取得的成就，并借此感谢他们的贡献和投入。其次，要通知当地媒体（包括一些次要的商贸报刊），让他们知晓这一里程碑活动，并酝酿出新闻和专题报道。最后，结合公关造势所产生的宣传效果，鼓励旅游者留在度假村，以便有机会成为第 100 万位客人并赢取大奖，以此为度假村创造营销机会。

由于客户希望取得高知晓度，阿尔提克公司决定该推广活动将同时向内部和外部公众实施。因此，在准备传媒信息并向当地的驻场记者、专题报道作者和全国性商贸刊物散发信息通报的同时，还利用了多种内部传播渠道（通信、工资支票附带材料、布告栏海报甚至员工集体训话等）来触及员工。在所有材料上都使用同一个主题，即"寻找第 100 万名客人……你来过波因特了吗？"接着策划了一个广告攻势来触及该地区的市场，鼓励公众在特别推广期间光顾波因特三个度假村当中的任意一个。

值得一提的是，公关活动经历对不同受众群体的控制程度，或者不如说是缺乏控制的程度。随着传播从内部（员工）开始逐渐向外部（一般公众）移动时，信息控制逐渐减弱。对度假村的里程碑活动要依靠传媒来进行报道，但问题是这种报道不大可能是全面性的报道，也不大可能在报道中详尽描述为有幸成为第 100 万位客人的来宾而准备的大奖的所有细节。因此，广告在这里扮演了一个虽然花费多但极为重要的角色。

在这个项目中，外部公众是整个菲尼克斯市，其中相对强调该市的中上层家庭。起先，在还未向公众透露任何关于即将在波因特度假村发生的特别新闻事件时，就已经在媒体上出现了数篇报道，并开展了一项广告攻势，此后还有选择地向一些邮政编码地区直接寄送信函。而另一方面，虽然只动用了公关造势活动预算的一小部分来触及内部受众，波因特的员工们却对里程碑活动和相应的营销推广计划心知肚明。

这项内部与外部公关活动的最终效果非常理想。员工处于自豪感而提高了工作劲头，进而扩散为"优质服务"。该地区市场收到了有关里程碑活动的充分信息，而对客户来说，更加重要的是，市场对象被鼓励在度假村住下来碰运气看是否能有幸赢取大奖。同去年同期相比，房间预订率几乎增长了一倍。然而，第 100 万位客人大奖的最终得主是一个事先毫不知情的四口之家。他们从寒冷的印第安纳州第一次来菲尼克斯市度过一周的假期。当地人想中大奖的愿望就此落空。

附：插入广告

在经营了六年并荣获无数奖项后，波因特有幸即将庆祝他的第 100 万位客人的到来，虽然这些客人很多都无疑是来自外地的客人和参加会议者，但很明显波因特的成功依靠的是我们的社区成员。

从 1976 年开始，菲尼克斯市民对度假村的积极响应奠定了公司的成功之路：在密西西比河流域地区取得了无可比拟的成功和爆发性增长。作为一家为菲尼克斯市拥有并由菲尼克斯市管理的度假村公司，我们理应要求自己去满足密西西比河流域地区的特殊需求。与此同时，我们还赢得了"亚利桑那州自己的度假村"这一美誉，我们为此十分骄傲。

今年 8 月的某个时刻，我们的第 100 万位客人将步入度假村大门。他（她）将受到特别的 VIP 款待，包括完全免费在度假村享受一周的休闲度假并得到其他贵重的礼品。虽然只有一位幸运者将成为我们正式的"第 100 万位客人"，但波因特公司管理层及全体员工希望菲尼克斯市的全体市民知道我们是如何感激您的惠顾和继续支持的。

资料来源：弗兰·迈特拉. 公关造势与技巧 [M]. 中国人民大学出版社，2009.

分析并讨论：

案例中本次公关活动的目标公众是谁？该组织是如何协调与目标公众的关系的？

【实训题】

题目：谈×××酒店的内（外）部公关

要求：学生根据所学内容，能自己查资料，寻找酒店企业内外部公关案例，并能对案例进行分析。

1. 解释内（外）部公关定义和包括的内容。

2. 解释内（外）部公关常用的方法。

程序：

1. 自己查找所需要的案例资料；

2. 按规定的时间写出案例分析；

3. 分析中要有相关知识点，以及自己的理解和看法；

4. 字数在 1 500 字左右；

5. 根据完成的情况组织全班交流。

建议：

1. 认真学习本任务内容。

2. 在大量查找资料的前提下认真选题。

3. 同一案例在不同的网站或书籍中可能会有不同的点评，应结合自己的理解来写，不能人云亦云。

项目三 信息传播

【主要内容】

信息传播是连接公共关系主体和客体的桥梁。在酒店的公关信息传播中，酒店企业通过以媒体为中介的大众传播和面对面的人际传播等方式，向酒店组织外部和内部的公众传递企业各方面的信息。酒店在开业、运营，以及面临突发事件时迅速准确地将信息发布给公众，有助于公众认识了解企业，提高企业的美誉度，塑造企业良好的社会形象，修补危机带给企业的不良影响。酒店信息传播的形式是多样的，这里主要通过新闻发布、宣传手册、内部刊物和公关广告来认识和运用酒店公关信息对外对内的传播。

【学习目标】

1. 识记新闻发布、酒店新闻、新闻价值、公共关系广告的概念
2. 理解并阐述酒店公关新闻传播的目的，以及有效传播的关键
3. 理解新闻的5W1H并能够撰写酒店公关新闻稿
4. 理解宣传手册的特点，能够组织编排宣传手册的内容
5. 理解并阐述公关广告与商品广告的区别，能够识别酒店公关广告

【案例导入】

全世界最豪华的酒店之一，迪拜的帆船（BurjAl-Arab）酒店，又称为伯瓷酒店是英国设计师 W. S. Atkins 设计，建立在离海岸线 280 米处的人工岛上，外观如同鼓满风的帆。酒店 56 层，321 米高，共有高级客房 202 间。伯瓷的工程花了 5 年的时间，其中 2 年半在填海造岛，2 年半在建筑装修，9 000 吨钢铁，250 根基建桩柱打在 40 米深海下，缔造了当时全球最高的七星级饭店。

1999 年 12 月伯瓷酒店开业时，迪拜国王举行"伯瓷酒店"落成剪彩，邀请世界名流及各大媒体免费参观入住。它的豪华程度令人叹为观止，英国一名女记者回国后，发稿称其为世界最豪华的酒店，现有标准无法评价，盛赞为"七星级"酒店，含义为"超乎想象，独一无二"。

2004 年，为了推动迪拜的旅游业，迪拜人请来"老虎"伍兹在在帆船酒店的顶层挥杆，将高尔夫球击入阿拉伯海湾。为了请老虎伍兹参加这个活动，迪拜人花费了 500 万美金，而据估计，"老虎"伍兹此次活动拍摄的照片所制造的轰动价值为 1 800 万美元。

2005 年，帆船酒店的直升机停机坪被临时改造成了一个网球场，网球名将费德勒与阿加西在这里进行的表演赛通过电视传播到全世界。这件事让世界上超过半数的国家的人们认识了迪拜，也认知了帆船酒店。

帆船酒店享誉世界，它的成功离不开壮观精彩的设计，但是没有英国女记者"七星级"的公开宣传，没有"老虎"伍兹挥杆和世界网球大腕对阵这样地公关活动，也许，今天你还不知道帆船酒店为何方神圣。

思考：

迪拜伯瓷七星级酒店如何进行公共关系信息传播的？

资料来源：http：//blog. sina. com. cn/s/blog_8a239c990100w7cx. html.

模块一　酒店公关新闻传播

【能力培养】

1. 掌握新闻发布、酒店新闻、新闻价值的概念。
2. 理解并阐述酒店公关新闻传播的目的，以及有效传播的关键。
3. 了解酒店公关新闻的类型，能区别酒店公关新闻并判断其新闻价值。
4. 掌握如何撰写新闻稿，能够撰写酒店公关新闻。
5. 理解宣传手册的特点，能够组织编排宣传手册的内容。
6. 了解酒店自控媒体的特点和类型，熟悉创编酒店内部刊物的步骤。

任务一　打造酒店的好"喇叭"

【案例导入】

厦门威斯汀酒店正式营业
（新闻稿全球发布美通社 PR Newswire）

厦门 2012 年 5 月 31 日电/美通社亚洲/——喜达屋酒店与度假村国际集团旗下的威斯汀酒店及度假村正式公布厦门威斯汀酒店于福建省厦门市隆重登场。由厦门翔业集团旗下的佰翔集团投资打造，厦门威斯汀酒店是本年度中国区第二家开幕的威斯汀酒店，进一步扩大威斯汀品牌在中国以及全球的业务版图。酒店地处商业中心，位于市中央毗邻葱郁青山，厦门威斯汀酒店焕发都市活力与迷人神韵，设有宽敞与高端的宴会及会议场所，提供国际水准的佳肴美食，更有标志性的威斯汀产品使客人焕发身心活力。

思考：

1. 厦门威斯汀酒店通过何种方式进行开业信息传播的？
2. 厦门威斯汀酒店的好"喇叭"是如何打造出来的？

资料来源：http：//www. prnasia. com/story/62528 – 1. shtml.

【知识拓展】

一、酒店的"喇叭"

酒店"喇叭"和操场上广播喇叭形态不一样，但功效是完全一样的，它使传播的信息得到放大，公众通过喇叭认识传播的主体并对其留下深刻的印象。那么，酒店在公共关系中的大"喇叭"是什么呢？为什么需要"喇叭"呢？怎样的"喇叭"才是好"喇叭"，声音足够洪亮呢？酒店如何打造自己的好"喇叭"呢？

酒店的"喇叭"在这里讲的是酒店公关新闻发布，它指酒店的公共关系部门及其人员将酒店发生的有价值的新闻写成新闻稿或把酒店新闻线索及素材提供给新闻工作者，再通过大众传播媒介予以发表的一项工作。

酒店公关人员充当着吹"喇叭"的角色，他们是企业和媒体之间的联络人，将酒店内部的新闻、消息传递给大众媒体，为企业制造有利的新闻，预防不利的新闻报道。

酒店为什么需要"喇叭"呢？依据传播学理论，酒店公关新闻传播要实现下述四个基本目的。

（一）引起公众的注意

通常酒店关注的焦点和公众所关心的问题不对等，酒店公关新闻传播的重要目的就是要使公众注意企业，在此基础上，才有可能使公众对组织产生认同、肯定的积极态度和行为。所以，酒店要赢得公众认可和支持的第一步是要让公众知道并关注企业。

（二）诱发公众兴趣

在充分了解公众兴趣的基础上要利用新闻传播的内容及方式激发公众对酒店信息的兴趣。成功诱发公众兴趣首先要了解他们的爱好，继而投其所好，采用符合公众的兴趣的传播内容和形式。

（三）取得公众的肯定态度

态度是人们在社会生活中的经验长期积累形成的，它与主体的情感、信念、立场、需要相关，并常以利益和势力为转移，态度具有稳定性。新闻传播的目的要使公众对酒店产生肯定、认可的态度。

（四）是促进公众的支持行为

赢得公众的支持是酒店公共关系新闻传播所要实现的最高目标。公众支持意味着他们会积极参与酒店的公关活动，购买宣传的产品，推介酒店的品牌，支持企业的形象，保护酒店的名声。

二、酒店"喇叭"传播的内容

酒店"喇叭"向大众传播酒店的新闻，那新闻是什么呢？依据《韦伯斯特新世界词典》（Webster's New World Dictionary and Thesaurus），新闻的解释包括以下几层意思：

① 对最近发生事件的报道；

② 报纸、周刊或新闻广播上报道的素材；

③ 有报道价值的事件；

④ 新闻广播。

酒店的新闻就是酒店新近发生的、值得报道的事件。它具有新鲜性、事实性和及时性的特点。新鲜性体现了新闻媒体人常说"狗咬人不是新闻，人咬狗才是新闻"，大众没有或很少听到和看到的，百年难遇的，千载难逢的都是新闻报道的好素材，不过这并不是新闻的全部，新闻不是新鲜的传闻，新闻最重要的还有事实性和及时性的特点，前者强调了新闻必须以事实为基础，后者突出了新闻的时效性。

酒店通常会希望媒体报道企业正向的新闻以展现其积极良好的一面给大众，比如企业开业、市场拓展、业务合作，新产品和新服务的推出，高层管理人员的任命，企业对外交往，社会慈善活动，获得的荣誉，员工好人好事等。

【特别提示】

在新闻编辑看来，一件事情值得报道与否需要确认五个方面的内容：

① 是不是本地发生的；

② 是不是新近发生的；

③ 是不是独特的或是不平常的；

④ 是不是有影响力或能引起公众兴趣的；

⑤ 是不是能够打动人们情感的。

事实上，媒体感兴趣的新闻往往与酒店组织想报道的新闻有一定的区别。新闻记者想要的新闻是不寻常的、有争议的或批评性的，坏消息可能比好消息更有报道价值，他们对那些常规和平淡的事情没有太大的兴趣，比如酒店能提供干净舒适的客房和可口饭菜的新闻价值远远不及客人抱怨酒店员工的服务态度恶劣和服务效率低下此类的负面新闻，而单纯的酒店房间折扣、自助餐特色或者新店开张等不容易引起媒体积极的采访兴趣。

这种对新闻认识的差异需要酒店公关人员与媒体加强协调沟通来解决，酒店公关人员要用诚实、专业的方式与媒体打交道，传达酒店企业的观点，使酒店的优点能够通过某种方式得到报道。公关人员还要尽力为媒体提供酒店的新闻线索和新闻点，与媒体一起策划对酒店有利的新闻，并避免有损酒店声誉的报道见诸报端。

当然，不论酒店和媒体如何选择新闻，最有价值或最值得报道的酒店新闻秉承了新鲜性、事实性和及时性的特点，也只有那些能将酒店自身与其他酒店区别开来的独有特色或与众不同之处能真正引起公众的好感和兴趣。一般来说，酒店可供报道的新闻素材来源于以下几个方面。

（一）酒店开业

【同步案例】

北京金隅喜来登酒店盛大开业

2011 年 11 月，北京金隅喜来登酒店近日开业。地处北三环交通网络中心地带的全新喜来登酒店，作为喜达屋酒店集团北京地区管理的第七家酒店，为商旅及休闲客人在北京北部安贞地区增添新选择。

极具现代气质优雅外观的酒店拥有 441 间客房和套房，涵盖了一系列喜来登特色项目，以及超过 2 500 平方米的会议设施和 4 个风味迥异的餐厅。酒店紧邻北三环，地理位置优越，距首都国际机场仅 20 分钟车程，也方便连通 CBD 商务区及金融街。休闲游宾客也可轻松到达酒店周围天安门广场、故宫、国家体育馆、水立方、雍和宫等众多标志性景观。

资料来源：http：//info. hotel. hc360. com/2011/10/180851397723. shtml.

（二）酒店新产品、新服务的推出

【同步案例】

案例 1：用 iPad 点菜在北京歌华开元时尚享美食

2012 年 08 月 01 日讯，近日，来到北京歌华开元大酒店中餐厅用餐的宾客们惊喜地发现：点菜时拿到手的已经不是传统的纸质菜单，而由最新的苹果公司 iPad 平板电脑取代。

在 iPad 的专用点菜系统界面中，里面分门别类，有冷菜、热菜、燕鲍翅、河海鲜以及酒水饮料。宾客触摸屏幕，一张张菜肴图片立刻呈现眼前，清晰而直观。宾客可随心所欲地浏览菜肴图片、原材料、价格等信息。当宾客点完菜后，餐厅服务人员可以直接在手中的 iPad 生成菜单，通过无线网络传输到后台厨房，方便快捷地传递宾客的需求信息。

用 iPad 点餐系统代替传统的纸质菜单实行"无纸化"运作，不仅解决了频繁更换菜单的浪费问题，从另一方面还加大了新菜的研发力度。现在，开元酒店集团已经有多家五星级酒店开始采用 iPad 菜单，采用时尚、高效又环保的 iPad 菜单已经逐渐成为酒店的流行趋势。

资料来源：http://travel.sohu.com/hotelnews/index_83.shtml.

案例 2：北京嘉里大酒店阿根廷烧烤盛宴

嘉品之夜为热爱生活，钟情美食的您特别呈献全新晚餐系列。嘉品将为食客们奉上一系列的主题晚宴，特推独一无二的精选套餐，搭配优质葡萄酒。每一系列都会挑逗您的舌尖触觉，让您回味无穷。

活动日期：2012 年 9 月 14 日

这个 9 月，嘉品之夜诚邀葡萄酒爱好者们品尝阿根廷精选出产的门多萨佳酿及多款阿根廷美食与佳酿相辅相成。仅此一晚的美食之旅包含 5 道丰富而有异国特色的菜品。此外，还将为您的沙拉与海鲜免费搭配 2 杯精选白葡萄酒；为您熏烤烹饪出的烤肉搭配 3 款门多萨红葡萄酒。最后以班兰瑞士卷、咖啡、茶结束绚烂丰富的美食之旅。这份独特的美食体验融合了阿根廷饮食理念与亚洲风味，让您一定不想错过！5 道菜品的晚餐配酒水仅需人民币 488 元。

资料来源：http://www.visitbeijing.com.cn/food/tjcx/n214731567.shtml.

（三）酒店人事任免或人物特写故事
【同步案例】

案例：默林·威尔逊任北京金融街威斯汀酒店经理

2012 年 7 月，默林·威尔逊先生被任命为北京金融街威斯汀大酒店酒店经理。威尔逊先生在酒店行业拥有 22 年的工作经验，并曾在餐饮部门，优化管理部门以及酒店管理层任职。

威尔逊先生出生在英国，但从小举家迁往德国，他的酒店生涯也始于德国，曾经在柏林的洲际酒店集团任职 7 年。1997 年，他离开欧洲，加入了非洲第一家豪华精选酒店——坐落于埃塞俄比亚首都的喜来登亚的斯酒店。在此期间，他曾担任不同的高级管理职位，并且当喜达屋集团首次在中东和非洲地区引入运营优化这一理念时，成为了首批六西格玛管理总监之一。在埃塞俄比亚工作多年之后，威尔逊先生到埃及红海之滨的小镇阿尔古娜担任喜来登美丽华度假村副总经理。2012 年 4 月，为了追求新的发展，他出任北京金融街威斯汀大酒店酒店经理，旨在与团队一起为酒店的发展做出贡献。

正如许多英国人一样，默林·威尔逊先生最大的爱好也是足球，并坦言自己是英超球队利物浦的忠实拥趸。

资料来源：http：//travel. sohu. com/20120713/n348088124. shtml.

（四）酒店参与慈善事业或公益活动
【同步案例】

案例 1：雅高 LeKids "兵马俑至长城慈善骑行"圆满落幕

全球领先的酒店管理集团雅高集团今天宣布，其携手智行基金会开展的 2011 Le Kids "兵马俑至长城慈善骑行"活动圆满落幕。该活动自 5 月 6 日起历时五天，并成功募得 85 万元人民币善款，用以资助中国受艾滋病影响的儿童。

案例 2：长白山万达威斯汀度假酒店及长白山万达喜来登度假酒店为联合国儿童基金会举办爬山比赛及慈善募捐活动

2012 年 6 月 30 日，长白山万达威斯汀度假酒店及长白山万达喜来登度假酒店全体员工举办了一场慈善爬山比赛，这次活动是为了向联合国儿童基金会 "点点滴滴为儿童"项目筹集善款，让亚太地区的儿童能够接受高质量的教育。

资料来源：http：//travel. sina. com. cn/hotel/2011 - 05 - 11/1358156255. shtml.

（五）酒店节日或周末调整房价
【同步案例】

案例：北京丽思卡尔顿酒店黄金周客房八折优惠

2011 年 09 月 08 日讯，从豪华客房的尊崇礼遇，到行政楼层的专属服务，北京丽思卡尔顿酒店都将为您的出行提供最真诚的关怀和舒适的款待。10 月 1 日至 7 日入住特别推出当日最优房价八折优惠，让您的旅程拥有别致的体验。

资料来源：http：//travel. sohu. com/20110908/n318782367. shtml.

（六）特殊客人到访酒店
【同步案例】

案例 1：LadyGaGa 香港行　住奢华酒店 1 夜 10 万

2012 年 04 月 28 日 09：28 大洋网—信息时报讯，美国百变天后 Lady GaGa 的世界巡演将于下周三唱到香港。有消息指有关单位为 GaGa 在香港多间酒店订了总统套房，她最终选了位于环球贸易广场的 Ritz Carlton 酒店，更包起117 楼全层28 间房间，她则住在价值10 万港元一晚的超豪总统套房。

资料来源：http：//travel. sohu. com/20120428/n341919354. shtml.

案例 2：姚明携爱妻叶莉于入住北京盘古七星酒店

小巨人姚明携爱妻叶莉于 2011 年中国网球公开赛期间入住北京盘古七星酒店，驻店经理 Zeki Ozal 先生代表酒店表示热烈欢迎。

资料来源：http：//travel. sohu. com/20120428/n341919354. shtml.

（七）酒店企业或员工获得的特殊奖励或成就
【同步案例】

案例：7 天连锁"Q + 服务认证"项目获创意营销奖

2011 年 12 月 16 日，"2011 第四届时代营销盛典"在北京举办。7 天连锁酒店凭借具行业创新意义的"Q + 服务认证"项目，夺得"2011 时代营销创意奖"。

此次 7 天连锁酒店的"Q + 服务认证"体系受到了评委会一致认可，评委会推荐认为："7 天连锁酒店的'Q + 服务认证'体系首创了经济型酒店行业的服务标准"。7 天在"Q + 服务认证"体系里将经济型酒店客人的核心需求，细化为优选项目，并对这些项目制定科学的评估标准。

7 天连锁酒店高级市场总监李婉丽代表公司接受了奖项。据她介绍："2011 年第三季度'Q + 服务'认证项目在 7 天全国分店继续得到有力推广，已经推出的 4 个'Q + 认证'项目——星级优眠床垫、10 秒速热淋浴、免费 WiFi、洁净毛巾封包等推进十分迅速。目前，已升级为星级优眠床垫的分店达到 400 家，累计投入已将近 8 000 万元；和中国移动合作推出的免费 WiFi 服务，已有近 150 家分店完成铺设；10 秒速热淋浴系统和洁净毛巾封包服务已覆盖 7 天全国分店。"

资料来源：http：//travel. sohu. com/20120428/n341919354. shtml.

（八）酒店召开会议、展览会、宴会
【同步案例】

案例：　中外物流企业国际合作高峰论坛在北京
金融街丽思卡尔顿酒店举行

论坛时间：2008 年 1 月 10 日 ~ 11 日（1 月 9 日报到）
论坛地点：北京金融街丽思卡尔顿酒店（北京市西城区金城坊东街 1 号）
资料来源：http：//travel. sohu. com/20120428/n341919354. shtml.

（九）酒店周年纪念庆祝活动

【同步案例】

案例：北京龙城华美达酒店开业一周年店庆

北京龙城华美达酒店开业一周年店庆活动于 2012 年 7 月 27 日精彩上演。现场有包括酒店客户和媒体在内的超过 150 位客人参与联欢。

资料来源：http://travel.sohu.com/20120428/n341919354.shtml.

（十）酒店的负面消息

【同步案例】

案例 1：在杭州 JW 万豪酒店遭遇霸王条款

花两千多元办了一张会员卡，只为更便利实惠地在杭州 JW 万豪酒店消费。不料该卡才用一次就遗失了，酒店方面却拒绝补发，令徐小姐大呼不公平。

案例 2：7 天酒店会员信息被黑客叫卖

会员人数超过 1 650 万，酒店总数逼近 600 家，在美国纽约证券交易所上市的 7 天连锁酒店集团无疑是国内经济型连锁酒店集团的龙头企业之一，但更多人所不知道的是，从去年开始，7 天酒店在国内黑客圈中成了"明星"。

案例 3：拉菲特城堡酒店连发两起死亡事件

据报道，2011 年 7 月 6 日、27 日，拉菲特城堡酒店连续发生两起意外死亡事件，且未及时向市旅游委报告，因此被通报批评并处 2 万元罚款。

资料来源：http://travel.sohu.com.

上述新闻除负面消息外，多是反映酒店企业日常经营、管理、运作、产品创新、企业文化等多方面的信息，这些信息通过酒店公关人员及时地传递给新闻媒体。新闻媒介对真正具有价值的事实也乐于刊播，而不光仅限于对酒店负面新闻的猎奇。不过，酒店公关部门也应认识到要实现酒店新闻稿的有效传播，还需要给媒体认真"把脉"。

三、酒店"喇叭"有效传播的方法

酒店有了新闻素材，具体采取什么有效的办法把它们最好地"广播"出去呢？

（一）选择合适的新闻"载体"，即传播媒介

公共关系的传播媒介通常分为两大类：一类是大众传播媒介；另一类是人际传播媒介，针对新闻信息的传播，主要使用第一类的大众传播媒介，即印刷媒介（如报纸、期刊）、电子媒介（如广播、电视）和新兴的网络媒介、手机媒介等。这些传播媒介各有特点，在信息传播中各有优劣，选择最佳的传播媒介是一项复杂的工作，公关人员要深入、全面地了解各种传播媒介，采用适合公众口味的信息传播方式，酒店信息才容易被目标公众所接受，比如，据业界调查，旅游类垂直网站及时尚杂志相比报纸更受到酒店旅游业内人士的青睐。

当前，酒店新闻传播主要渠道是印刷媒体和网络媒体。印刷媒体的报纸和杂志分为综合性与专业性两类。综合性刊物有全国性新闻日报（如人民日报、参考消息），地区性日报（如北京晚报、成都商报、上海新民晚报）；全国性周刊（如《新周刊》、《三联生活周刊》）、区域性周刊（如《深圳商业周刊》）和新闻杂志（如《新闻周刊》、《南风窗》），专业性刊物是为旅游酒店行业、职业服务的高度专业化的专业性报刊、期刊（见表3-1），还有区域性的商业出版物。另外，在旅馆、酒店密集的旅游城市，还可以通过以游客导读为内容的周刊或月刊的出版物传播新闻。

表3-1 主要旅游与酒店刊物一览表

名称	主办单位	出版地	出刊周期
中国旅游报	中国旅游协会	北京	周报
中国国家地理	中国地理学会	北京	月刊
旅行家	中国（中旅）集团公司	北京	月刊
华夏地理	时尚传媒集团	北京	月刊
私家地理	中润群思传媒	上海	月刊
人文地理	中国地理学会人文地理专业委员会	陕西	双月刊
时尚旅游	时尚传媒集团	北京	月刊
新旅行	财讯传媒集团	上海	月刊
旅游休闲	海南文化广电出版	北京	月刊
中国酒店	金陵旅游管理干部学院	南京	月刊
饭店世界	上海社科院旅游研究中心	上海	双月刊
酒店培训与服务	国泰正宏传媒	北京	双月刊
旅行社	旅行杂志社	北京	月刊

网络媒体属于新兴的电子媒介，从技术的角度来看，网络有互联网、移动通信网、广播电视网，后者属于传统的电子媒体，而前两者作为新媒体能提供包括

文本、图像、声音、动画、视频等多媒体形式的丰富信息，且具有传播速度快、范围广，不受地域限制，能实现交流互动，费用也相对便宜等优势，所以深受年轻人和知识分子的喜爱。今天，酒店的新闻传播已离不开网络媒体，公关人员通过门户网站（如新浪、搜狐、网易、腾讯）、专业垂直网站发布酒店消息已成为一个重要的新闻宣传方式。

新闻传播选择媒介的基本原则如下：

1. 围绕酒店企业公关目标和要求

如果酒店公关的目标是提高酒店的知名度，则可以选择在报纸、期刊或互联网上发布酒店各类新闻。如果公关的目的是应对负面报道对酒店造成的不良影响，则要选择影响力大的报刊，最好是电视媒体来反映企业重视的态度。

2. 针对不同的目标公众对象

目标公众的年龄性别、经济状况、教育程度、职业习惯、兴趣爱好、生活方式会影响他们接受信息的习惯，所以要根据他们的特点选择媒介以有效地传递酒店新闻信息。比如酒店推出了一项吸引年轻情侣的入住计划，那么这样的新闻发布通过网络媒介就比传统媒介效果好。

3. 依据传播的信息内容特点

如果酒店传播的是内容较简单的快讯，可以选择网络或广播，因为它传播速度快，覆盖面广；对于内容复杂，需要经过反复思考才明白的内容，最好选择印刷媒体，这样目标公众可以有时间慢慢阅读。

4. 考虑经济投入的大小

各种传播媒介都需要支付费用，但是费用不尽相同，通常网络媒介的刊播费用比印刷媒体便宜，广播比电视便宜，新闻传播尽量选择符合酒店经济承受能力的传播媒介。

（二）撰写符合媒体口味的新闻稿

酒店的新闻是通过公关部门传递给媒体，但这并不意味着公关人员只需动嘴，而不动手。事实上，酒店新闻稿的写作完全是由公关人员来完成的，他们要了解媒体记者的新闻偏好，如何能从编辑手上每天成百上千份新闻发布稿中脱颖而出，吸引他们的慧眼，既需要写作实力，也需要写作技巧。

一篇要想引起编辑兴趣而凸显新闻价值的新闻发布稿必须采用清晰明了的风格精心编排，还要强调以下几个方面。

1. 用事实说话

新闻写作的根本原则是以事实为依据，客观真实。写作时提供事实真相，不夸大、不吹嘘、不欺诈，根据事实的重要性进行选择、组织和排序，按照"倒金字塔"结构（见图 3-1）组织素材，最后得出结论。

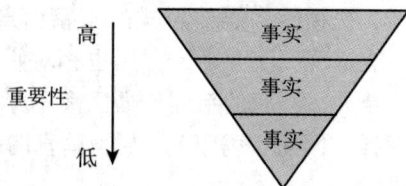

图 3 - 1　新闻写作素材组织的 "倒金字塔" 结构

2. 确定新闻体裁

根据报道素材采用恰当的新闻体裁进行写作，如消息、简讯、特写、访问、评论。不同的体裁突出的新闻重点不一样，表现形式和写作格式也各不相同，酒店公关人员要依据报道目标和内容加以选择。消息是新闻报道中的常用体裁，也是公关人员首要掌握的写作体例。

3. 突出重点，言简意赅

新闻报道只能围绕一个中心话题来写，一事一报，而不能同时表述几个话题，缺乏核心内容。新闻写作的语言要短小精悍、简明扼要，不用长句，不用华丽辞藻，不用行话。一般篇幅在 500 字左右。

4. 掌握消息的写作技巧

消息报道的事实比较单一，通常突出最新鲜、最重要的事实，文字简洁，时效性最强，一般分为标题、导语、正文、背景和尾声五个部分，常用的是由标题、导语、正文三部分组成的内容。

【特别提示】

"标题"、"导语"、"正文" 分别是什么

标题是激起编辑阅读口味的 "开胃菜"，一个采编完全是根据新闻标题来判断是否继续阅读文章，以及稿件值不值得刊播，所以标题要提炼出新闻的精华，用简单醒目的几个词为繁忙的编辑们快速地勾勒出内容的轮廓。

导语是文章开宗明义的部分，具有统领全篇、引导阅读的作用，一般新闻中最重要的事实都会在此呈现，通常要回答 5W1H 六个关键问题，即人物（who）、事件（what）、地点（where）、时间（when）、原因（why）、经过描述（how）。

正文是导语的展开部分，这部分会对导语的内容作具体详细的交代，还可能会有背景材料对事实进行补充，阐述清楚事实的来龙去脉。背景材料可以与主体融合，也可独立成段，它的使用会使消息本身具有一定的深度，便于更透彻地理解。

（三）提高新闻稿的"刊发率"

公关人员几乎每天都在给媒体编辑们发送新闻稿，希望有利于酒店企业的报道能够刊登出来，这种努力称为"提高刊发率"，但是要确保新闻稿被顺利采纳对公关人员来说的确是个极大的挑战，除了撰写出让编辑心动的新闻稿件，还有以下一些技巧也可能有助于稿件的刊发。

1. 明确是否对口

新闻稿投送要和媒体及媒体版面对口，对于大多数编辑而言，这种对口性是审核的第一要务。酒店公关人员要清楚中央媒体、全国性媒体和地方都市类媒体对新闻素材的判断是有区别的，综合性报纸和财经类报纸报道的重点是不一样的，即使同一媒体，负责不同新闻类型的部门，如餐饮、财经、旅游、时尚和娱乐等也对新闻稿要求有差异，所以准确地对口有助于有效地锁定媒体和编辑。另外，公关人员还应准备3～5个版本新闻稿以对口不同媒体对新闻素材的要求。

2. 确定截稿日期

报刊的发行是有时限的，即使快捷的网络媒体出现，新闻部门仍要求一定的截稿时间。比如，通常第二天的早报要求在当天下午3点截稿，最好上午送达编辑，以留出足够的时间给他们审稿；而晚报是早上9点截稿，争取头天就送到编辑手上；像新闻性杂志，一般是提前三天，商业周刊要在发行前一个月的1号或15号，所以酒店公关人员要提前计划安排好发布新闻稿时间，尽量在媒体的截稿时限以前提交稿件。

3. 正确递送文字稿

新闻记者和编辑们往往在接近截稿时限时非常地忙碌，争分夺秒地赶稿，时间对他们来说很宝贵。这时，如果公关人员在电话里就新闻稿件和编辑记者们唠叨个没完，或者不断地打电话去"确认是否拿到新闻稿"，这样很容易引起他们的不满。因此，酒店公关人员最好事先了解对口编辑或记者喜欢获取稿件的方式，邮寄、专人递送、电子邮件、传真、留言等，然后按照他们喜好，将新闻稿递交给他们。

4. 注意稿件的细节

新闻稿在递送之前一定要仔细检查，标题、内容有没有错别字，语法、文法和标点的使用是否恰当，该标注的重要信息，比如股票代码等是否以正确的方式表示出来，如果新闻稿中此类"低级"错误比比皆是，那么稿件的质量会大打折扣，即使新闻内容不错，也容易让编辑对企业公关人员的专业水平不信任，从而影响编辑对稿件的采用。稿件最后还应写明联系人姓名和电话，以便新闻记者知道向谁核实消息。

四、酒店打造好"喇叭"的有效途径

对酒店而言，保持与新闻媒体的关系是极其重要的一种公共关系。一方面，新闻媒介是酒店企业实施公关的载体；另一方面，新闻媒介本身就是企业的重要公众。传播学认为，传播内容能够影响公众的前提是作为"意见领袖"之一的新闻记者要先接纳企业新闻，继而才有可能履行其传播手段的角色来实现"广而告之"。酒店要通过新闻媒体来有效地传播信息，扩大影响，突破危机，该如何做呢？

首先，酒店必须处理好与新闻媒介的关系。

新闻媒体常常被看做是独立的力量，新闻自由意味着媒体基于事实的正面和负面报道都是合情合理的，新闻媒体的舆论导向和监督作用越来越大。因此，酒店重视并保持与新闻媒体的良好合作关系，坦诚面对并善待新闻记者，运用好传媒的力量以取得公众的信任和支持是企业塑造形象，沟通公众关系的重要条件。积极的媒体关系能迅速提高企业知名度，扩大社会影响力，也能在企业面临危机时获得媒介的同情和支持，通过舆论矫正视听，重塑形象。

【小资料】

有研究表明，媒体对酒店的报告情况与酒店的发展、品牌的创立正相关。如果媒体对于酒店有一个正向的报告，则可以吸引大量的客人前去消费，如果有负向的报告就会导致酒店门可罗雀，大多数顾客都会"望店止步"。酒店的信息能否被媒介所报道，以及报道的时机、频率、角度等，都取决于媒体机构和人士，所以对酒店而言，维系好与媒体的关系至关重要。

【同步案例】

例如，澳门威尼斯人度假村酒店通过其公关团队的努力，在酒店的开业典礼上邀请到来自23个国家的1 321家媒体和520家出版社出席并报道了开业盛况。酒店公关经理说："这绝对不是仅仅花钱做广告就能做到的。与媒体关系越多，关于酒店的报道数量就越多；与媒体关系越好，关于酒店报道的信息质量就越高。"

其次，酒店新闻报道必须选择好事实。

酒店的新闻报道要选择好事实，前提是对企业内部的各种事实进行筛选，提炼出好的报道题目。好新闻的选择标准基于其新闻价值，能否吸引公众的眼球，能否成为津津乐道的话题都是新闻价值的体现。新闻价值是指该事实自身所具有的重要性、新鲜性、接近性、及时性和趣味性，还有重要性和层次性的特点，即事实具有全国性报道价值，还是地方报道或本单位报道的价值。这也要求公关人员学会根据事实价值的大小选择不同级别的媒体。

【同步案例】

例如，《锦江之星发布经济型酒店首份CSR报告》这个新闻2012年7月刊发在全国性的中国日报上，因为这份企业社会责任报告是迄今为止中国经济型酒店行业的首份CSR报告，而锦江之星也成为行业内首个发布该报告的企业，两个"首"字就决定了其全国性报道的价值。而像酒店开业等新闻主要是反映当地酒店的动态，报道价值在地方更有影响力。

资料来源：http://cppcc.people.com.cn/n/2012/0710/c34948-18483693.html.

最后，酒店公关部门要善于策划企业新闻。

新闻策划包括两方面：其一是对新闻事实的报道确定如何采访、如何提炼主题、如何划分段落、如何制作标题、如何美化版面等；其二是依据报道需要，以事实为基础，遵循事物发展规律，提供对象和素材为新闻报道奠定基础。新闻策划不等于制造新闻，更不是制造"假新闻"，新闻策划是以客观事实为基础，发挥公关人员的主观能动性和创造性思维对新闻事件或活动进行策划，吸引媒体加以报道的行为，有利于实现新闻资源的最佳组合和配置。但是，不切实际地夸大或缩小，甚至没有依据地杜撰新闻内容，即使新闻策划的动机很好，而且制造了鲜亮的报道，却会对酒店造成严重的负面影响。

【同步案例】

在2011年3月3日郑州《大河报》上报道了一则新闻，内容是"中西部首家洲际酒店落户郑州，投资18亿白金五星级！"，正文提及"中西部第一家洲际酒店入驻郑州，白金五星级标准设计"，"这是洲际酒店第一次入驻中国中西部地区"。报道引来了极大的质疑声，有媒体指出"中西部第一家洲际酒店"的提法不实，2008年四川九寨沟天堂洲际酒店白金五星级挂牌营业，2009年重庆洲际大酒店白金五星级挂牌营业，那么2011年郑州入驻的洲际白金五星怎么就"成为中西部第一家"呢？又有记者向洲际集团询问，得到的答复是：从来没有说过郑州的洲际是中西部首家。只是说过白金五星的洲际是中部首家，至于中西部首家五星白金洲际毫无疑问是九寨沟天堂洲际。

资料来源：http://newpaper.dahe.cn/dhb/html/2011-02/28/content_468390.html.

这则新闻登载在报纸上发行出去，不但没有实现正面宣传的初衷，还会给大众留下酒店"造假"的伪宣传印象，酒店的形象会大打折扣。

【特别提示】
一、媒介的分类及特点

类型	媒介	特点
传统媒体	报纸	1. 信息容量大，内容丰富多样； 2. 受众选择自由度大； 3. 造价低廉，制作简便； 4. 易于保存。
	电视	1. 直观性；2. 商业性。
	广播	1. 传播速度快；2. 接收便利；3. 易于普及。

类型	媒介		特点
新媒体	网络	网络文字	1. 传播速度快、实时性、全球性、海量性； 2. 传播方式灵活、费用低廉； 3. 新闻报道缺乏权威性和深刻性； 4. 低收入受众难普及。
		网络杂志	1. 图文并茂，容量大、互动性强； 2. 内容易落俗套； 3. 阅读和下载速度较慢。
		网络广播	1. 传播广泛、互动性强； 2. 技术和经费条件的制约大。
		网络电视	1. 互动性；2. 快速性；3. 个性化。
	手机	手机短信	1. 传播速度快、价格便宜、私密性高； 2. 信息量受限、缺乏权威性。
		手机报纸	1. 传播速度快、携带方便、传播范围广； 2. 信息容量小、阅读时较费力； 3. 费用相对较高。
		手机电视	1. 可随身携带，可重复观看； 2. 费用较昂贵，待机时间短。

二、旅游饭店类新闻网站一览

- 新浪旅游
- 腾讯旅游
- 新华旅游
- 搜狐旅游
- 环球旅讯
- 乐途旅游网
- 中国旅游网
- 网易旅游频道
- 中国旅游新闻网
- 中国酒店新闻发行网
- 中国酒店商会
- 酒店职业经理人

- 中国酒店传媒网
- 第一旅游网
- 慧聪酒店网
- 中国旅游饭店业协会
- 国家旅游局
- 中国酒店业主联盟
- 中国吃网
- 亚太旅游协会
- MICE 商务奖励旅游
- 人民旅游网
- 凤凰网旅游

任务二　假如你手里有一本宣传手册

【案例导入】

无锡灵山元—希尔顿逸林酒店宣传册内容

1. 酒店名称和地位：无锡灵山元—希尔顿逸林酒店是希尔顿逸林在亚洲的首家度假酒店。

2. 酒店的位置及环境：酒店位于太湖之滨，俯览三万六千顷水宽云阔的太湖；背倚庄严的灵山大佛，更可在部分客房观看灵山大佛全景；四周环绕葱郁的灵山，草木持续吐纳无尽的负离子形成独有的绿色健康的天然氧吧。

3. 酒店的设施与风格：酒店拥有487间豪华舒适的客房，3间餐厅和一个酒吧、水疗中心、专业配备的健身中心、一应俱全的多功能会议室、棋牌室、卡拉OK、网球场、篮球场还有足球场，集领先设施与五星服务于一身，为您构建一座心灵憩息的小城悄然抚滤世界的喧嚣与浮躁，让您和您的 TA 尽享回归自然的静谧……悠享之城，心灵旅行……

4. 无锡灵山元—希尔顿逸林酒店设施与服务

（1）客房设施和服务

（2）娱乐与健身设施

（3）餐饮设施

（4）其他服务项目

思考：

无锡灵山元—希尔顿逸林酒店宣传册内容由哪些内容构成，还应该有哪些内容？

资料来源：http://baike. baidu. com/view/2891774. html.

【知识拓展】

不同于新闻发布这个"大喇叭"是通过媒体向广泛的大众传播信息，声音大，范围广，宣传手册更像是音色悠长恬静，表达精致典雅的长笛，没有躁动不安，却是丝丝入沁，当你手捧一本装帧精美的宣传手册，那字里行间流动着如行云般的干净清爽，彩画插图中透着华丽而似乎触手可得的真实，你是不是会停下来仔细地品味，像慢慢饕餮色香味俱佳的珍馐？

宣传手册可以说是酒店的"名片"，通过这张"名片"让不知道酒店的人知道酒店，让不认识酒店的人认识酒店，酒店的名字、位置、联系电话、"伊妹儿"、"围脖"、头上闪亮的光环、别致的产品服务等都会跃然纸上，映入眼帘，如果"名片"用料讲究，印刷上乘，烫着金，飘着香，可以想象接受"名片"的人一定会多看两眼，甚至永久珍藏。

【特别提示】

什么是宣传手册

从传媒学的角度讲，宣传是指运用各种有意义的符号传播一定的观念，以影响人们的思想、引导人们的行动的一种社会行为。百科辞典里解释"手册"是汇集一般资料或专业知识的简明摘要书，或是便于浏览、翻检的记事小册子，那么宣传手册一定不是一页纸，而是将需要传播的讯息、内容、思想分门别类，系统总结成册。酒店宣传手册顾名思义就是酒店为了让顾客了解企业和产品服务，运用文字资料、图片插画、数据图表等方式将酒店的企业信息归纳总结，装订成的方便传递、易于翻阅的小册子。

一、酒店宣传手册用处是什么

为什么酒店一定要有自己企业的宣传手册，有的还有专项产品服务的宣传手册？酒店宣传手册主要有两个方面的功能和作用。

（一）酒店宣传手册是酒店形象推广的重要途径

宣传手册最大的特点是视觉冲击，酒店的外在形象，内在的产品和服务集中地通过图片吸引消费者的目光，使他们第一眼就注意到企业的视觉形象，进而延展到企业产品特征等文字信息。强烈的视觉冲击会极大地激发读者的阅读兴趣并加深读者的记忆，酒店借助符合其整体品牌形象设计的宣传手册把酒店的重要信息全面、清晰、有效地传递给潜在的顾客，这对于酒店扩大影响力，提升知名度发挥了积极的作用。而且宣传手册小巧轻便，便于携带、传递，也有助于酒店形象在人群中传播。

（二）酒店宣传手册是酒店强有力的促销工具

宣传手册通过传递的信息感动读者，引起他们的共鸣，从而使之产生消费的欲望。顾客在购买酒店产品时，往往不像在超市买商品，看得见，摸得着，现比现买，由于顾客和酒店间存在着空间距离，顾客很难在看上酒店后再发生购买行为，也不可能在看到实际产品后才预订，顾客对酒店产品的购买属于实现购买，一般情况下，顾客依据间接信息进行预订和购买，宣传手册是间接信息传递的重要媒介，顾客依赖事先在宣传手册看到的内容作为他们购买酒店产品的决策依据，所以酒店宣传手册应能吸引客人的注意力，提高客人的兴趣，刺激客人的需求，促使客人购买。

二、酒店宣传手册的构成

宣传手册是酒店公关信息传播必不可少的基本资料，无论是以印刷的，还是以电子的形式呈现给媒体和公众，都应完全贯彻 CIS（Corporate Identity System，企业形象识别系统）设计原则并体现酒店文化，简练准确的文字配备清晰精美的照片、图片。

一般来说，酒店宣传手册要包含至少四页的信息，封面为能引起客人注意的标题和图片，里面两页为介绍酒店设施、项目的图片和文字，封底为地址、电话和传真号码、交通图及预订程序等，通常有以下具体内容（见表3-2）。

表3-2　　　　　　　　　　酒店宣传手册的主要内容

内　容	具体信息
酒店的基本信息	★名称和标志 ★酒店简介 ★建筑装修风格 ★位置及交通示意图 ★电话和传真号码 ★官方网站

续表

内　容	具体信息
酒店的综合信息	★总裁寄语 ★企业文化 ★企业发展历史 ★企业公益活动 ★名人下榻照片 ★荣誉及奖项
酒店的产品服务信息	★特色产品和服务项目介绍 ★客房产品介绍 ★餐饮产品介绍 ★康乐产品介绍 ★会议产品介绍 ★特色项目的图片
酒店产品订购及销售信息	★产品价格及折扣 ★预订及支付程序 ★促销活动

三、酒店宣传手册的制作

怎样做好酒店宣传手册？如何编写制作宣传手册？

酒店宣传手册并不仅仅是用于酒店信息的传递，更重要的是树立和传播酒店的形象。由于宣传手册更多的是直接面对客户，其形象传播意义更为突出，呈现在消费者面前的宣传手册其实质是品牌形象的代表，传递酒店市场定位形象，展示酒店产品与服务质量。因此，编写制作酒店宣传手册应站在品牌的角度构思和设计。通常说，"业务人员不一定能够见到客户的决策者，但你的酒店宣传手册一定可以"，这是表明了酒店宣传手册营销功能的重要性。一本酒店宣传手册事关品牌的优劣与营销的成败，抓住树立品牌的机会，一定要重视宣传手册的编写和制作。

首先，编写和制作酒店宣传手册要遵循下述的标准和步骤（见表3－3）。

表3－3　　　　　　　　编写和制作酒店宣传手册要遵循的标准和步骤

步　骤	标　准
1. 明确目的	★以酒店公共关系整体目标为指导明确宣传手册的制作目的
2. 了解对象	★确定宣传手册的读者对象，了解分析对象的需求和喜好

步　骤	标　准
3. 采用形式	★根据酒店公关的整体目标和刊物宣传的预算决定手册的形式，包括：单页、活页、折页、卡片式宣传页、小册子、画册等
4. 确定内容	★依据出版刊物的目的和读者对象来决定具体内容，制作宣传册子要以照片为主、文字精简、生动
5. 命名刊物	★通常以酒店的名称和酒店的特色产品命名，比如"贵都快讯"、"北京饭店"、"丽晶会议"、"凯宾美食"等
6. 发行周期	★可采取不定期的形式发行，也可在有重要事情发生后出版发行
7. 设计编排	★制作宣传手册要进行总体设计，注意纸的开张、每页栏目、黑白还是彩色、排版方法、插图大小等
8. 印刷方式	★根据预算和用纸级别选择平版、活版、照相凹版、胶印、油印和复印之一，选择质的较好的纸张，确定印刷质量、规格、成本费用
9. 发送免费	★酒店刊物一般都是免费赠阅的，但也有大型酒店例外
10. 刊物分发	★根据具体情况决定手册采用邮寄、摆放、传阅还是其他形式分发

其次，做好一本酒店宣传手册下述五个要素缺一不可（见图3-2）。

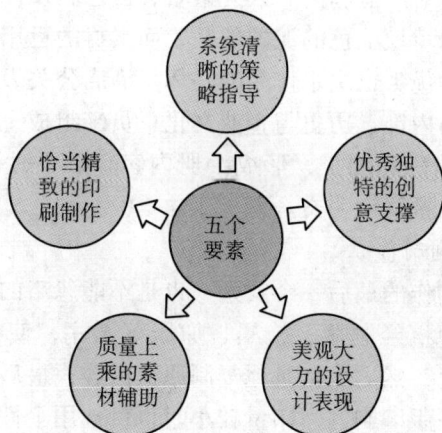

图3-2　做好一本酒店宣传手册的五个要素

1. 系统清晰的策略指导

宣传手册的制作首先要制定系统的策略，明确目标和指导原则，规划实施的策略和步骤。策略是酒店宣传手册的"准心"，没有策略的指导，酒店宣传手册的制作是盲目的，很难有效地击中消费者这个"靶心"。因此，在创意构思之前要搞清楚酒店需要传递的信息是什么，谁是受众，受众的特点、爱好和需求是什么，采用何种方法，初步的预算是多少等问题。

2. 优秀独特的创意支撑

创意是酒店宣传手册的精髓，没有创意的酒店宣传手册就像一杯白开水，平淡无奇，虽然能解渴，但却无法刺激味蕾。如果认为酒店宣传手册的排版与图片处理就是创意，那这个创意的含量太低，创意需要灵感，需要团队的力量，找到制作一本好的酒店宣传手册内在的那根轴线，所有设计表现都围绕在这条轴线上面开枝散叶，这样的酒店宣传手册才是一本有血有肉有魂，能够打动受众的精品。

3. 美观大方的设计表现

设计是策略和创意的具体表现形式。酒店宣传手册在有了策略的指导和优秀的创意后，需要通过设计内容，包括标志的创作、内容的编排、颜色的组合、色彩的搭配等使宣传手册以一种艺术的、唯美的形式呈现在受众面前。设计要"因人而异"，根据酒店主观方面的喜好，针对受众的年龄、职业、爱好、文化层次等特点，创作出个性化、专业化、与众不同的宣传手册，使酒店企业及其产品服务变得触手可及，令人向往。

4. 质量上乘的素材辅助

素材是酒店宣传手册的血和肉。只有策略、创意和设计的宣传手册犹如一尊按照图纸绑好架子却未填坯上色的泥塑作品，而素材的运用会使这件作品色彩饱满，形象丰富，素材的优劣也决定作品的好坏。酒店公关人员搜集大量的原始素材，比如酒店的外观与内饰、历史与企业文化、员工组成、荣获奖励、特色产品与服务等，然后进行提炼和加工，形成手册内容。必要时请专业摄影师拍摄照片，请行家制作插图，撰写说明文。

5. 恰当精致的印刷制作

印刷是宣传手册制作的最后一个要素，也是不能忽略的重要环节之一。它将文字、图画、照片等原稿经制版、施墨、加压等工序，使油墨转移到纸张、织品、皮革等材料表面上，然后大批量地复制原稿内容，最后装订成册。通常大部分宣传册的制作采用平版印刷，当印量较小时也可选用个性化的数码印刷。正如古代瓷器的成色好坏与窑炉的烧制技术有很大关系一样，印刷技术、版式、材质也决定着酒店宣传手册的质量。

最后，酒店宣传手册应当分发至合适的公众手中，以确保其不被浪费。因此，酒店公关人员要考虑宣传手册的分发途径。一般来说，可以通过下列方式将宣传手册分发出去（见图3-3）。

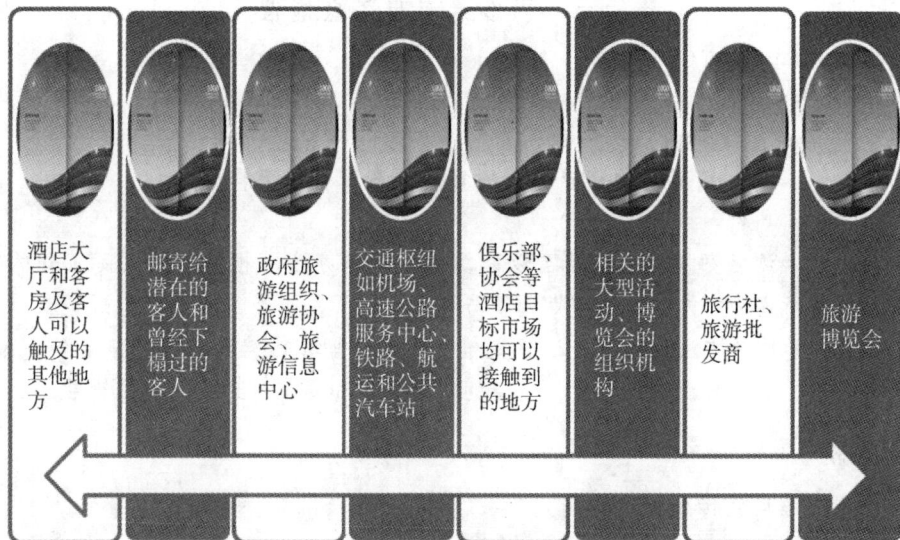

| 酒店大厅和客房及客人可以触及的其他地方 | 邮寄给潜在的客人和曾经下榻过的客人 | 政府旅游组织、旅游协会、旅游信息中心 | 交通枢纽如机场、高速公路服务中心、铁路、航运和公共汽车站 | 俱乐部、协会等酒店目标市场均可以接触到的地方 | 相关的大型活动、博览会的组织机构 | 旅行社、旅游批发商 | 旅游博览会 |

图3-3　酒店宣传手册的分发途径

【小资料】

CIS（Corporate Identity System，企业形象识别系统）

CI是英文Corporate Identity的缩写，有些文献中也称CIS，是英文Corporate Identity System的缩写，直译为企业形象识别系统，意译为企业形象设计。

CI是指企业有意识、有计划地将自己企业的各种特征向社会公众主动地展示与传播，使公众在市场环境中对某一个特定的企业有 个标准化、差别化的印象和认识，以便更好地识别并留下良好的印象。

CI是一种意识，也是一种文化，是针对企业的经营状况和所处的市场竞争环境，为使企业在竞争中脱颖而出制定的实施策略。将企业的经营理念与精神文化运用整体系统传达给企业内部与社会大众，并使其对企业产生一致的认同感。

CI一般分为三个方面，即企业的理念识别——Mind Identity（MI），行为识别——Behavior Identity（BI）和视觉识别——Visual Identity（VI）。三个方面不是相互脱节的，而是表里一致、协调统一，BI、VI为MI服务，外美内秀，才是值得称道的CI。

CI战略是企业为塑造完美的总体形象在企业群中实施差别化的策略，重要一点就是要求企业形象具有鲜明的个性特征和独具一格的特质，不能"千人一面"。

资料来源：http://wenku.baidu.com/view/56d2dada50e2524de5187ec9.html.

任务三　内参来不得半点虚假

【案例导入】

瑞成大酒店定期调整宣传橱窗深得职工喜爱

自瑞成大酒店安装了宣传橱窗以来，行政管理办公室根据酒店实际工作的需要，对橱窗所宣传的内容进行定期调整与更换。由于夏季炎热天气的临近，针对食品卫生、科学饮食方法等内容，近日又推出了新一期宣传栏内容，刚刚更换完毕，就引来数名员工前来观看，使宣传橱窗的定期更换和调整达到了预期的效果。

思考：

瑞成大酒店宣传橱窗的作用是什么？

资料来源：http://www.ruichenghotel.com/.

【知识拓展】

一、酒店对内传播的概念

信息传播依据传播对象的不同，可具体分为对外传播和对内传播。对外传播的对象主要是与组织机构有关的外部公众，像新闻发布、企业宣传手册的受众，而对内传播的主要对象是组织的内部公众，如员工、股东等。

【特别提示】

对内传播是公共关系人员经常实施的工作之一，它的目的是让内部公众及时、准确地了解组织多方面的信息，如组织的发展目标与策略，组织各部门的工作情况，组织发展的成就和面临的困难，组织正在采取的行动和措施，外界公众对组织的评价以及外部社会环境的变化对组织的影响等，通过内部信息的传达与沟通以团结队伍，鼓舞士气，做到上下一条心，增强凝聚力，从而形成组织统一的价值观和企业精神。

酒店对内传播使用的媒介完全有别于大众传播媒介，后者是依托第三方新闻媒体将酒店的信息传递给外部的公众，而酒店对内传播主要是通过酒店自控媒体，即酒店企业自身能直接控制的传播媒介向组织内部传递信息，媒介的所有权、支配权、使用权均属于企业本身，酒店自控的传播媒介由于酒店企业能自主控制，公关人员可以针对受众的特殊要求、特殊问题作针对性传播。

二、酒店自控媒体的特点

（一）酒店的可控性强

自控媒介由酒店自己掌握，所以宣传的内容能准确有效地表达组织的意图和目的，酒店也可以自主采用各种不同形式来表现想要表达的主题，酒店还可根据企业的经济状况调节宣传成本，利用自控媒介传播酒店对内宣传可以做到让自己满意为止。

（二）媒介种类丰富

自控媒介种类繁多，酒店内的公关人员可在完全自主的情况下，充分利用各种资源，将文字、图片通过印刷、电子技术等形成幻灯、内部刊物、员工手册、录像、广播、闭路电视等，使这些各具特色的媒介组合运用，达到理想的传播效果。

（三）传播范围的局限性

酒店自控媒介与新闻媒介、广告媒介相比，其传播范围小，它对内辐射面只有企业内部的员工和股东，它的对外辐射也仅限于与企业有密切关系的小部分公众。

三、酒店自控媒体的形式

酒店自控媒介的形式多样，主要包括以下几种类型。

（一）内部刊物

即酒店的"内参"，是指以组织内部成员为读者对象，不向社会公开发行的刊物。酒店内部刊物对实现有效沟通和协调员工关系起着重要作用，它是内部公关的重要媒介。具体分为以下几种。

1. 内部通信。内部通信主要传递酒店内部政策、经营管理情况、各种动态、好人好事等，旨在与各成员交流信息，增进成员对组织的了解，激励员工做好本职工作。

2. 专业性杂志。这种专门性刊物，主要刊登特写文章、专论，以业务方面内容为主，供酒店内各专业人员阅读。目的是加强业务人员的交流，互通信息，共同提高业务水平。

3. 小报或简报。它们主要发表新闻、短篇文章、图片、酒店的最新动态及通告等内容。周期短、反应快，常以周报、双周报、月报等形式出现。

4. 销售简报。在企业中，为把握销售动态，销售经理与销售员之间常以销售简报的形式定期交流，一般一周一期。此外，销售简报还可向酒店其他部门及其有关成员分送，供他们了解酒店销售状况。

5. 组织内部刊物，从形式上又可分为报纸类和杂志类两种，报纸又可根据实际情况用电脑打字、油印、复印等形式。杂志通常采用活版印刷、平版印刷和照片凹版印刷，单色印刷或彩色印刷，图文并茂。广州白天鹅宾馆的《白天鹅之家》，花园酒店的《花园之声》都是很好的员工刊物。

（二）报告和手册

酒店还常常采用各种报告与手册媒介等与内部公众进行沟通。

1. 酒店内部的报告通常有年度报告、季度报告、调研报告、各种工作报告及通报等。通过各种报告，组织向股东、管理职员及有关部门进行情况通报。报告是企业与股东、管理职员建立联系的重要媒介。它通常报道酒店一定时期的工作进展情况，面临的问题和发展的前景等。

2. 酒店企业手册主要是有关企业经营理念、企业价值观、员工行为规范和企业各项制度的宣传教育类小册子。它是规范员工行为、培养组织观念，增强员工归属感和凝聚力的有效工具。

（三）公告类媒介

公告类媒介主要指酒店企业的公约、公告栏、各种宣传橱窗和告示牌等。公告栏是酒店刊物的重要补充，一般安置在员工均能接触到的地方，如办公楼前、楼内、食堂、礼堂、广场、路边等。它们常用来发布通知、发布工会活动、客户感谢信、员工优秀事迹及照片、员工活动情况、简报和公约等。公告媒介是与内部公众沟通的最佳渠道，现在国际国内的大小企业很喜欢依靠公告栏与自己的员工沟通。

（四）内部电子媒介

电子媒介包括闭路电视、广播、幻灯片、邮局域网、公司网站等。公关人员可通过它们创造性地将组织的信息传递给员工。通常，它们可用于录制组织的新闻，录制组织人事信息资料以及重要活动的场面等，录制教育培训方面的磁带、幻灯片，用于对员工进行职业培训。此外，建立酒店网站，顾客通过网站浏览酒店的服务介绍，预订酒店，了解酒店最新动态和促销活动等。内容丰富、形式新颖、生动活泼的网页资料能促成宾客进一步关注和了解酒店。

四、酒店内部刊物的作用

酒店自控媒体中内部刊物是常见的形式之一，它对促进企业内部沟通，增强组织内部凝聚力，塑造组织形象都起着极其独特的作用。

（一）"立交桥"作用

酒店内部刊物是酒店管理层和部门、员工之间交流工作经验、了解工作新动向的纽带。一方面通过横向联系，即各个时期的企业工作动态向相关部门传递，增强部门间、员工间的了解和信任。另一方面通过纵向联系，即企业信息在上下级间的流动，实现上传下达、相互沟通的作用，有助于增加理解，营造和谐的内部环境。

（二）"方向盘"作用

酒店内部刊物能够以正确的舆论带动员工，以高尚的精神塑造员工，引导酒店员工自觉敬业奉献。它既是开展内部宣传的"窗口"，又是展示酒店工作发展动态的"前沿阵地"，这就要求酒店内部刊物的内容要贴近行业、贴近生活、贴近读者、贴近社会，切实起到指明方向的引领作用。

（三）"推进剂"作用

酒店内部刊物通过宣传酒店在经营管理等方面所取得的成绩，能够提高各级员工的工作积极性，增强归属感和凝聚力；通过对酒店内先进典型的宣传，可以发挥榜样的作用，鼓励先进，鞭策后进，增强认同感；通过阅读刊物上的感悟文章，可以增强员工自信心。此外，内部刊物稿件来自不同岗位的酒店员工，通过长期写作，可以不断提高他们的写作水平，激发写作积极性，从而促进文化素质的提升。

（四）"传家宝"作用

酒店事业需要酒店文化的支撑，酒店内部期刊是旅游文化建设的重要组成部分，也是看得见、摸得着的"酒店文化"。通过文字和图片，展现酒店工作理念和员工的精神风貌，以及丰富的企业文化生活，有利于增强酒店企业员工的凝聚力和战斗力，有利于营造浓厚的本企业文化氛围。

五、创编酒店内部刊物的步骤

如何创编酒店内部刊物？通常需要以下几个步骤（见图3-4）。

确定刊物名物 ⟩ 明确出版周期 ⟩ 规划版面大小 ⟩ 设计版面内容

图3-4 创编酒店内部刊物的步骤

第一步，确定刊物名称，如《×××酒店之窗》、《×××酒店之声》、《×××特刊》等。

第二步，明确出版周期，是每季度，还是每月出版一期。

第三步，规划版面大小，报纸为四版，A3纸大小。

第四步，设计版面内容，一般包括几个方面：

1. 酒店要闻：酒店近期要闻，领导重要讲话和活动，国内外酒店近期动态。

2. 综合板块：酒店营销策略、管理经验、酒店变化等。

3. 员工展示：员工工作经验，先进人物及好人好事展示，服务案例分享等。

4. 员工风采：文艺类副刊，员工才艺展示，员工活动报道等。

5. 知识天地：管理知识、安全卫生知识、法律知识、财务知识和礼仪知识等。

第五步，着手征集稿件，稿件的征集通过三个渠道。

1. 投稿。由员工自由创作，体裁不限，内容积极向上，酒店公关办公室统一收集、整理和筛选。

2. 约稿。由公共办公室向表现优秀的管理者和员工进行约定，撰写日常管理经验、工作经验等。

3. 征文。针对酒店重要活动或事件进行征文活动，号召各部门积极参与。

第六步，告知投稿途径，请各部门投稿用电子版直接发送到办公室邮箱。要求稿件内容健康、积极向上、文字流畅、具有一定的意义，杜绝剽窃抄袭。最后，投稿人必须注明姓名、部门及联系方式。

【特别提示】

酒店内部刊物的制作流程：

1. 确定刊物主题，拟定当月刊物的中心内容，有计划性对内容进行安排；

2. 拟定并下发征文通知，同时可要求邀请优秀的管理层、员工撰稿，并跟踪督促，有效地收集各类稿件。

3. 按刊物栏目审阅筛选合适的稿件，并对入选稿件进行初步的编辑，完成后由领导审核、认可，即定稿。

4. 将定稿内容进行排版、校对，交由策划部门做版面设计的工作，待设计完成后，交由印刷。

模块二　公关广告

【能力培养】

1. 掌握公共关系广告的概念；

2. 理解并阐述公关广告与商品广告的区别，能够识别酒店公关广告；

3. 了解酒店公关广告的类型及特点，能够识别不同类的酒店公关广告；

4. 理解制作酒店公关广告遵循的原则，并能结合实际运用；

5. 熟悉酒店公关广告的文体特征，能简单创作酒店公关广告。

【案例导入】

7月旅游行业报纸广告火热投放　新京报本月第一

7月正是旅游报纸广告火热投放的最佳时期，搜报网针对北京四家报纸做旅游广告刊登统计，结果显示，见表 3 - 4 和图 3 - 5。《新京报》当选旅游广告投放最多的报纸，虽然《新京报》广告较 6 月相比之下有些回落，但是并不影响旅行社选择在《新京报》上投放广告；而《北京青年报》紧随其后，与 6 月相比也是有所下降，在《北京青年报》上投放广告的旅行社机构，大多以拼版形式刊登；而《京华时报》与《北京晚报》就不分上下，在旅游行业广告投放版面上并不突出优势；凯撒旅游、中青旅、携程旅游、北京青年旅行社等大型旅行社机构在本月旅游广告上火热投放，这也会吸引到旅游爱好者的目光。

报告类别：分析报告

调查地点：北京

统计时间：2012 年 7 月 1 日至 7 月 31 日

统计报纸：《新京报》、《京华时报》、《北京晚报》、《北京青年报》

统计版面：整版、半版、1/4 版、特殊（1/3 版、通栏、半通栏）

表 3 - 4　　　　　　　　　旅游广告刊登统计结果

排名	媒体名称	7 月旅游广告投放总版面个数	6 月旅游广告投放总版面个数
1	《新京报》	193	220
2	《北京青年报》	82	86
3	《京华时报》	72	69
4	《北京晚报》	71	65

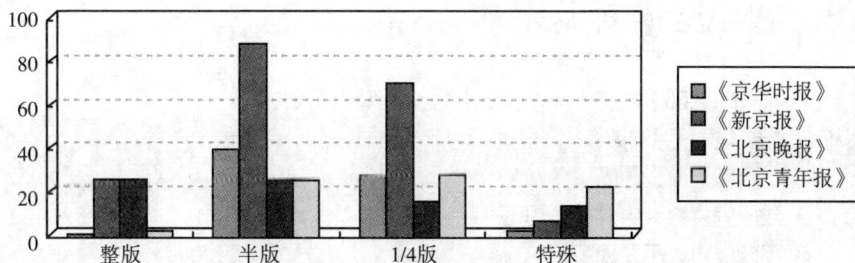

图 3 - 5　旅游广告刊登统计结果

思考：

报纸广告投入对于酒店企业的业务拓展有什么重要意义？

资料来源：http://www.soubaoad.com/purchase/analyse/industry/50724.shtml.

酒店公关新闻发布是通过大众媒介这样的第三方来播报消息，在公众看来，媒体宣传要比广告可信得多，避免了"王婆卖瓜，自卖自夸"。但是，宣传谁家的"瓜"却是媒体说了算，酒店公关人员提供的新闻素材需要满足媒体的要求，而且还需要排队等候，企业没有话语权，选或不被选媒体说了算。于是，广告的宣传获得了企业的青睐，因为企业可以通过资金投入的方式购买媒体的版面、时段，刊播什么样的广告？什么时间播？企业可以做主。这也是广告貌似不讨好，却逐年火爆的原因之一吧！

任务一 要清楚公关广告与商业广告不是一回事

今天的广告就如同感冒病毒一样无孔不入，充斥在我们生活的每个角落，看电视有插播广告，看电影有植入广告，读报纸看杂志会有平面广告，电梯里有滚动广告，车厢里有视频广告，走在路上会有"小广告"和"传单广告"，网络上有弹出广告，写微博还有人气广告，就是购物，拿出一塑料袋，上面大多也是"欢迎惠顾×××"的广告。当我们仔细研究无处不在的广告时会发现广告也有不同，下面先看看几个例子，想想它们是广告吗？是为什么事物做的广告？

【同步案例】

资料1："今年过节不收礼，收礼还收脑白金，脑白金。"

资料2："不吐，我我舍不得，路易的……十三。"——电影《没完没了》台词

资料3："——现在在哪儿干呢？

——BMW

——哟！大公司呀。

——一边工作一边学语言。

——干什么呢？

——什么都干呗！"——电影《不见不散》台词

资料4："爱美食，更爱健康

爱奔跑，享受阳光

爱研究食材，更爱待在厨房

不要劣质，不要添加剂

我和别的盒饭不一样

不是名厨大厨

我是营养小厨。"

在回答它们是不是广告前，先来解释什么是广告。广告顾名思义是"广而告之"，通俗地说就是向广大公众告知某个信息。事实上，"广告"这个词是个舶来品，源自拉丁文。《简明大不列颠百科全书》（第十五版）对广告的定义是："广告是传播信息的一种方式，其目的在于推销商品、劳务服务、取得政治支持、

推进一种事业或引起刊登广告者所希望的其他的反映。广告信息通过各种宣传工具，传递给它所想要吸引的观众或听众。"

不难看出，上述四个案例都可以说是广告，因为它们都在向大众传播信息，引起公众的注意。但是仔细分析传播的内容，会发现"脑白金"、"路易十三"与"BMW"、"营养小厨"的本质不一样，前两者是产品，后两者是生产产品的企业。换个角度，传播的手段也不尽相同，"路易十三"与"BMW"的广告宣传更加隐蔽、自然，受众在不知不觉中就"被广告"了。

【知识拓展】

一、公共关系广告的概念

广告是有类型的，从17世纪广告在英国诞生，它的任务就是传递商品信息，当人们想购买某类产品时，由于广告的刺激，他们会轻而易举地捕获到他们想要的商品。经过几百年广告的洗礼，人们对铺天盖地的商品广告都快麻木了，尤其是那些激烈竞争下出现的同质化的产品，单一的商品广告亦然不能让消费者有效地区别产品，也激发不起消费者的兴趣，于是新的广告类型不断出现，诸如以提高企业形象和知名度的公共关系广告开始大量运用。

通常，广告分为两大类：一般性广告与公共关系广告。一般性广告主要包括商品广告、文体活动广告、社会服务广告等，其中商品广告为了扩大销售、获取营利，以商业的方式利用各种传播手段向目标市场的广大公众传播商品或服务的经济活动。公共关系广告是特指组织的公共关系部门通过购买大众传播媒介的使用权，向大众宣传企业组织信誉，树立企业组织形象的一种广告形式。公共关系广告在传递企业产品信息的同时更多地表达出公司对公众、对社会的爱心和承诺，使人感到亲切，让人对这家公司在感情上产生认同，这也就是公共关系广告的目的所在。

二、公共关系广告与商品广告的差异

公共关系广告与商品广告有着明显的区别（见表3-5），主要表现在以下几个方面。

（一）传播内容不同

商品广告直接宣传产品形象，公共关系广告不直接宣传产品，而传播产品之外各种与公众有关的企业信息；商品广告推销具体产品，公共关系广告则推销企业整体形象。如果说商品广告的目的是要人们"买我的产品"，那么公共关系广告则要人们"喜爱我的企业"。因此，商业广告多传递有关产品品种、质量、性能、结构、售后服务、用户利益等内容；公共关系广告则主要传播有关管理、技术与经济实力、职工福利、人才培养、企业经营理念及社会责任等内容。

（二）传播的直接目标不同

商品广告侧重于产品的直接促销，注重产品的近期市场占有率，产品销售额的上升；而公共关系广告注重的是企业的长久的市场效应，不是直接对产品促销，而是通过促销企业形象而达到推销企业产品的目的。简单来说，商品广告追求的是产品销售额直接的上升，而公共关系广告追求的是树立良好的企业形象，赢得消费者的好感。

（三）传播路径不同

一般商品广告的传播路径遵循"公众—产品—企业"的路径，先让公众认识企业的产品，通过产品再逐渐认识企业，它的重点是宣传产品；而公共关系广告宣传则按"公众—企业—产品"的模式进行，它先着力于让公众了解企业的整体形象、风格特征，在感情上认同并喜爱企业，继而再接受企业的产品。

（四）传播效果不同

商业广告的主题是宣传或推销商品或服务，商业色彩较浓。广告发出后，能较快地增加商品销售量与营业额，经济效益比较明显；公共关系广告的主题是传播组织的观念、实力、善意和企业整体形象等，商业色彩较淡，经济效益不突出，但社会效益好，能让公众记忆深刻，留下好印象，从而赢得理解和支持。

（五）传播资金投入不同

做商品广告时，企业需要付钱给媒体来为他们传递信息，组织可以控制刊登或广播的内容，可以要求提交给媒体的广告信息被逐字采用，也可以决定广告信息发布的确切时间。公共关系广告中企业信息的刊播是不需要向媒体支付费用的，所需的费用主要是企业公关人员及管理层的时间和努力，组织无法对信息传递的时间进行控制，由编辑决定报道播出的时间。

表 3-5　　　　　　　　　公共关系广告与商品广告的区别对比

项目	公共关系广告	商品广告
传播内容	企业信息	产品信息
传播目标	树立企业形象	促销产品
传播路径	公众→企业→产品	公众→产品→企业
传播效果	社会效益高于商业效益	商业效益高于社会效益
传播周期	长期	短期
传播频率	低	高
传播资金投入	少	多

下面让我们来看看两则广告以便更好地理解公共关系广告与商品广告的不同。

广告1：返祖吃喝寻美味　品味舌尖上的京城烧烤

"在所有烧烤类型中，最令我心动的说出来有点不好意思，是烤腰子。对于一个姑娘来说，好腰不过二尺，腰要瘦；对于一串烤腰子来说，好腰子不能少于五个，一定要肥。腰子要肥硕，上面有一块肥油，烤的火候刚好，一口下去应该是酥的，牙齿径直切过肥油，直抵肥腰，幻化成一种嫩，微微带着腰子应该有的淡淡腥膻，混以辣椒孜然，杂糅香料与火，生猛咀嚼，快感顿生。

北京四处都有烤腰子，但是从众多烤腰子里寻找心仪的那一款，如大海里寻找一朵剪裁得体的浪花。后来我终于找到了这家晋元楼，这里的腰子硕大，不糊弄，味道足，下料猛，很性感，两根粗壮的铁钎子穿插着五枚腰子。这是一餐幸福的源泉，五枚腰子可以想象成'妖媚腰子'，腰子可以想象成粉子，在夏天露出小蛮腰，滑腻而柔美，肥腰闪烁放光芒。"

资料来源：2012 - 05 - 30　09：48：52《新京报》.

广告2：晋元楼

地址：北京市崇文区绿景馨园东区 13 - 11 号（夕照寺中街路口）

烤腰子 28 元/份（5 个）

资料来源：新京网报旅游版.

依据公共关系广告和商业广告各自的特点，你能识别出上述两则广告分属于哪一类吗？其实答案很明显。对于这两者的区别，人们形象地说：商品广告是要公众买我，公关广告是要公众爱我。

三、公共关系广告的种类

酒店公关广告是酒店形象广告，其作用主要是建立酒店信誉，促进公众对酒店的了解，沟通公众与酒店的感情。酒店公共关系广告又称间接广告，归纳起来，大致有以下几种。

（一）企业广告

主要介绍酒店自身各方面情况，包括酒店的文化内涵、主要特征、自然状况、经营管理、经济技术实力等，包括以下几个类型。

1. 宣传酒店价值观和经营理念的广告

此类广告用于介绍自己的业务范围和经营方针，宣传本企业的价值观和经营理念，一般会在广告中创造性地用一些口号来表达，使它成为一个基本的象征和基本的信念。对内产生凝聚力，对外产生感召力，使公司的形象通过它的口号深入千家万户。

【小资料】

酒店的宣传口号

· Holiday Inn 假日酒店：Be yourself. 自在自我。
· Intercontinental 洲际酒店：We know what it takes. 明白所需，满足所想。
· Crowne Plaza 皇冠假日酒店：The place to meet. 天涯咫尺，我们相聚。
· Westin 威斯汀酒店：Explore & Experience. 探索，体验！
· The Luxury Collection 精选酒店：Collect the world's experience！精选世界的风采！
· Days Inn 戴斯酒店：The best value under the sun. 天下最划算的地方！
· 华美达酒店：卓越服务。
· 北京建国饭店：北京 CBD 的绿色家园。（注：CBD 即中央商务区）

2. 宣传酒店新设备、新服务项目、特色产品的广告

此类广告目的在于让顾客更好地了解酒店，增强对其产品的信心，也有助于刺激顾客消费。

【同步案例】

案例 1：仲夏之夜，相聚北京中关村皇冠假日酒店啤酒花园

北京中关村皇冠假日酒店啤酒花园于 2012 年 7 月 2 日下午 5 时盛大开业。

啤酒花园位于酒店西侧，是中关村区域独一无二的五星级酒店户外啤酒花园，清新别雅，也不乏异国情调。身着异国服装的侍应热情相迎；柔软浓郁的进口德国教士啤酒、比利时时代啤酒，淋漓畅饮；特色德国美食、现场烧烤、本地小吃撩动夏日味蕾。

营业时间：2012 年 7～9 月每日 18：00－24：00

了解详情或预订，欢迎拨打 59938271。

资料来源：http://info. hotel. hc360. com/2012/07/111755446208. shtml.

案例 2："雅乐轩"集结令，纵情迷笛摇滚

中国，北京，2012 年 5 月 11 日和 18 日，再次与迷笛联手，北京海淀雅乐轩酒店邀请前"自游"乐队主唱冯海宁（Helen Feng）携其 Nova Heart 乐队为乐迷们带来两场雅乐轩"轩泄摇滚派对"！聆听黑暗、性感、美丽的旋律！

5 月 11 日和 18 日晚 8 点，在北京海淀雅乐轩酒店集结，和迷笛一起"轩"泄，仅需 50 元，两位即可体验"轩泄摇滚派对"，还包括 wxyz 吧特制鸡尾酒 2 杯。

"轩泄摇滚派对"，预订：010－88898639。

或关注北京海淀雅乐轩酒店官方微博，查看详情。@北京海淀雅乐轩酒店

资料来源：http://travel. sohu. com/20120507/n342535634. shtml.

案例3：　北京金融街威斯汀天梦水疗新体验

2012年5月，北京——放松心情体验水疗，让肌体和灵魂浸浴于初夏时节。北京金融街威斯汀大酒店天梦水疗邀请您体验水润初夏。

伴随着花香与音乐，感受按摩技师的神奇手法，舒缓身心释放疲惫。"海洋迎宾仪式"后，体验60分钟纯粹有机瑞典式按摩，在橄榄油和薰衣草油的安抚下，放松紧张情绪，体验舒缓与愉悦。

购买任意正价商品满人民币1 000元，即可获得赠送30分钟天梦水疗足部按摩，包含小腿和足部的乳液去角质按摩，修长腿部与纤纤玉足尽显您的迷人之美。

从头到脚，从身体到灵魂，北京金融街威斯汀大酒店威斯汀天梦水疗伴您共度这个初夏时节。更多信息及预订请致电66297878。

资料来源：http://travel.sohu.com/20120601/n344620197.shtml.

3. 介绍酒店经营管理状况的广告

酒店在广告中列举本公司的优秀成果，宣传业界精英的加盟等，通过这些介绍，能使公众对酒店印象深刻，认为酒店人才济济，力量雄厚，产品服务可靠，从而产生信赖感。

【同步案例】

案例1：锦江之星，中国经济型酒店行业的首份 CSR 报告出炉

锦江之星发布企业社会责任报告，成为中国经济型酒店行业内第一个发布该报告的企业。在过去15年中，锦江之星在践行企业社会责任方面做出许多有益的尝试，去年至今曾获"中国企业社会责任榜（CSR）优秀实践奖"、"2011～2012年度中国特许经营社会责任奖"。

资料来源：http://www.chinadaily.com.cn/micro-reading/dzh/2012 - 07 - 10/content_6401517.html.

案例2：海南雅居乐莱佛士酒店任命贺博先生为酒店总经理

海南雅居乐莱佛士酒店任命贺博先生为酒店总经理。即将在2013年年初开业的海南雅居乐莱佛士酒店，是继北京饭店莱佛士之后，莱佛士在中国的第二家酒店。

出生于奥地利的贺博先生在德国慕尼黑凯宾斯基四季酒店开始了他的酒店生涯，2005年移居东方。他在亚洲豪华酒店业拥有极为丰富的管理经验。加入海南雅居乐莱佛士酒店前，他曾担任菲律宾宿雾香格里拉水疗度假村总经理一职。在此之前，贺博先生曾效力于吉隆坡香格里拉大酒店。该酒店曾在2011年 Trip Advisor 旅客之选大奖中获得"马来西亚最佳豪华酒

店"的殊荣。在吉隆坡工作期间，贺博先生曾是马来西亚酒店协会理事会的成员，并出任马来西亚酒店协会研究和发展委员会主席一职。

资料来源：http：//info. meadin. com/PictureNews/1541_1. shtml.

4. 宣传酒店企业风格的广告

【同步案例】

案例：宝格丽伦敦酒店　享受极致奢华

位于伦敦市中心最负盛名的骑士桥（Knightbridge）区的宝格丽伦敦奢华酒店于 2012 年 5 月正式开幕，它将成为 40 多年来伦敦新建立的第一家豪华酒店。

宝格丽伦敦奢华酒店以宝格丽的银质金属为主题，秉承英国贵族传统制造工艺，以银制为基调，展现了宝格丽酒店一贯的低调典雅的风格。流线型结构和精致的内饰是由安东尼奥·奇特里奥（Antonio Citterio），帕特里夏维尔 & 合伙人（Patricia Viel & Partners）精心设计的，融合了宝格丽的华丽，秉承了可持续的设计特征及现代技术风格。

宝格丽伦敦酒店拥有 85 间客房及套房，每个房间都极其注重细节，如定制的丝质窗帘的灵感来自一些经典的宝格丽珠宝设计，而床侧的台灯灵感来自于宝格丽的银制烛台。整个酒店和住处的银制主题蔓延到饭店，酒吧有意大利手工制作的精美物件，如舞厅里面两个极好的固体银制宝格丽枝状吊灯，它们产生了一种梦幻般的感觉。

资料来源：http：//info. meadin. com/PictureNews/1541_1. shtml.

（二）响应广告

响应广告强调组织与社会生活的关联性，企业对社会重大事件的关切和自己对这一事件的态度。主要表现有两种：一是对政府的某项措施或者当前社会活动中的某个重大问题，以企业的名义表示响应，即表示支持或反对。表示企业对社会的关心，对政府的支撑，表明企业愿意为社会整体利益做出自己的努力。二是祝贺性广告。某公司成立、周年纪念，以组织或同行的名义刊登广告致意热烈祝贺。这表示愿意携手合作，相互支持，公共繁荣，也可以表示正当竞争，相互促进，这类广告可收到广结良缘的功效。此外，在年节假日，向公众表示祝贺。特别是在一些特殊的节日，如教师节、母亲节、儿童节等，向这些特殊的对象祝贺，也是响应性广告的一部分，同样会收到良好的效果。

1. 响应性广告

【同步案例】

案例：环保是饭店另一张脸

一年节电 120 万度、节水近 6 万吨、节约燃油 30 吨……这些只是京城饭店业中屈指可数的能耗大户——中国大饭店近年来环保节能工作明显成果中的几项。目前，中国大饭店正再接再厉地开展全员参加的 ISO 14001 环境管理体系认证工作，向建设环保型饭店的新目标前进。

由著名的香格里拉酒店集团参与管理的中国大饭店开业 12 年以来，以其高档的硬件设施和强大的综合配套服务能力，圆满地接待了几十个国家元首和政府首脑。每年接待各国部长以上的政府代表团和跨国公司领导人等高级政务、商务客人上百次，承办的大型会议、餐饮、展览、路演等国际商务活动数百场，有"第二国宾馆"之称。但是，超大的饭店规模、特殊的接待规格和频繁的大型活动也使其能耗远远大于其他饭店。如何有效地节约能源、保护环境，取得企业经济效益和社会效益的良性互动，成为大饭店管理者始终追求的目标。为致力于环境的保护和治理，中国大饭店做出了一系列举措并取得了良好的收效。

资料来源：http://www.cqn.com.cn/news/zgzlb/diliu/23388.html.

2. 祝贺性广告

【同步案例】

案例："中国五星级酒店"新贵——青岛万达艾美酒店

2011 年 10 月 9 日，屡获殊荣的青岛万达艾美酒店被中国旅游星级饭店评定委员会正式评定为"中国五星级酒店"。

开业一年多来，青岛万达艾美酒店凭借创意无限的服务以及独树一帜的艾美文化，荣获了十多个来自不同媒体和评奖组织颁发的国际性和地区性奖项。

其中十项重要奖项如下：
- "2010 年度最佳新开业酒店"世界酒店·五洲钻石奖
- "2010 年度青岛首选商务酒店"时尚旅游
- "2010 年度中国十大最受欢迎新开业酒店"第七届中国"金枕头"奖
- "最佳新酒店"新浪尚品 – 2010 酒店魅力排行榜
- "最佳新酒店"中国酒店魅力排行榜 – 香格里拉 + 新周刊
- "2010 中国杰出商务酒店"2010 中国饭店业发展高峰论坛 – 饭店现代化
- "最佳服务酒店"2010 中国旅游行业年会暨旅游服务大奖
- "最佳会奖酒店"2010 新旅行年度高端酒店评选
- "中国十佳旅游度假酒店"2010 中国酒店星光奖
- "中国最佳会议酒店金椅子奖"MICE 商务奖励旅游

资料来源：http://travel.sohu.com/20111115/n325671625.shtml.

3. 节日性广告

【同步案例】

案例：北京柏悦养生菜

北京柏悦酒店为母亲们设计了一系列的美食佳酿，让儿女们在这个温馨的周末为母亲献上最真诚的敬意。

主席台中餐厅是阖家同庆的不二之选，私人贵宾厅的独特设计让客人放松享受，配上主厨精心烹制的爱心料理，体现粤菜"鲜"的真谛，特别推荐川贝海底椰炖螺头和养生极品两大老火靓汤，养颜补身，更有美容养颜的雪蛤莲子羹和冰花莲子炖雪蛤，为母亲节大餐画上最甜蜜的句点。

资料来源：http://travel.163.com/12/0511/06/8173JM8I000641VF_3.html.

（三）创意广告

创意广告主要指以公司的名义率先发起某种社会活动，或者提倡某种有意义的新观念等并以此为主题制作广告。这种广告是用一种新方式引起社会的注意。因为它的主要特点是创新性和号召性，一次具有领导视听的效果，能够在公众心目中留下强烈的印象。如酒店业倡导微笑服务等，都能引起社会的广泛注意和好评，扩大自己的社会影响。

【同步案例】

案例：天津滨海喜来登酒店举办 2012 首届婚庆展

2012 年 4 月 7 日，天津滨海喜来登酒店在五层渤海大宴会厅举办了 2012 年首届婚礼秀。整场婚礼展示会期间，多项精妙创意与高科技运用其中。从时尚雅致的中西式婚宴场地布置展示，到准新人们最为关注的由资深婚礼策划师讲解的如何安排一场完美的婚礼，由震撼十足喜来登酒店品牌宣传片，至令人激动不已的喜达屋酒店集团精选婚礼及目的地介绍；嘉宾互动环节现场气氛高涨，为即将结婚的准新人们奉献了一场魅力十足、美轮美奂的梦幻盛宴。

天津滨海喜来登酒店将为各位新人提供"一站式"婚礼服务，从订婚仪式，结婚喜宴，蜜月出行，宝宝满月都为客人考虑周全。经验丰富的宴会资深服务人员将提供个性化和灵活的定制服务。专属菜单结合现代最新科技保证婚礼的高质量举办，700 平方米无柱式大宴会厅及 8 个多功能厅可承接各式中西婚礼及宴会。2012 年"情定喜来登"系列婚宴从每桌人民币 3 888 元 + 15% 服务费起。

资料来源：http://travel.163.com/12/0511/06/8173JM8I000641VF_3.html.

（四）解释广告

解释性广告是当公众对企业、产品缺乏了解或存在误会时，企业通过解释性宣传，说明情况、澄清事实、消除误会。

【同步案例】

万元月薪招男女公关？ 望海国际大酒店澄清事实

2007 年 4 月 5 日下午，望海国际大酒店希望通过《海南日报》向外界澄清"酒店根本就没有发布招聘男女公关的消息，是不法分子利用酒店进行诈骗"。

据望海国际大酒店大堂工作人员介绍，4月1日以来每天都有人上门应聘男女公关，但酒店内部经过了解后，发现酒店并没有这个招聘活动，而是有人冒充酒店名义行骗。4月3日，又有两名受骗的男子找到酒店，要求退还所交的"押金"，酒店意识到有人冒充酒店名义在行骗，如果不及时制止，会有更多的人上当。为了澄清事实，避免不明真相的人上当，望海国际大酒店拨打了《海南日报》热线。

资料来源：http：//news. 0898. net/2007/04/06/301206. html.

（五）歉意广告

歉意广告是当组织有某种过失或错误时，通过媒介向公众道歉，或以退为进，以谦逊的方式表示组织已获得的进展和进一步的发展。尤其是当组织有某种过失或错误时，如果能及时纠正、整改，并通过媒介将实施措施及效果传播出去，不仅能得到公众的谅解，而且能获得更深的信任。特别是企业经营管理环节多，工作中难免有不到之处，重要的是要敢于向公众承认工作中的失败和错误之处，及时取得公众的谅解，维护或重建企业形象。

【同步案例】

三亚 120 名游客疑似食物中毒事件：涉事酒店致歉

2012 年 8 月 12 日发生在三亚的 120 名游客疑似食物中毒事件引起社会广泛关注。8 月 13 日晚间，涉事的三亚国光豪生度假酒店在其官方微博就此事发文致歉，称酒店会全力配合海南省及三亚市政府职能部门调查，并妥善处理好客人的一切善后事宜。

三亚国光豪生度假酒店在官方微博中称："就 8 月 12 日酒店客人疑似食物中毒事件，酒店深表歉意。截至 8 月 13 日下午 2 点，在院人数约为 120 人。酒店十分重视客人安全问题，自事件发生后就积极采取措施安抚治疗。目前事件原因海南省、三亚市政府职能部门正在调查中，酒店会全力配合并妥善处理好客人的一切善后事宜。"

资料来源：http：//finance. chinanews. com/jk/2012/08 – 13/4104785. shtml.

（六）联姻广告

联姻广告是指酒店和活动主办方合作而联合发布的广告。酒店通过出资或出场地赞助在酒店举办的社会公益性或商业性活动，如产品发布、文艺演出、体育比赛及其他社会活动等来实现自身的宣传，但这些活动本身与酒店产品并无直接关系。比如，具有"新闻发布会举办中心"这一美称的北京香格里拉大饭店，就是善于利用在酒店召开新闻发布会之际搭乘新闻便车，从而有效地宣传了酒店。

酒店公共关系实务

【同步案例】

案例1：中网公开赛发布会在香格里拉饭店举行

华奥星空北京4月18日电（记者保罗）今天下午，2007年中国网球公开赛首次官方新闻发布会在香格里拉饭店举行。在新闻发布会上，中网主办方展示了最近赛事组织和球员邀请工作的成果：目前已有8家国际知名企业成为2007年中国网球公开赛的赞助商。组委会公布，首批报名球员包括澳网亚军冈萨雷斯、"瑞士公主"辛吉斯、比利时名将海宁和ATP球员公会主席柳比西奇。

资料来源：http：//biz. cn. yahoo. com/070418/6/lsmh. html.

案例2：北京瑞吉酒店宾利车启动仪式成功举行

2011年10月18日北京瑞吉酒店与北京外交人员服务局运道汽车服务中心联合举办了"宾利车启动仪式"。此次仪式标志着"宾利车"在北京瑞吉酒店正式启动并投入运营。这是北京瑞吉酒店提升服务档次、扩大品牌影响的又一重大举措。当天启动的这款车——宾利慕尚，是宾利公司特别为北京瑞吉酒店量身定制，在英国克鲁郡宾利车制造场生产加工，车身颜色完全按照瑞吉的品牌颜色喷绘，而车内手工缝制的座椅与车身都印有瑞吉标志。这款宾利慕尚同时也是宾利公司2011年推出的全新旗舰豪华车型。它造型优雅，性能卓越，堪称是先进科技与精湛手工艺相结合的完美典范。北京瑞吉酒店将利用这部宾利车为宾客提供一丝不苟的服务体验，努力成为世界顶级酒店的典范！

资料来源：http：//travel. sohu. com/20111021/n322934709. shtml.

【小资料】

《伊索寓言》里有一则故事叫《风和太阳》，风想和太阳比试谁的本领大，于是它提出看谁能先让过往的行人把衣服脱下来。风首当其冲，先发制人，猛烈地吹起旋风，树都被连根拔起，人们吹得直不起腰，可仍把衣服紧紧地裹在身上。最后，风累得精疲力竭，可是没有人脱下他们的衣服。轮到太阳，它不慌不忙地升到天空，拨开云彩，尽情地给予人们灿烂的阳光，路上的行人热得浑身冒汗，纷纷脱下衣物。

营销专家阿尔－里斯曾经借"广告是风，公共关系是太阳"来比喻广告是暗含强迫的硬性传播，而公共关系则属于软性传播，充满弹性。公共关系的"软性"主要表现在：企业操作的低成本性、操作的灵活性、传播的主动性、影响的深远性等，这些都是硬性广告所不及的，因此公关已经成为一种趋势渗透于企业的营销环节。每一次公关主题都恰似拉动一根橡皮绳，绳的两头都得拉紧，这样才能产生话题张力，但这拉力又不宜太过，否则得不偿失。因此这个"过"与"不过"之间所产生的张力就形成了公关主题的营销边界。

资料来源：http：//club. sohu. com/read_elite. php？b = zunyishi&a = 5407279.

任务二　惹眼的公关广告最重要

【案例导入】

以"殷勤好客香格里拉情"为服务宗旨的香格里拉酒店集团 2012 年在全球推出其全新制作的品牌形象电视广告。广告主题为"至善盛情，源自天性"，创意大胆、风格前卫，传达了香格里拉在过去 40 年里所恪守的独特服务理念，也证明了香格里拉成为亚太地区最佳豪华酒店集团实至名归。这个广告里没有酒店豪华的内装修，没有服务生殷勤待客的笑脸，没有垂涎欲滴的美食，只有在极端的自然环境下，一位濒临绝境的旅行者，一队等待出击的狼群。

广告外景选在白雪皑皑的雪山上，故事中一个迷路的旅行者在寒冷凛冽的暴风雪中步履蹒跚，苦苦寻找一个可以避风取暖歇息的地方，四周是虎视眈眈的狼群，连续两日的跋涉让他体力不支，倒在冰天雪地中，满天飞舞的雪花覆盖在他身上，旅行者身上的热气一点点地在消失，这时狼群围拢到他四周，他闭上眼，等待着死神的降临。时间分秒流逝，当旅行者睁开双眼发现他不在天堂，周围却是紧紧地用身体暖着他的狼群时，他笑意微露，拥狼入怀。广告传达了一个简单而普遍的真理——至善真诚，莫过于对陌生人送上无微不至的关怀。

电视广告推出的同时还有另外两个平面版本的广告，分别展现蓝色海洋中人与海豚嬉戏和一只美丽的天鹅沉浸在神秘奢华世界里的场景，将观众带入一种自然和谐的意境。这些公关广告展现的画面虽各不相同，但却夺人眼目，以感性的诉求引发了消费者的情感，从而树立了良好的企业形象，传递着香格里拉的品牌价值和承诺："至善盛情，源自天性"。

思考：

香格里拉酒店集团 2012 年在全球的品牌形象电视广告是如何打动消费者的？

资料来源：http://www.4aad.com/html/news/world/7528.html.

【知识拓展】

一、制订酒店公关广告宣传计划的要素

一则好的酒店公共关系广告，不论其内容长短，不论其形式繁简，其主要目的就是通过广告宣传，营造突出企业品牌的特色，树立企业独特的市场形象，满足目标消费者的某种需要和偏爱，从而间接促进企业产品的销售。因此，在制订有效的公共关系广告的宣传计划时，一方面明确广告定位，即确定酒店企业或品牌在顾客心目中的位置，要把酒店公关广告产品集中在某一市场位置，使其在特

定的时间、地点，对目标消费者产生影响。广告定位时要考虑企业实力和公众心理两方面因素。

另一方面明确广告主题，广告的主题是广告的思想和灵魂，它是在理解企业目标，认识企业文化特征，分析市场和消费者需求的前提下通过思考、概括和提炼，用简单的语言、文字、画面、声音等表达出来的广告中心思想。广告主题有广告目标、信息个性和消费心理三个基本组成部分。

酒店公关广告能否吸引眼球，取决于有没有鲜明的广告定位和广告主题，而这两者的准确把握和酒店独特的文化性息息相关。酒店是带有很强的文化性特征的企业组织，不同的文化氛围突出了酒店的特点，传递了酒店的信息，提升了酒店品牌的价值，增强了酒店的竞争实力。酒店经营的文化主题和文化气息可以从硬件和软件两方面体现出来，硬件包括建筑物的造型和外环境、外装修，酒店的内部功能布局、装饰设计、灯光运用、饰品风格、色彩图案及款式、CI 设计的视觉效果等；软件涵盖酒店的服务理念、文化理念、服务程序设计、产品及业务设计，服务过程中的文化点缀、服装设计、语言文字的设计、对客服务的设计等都体现出。酒店产品中融入文化因素，可使酒店产品从简单的使用功能升华为一种具有文化附加值的新境界。

二、设计制作酒店公关广告的原则

酒店公关广告宣传的主题内容可以不同，所追求的公关目标可以不同，但在设计制作酒店公关广告应遵循以下原则。

（一）实事求是的原则

实事求是的原则，即公关广告应避免弄虚作假，要真实地、客观地进行公关广告设计、编写与制作，以争取得到更多的社会公众的信赖。

（二）独具风格的原则

独具风格的原则，即应在特定的公关主题下形成组织或企业自己独特的风格，以加深社会公众对本组织或企业的印象。

（三）富于创新的原则

富于创新的原则，即要求公关广告在具体内容、分析角度、运用手法等方面，新颖别致、富于创新意识，以给予社会公众一种清新的活力和奇特的美感。

（四）寻求佳时的原则

寻求佳时的原则，即公关广告必须时机选择得当，否则将导致事倍功半。

（五）避免商迹的原则

避免商迹的原则，即公关广告必须避免与商业广告雷同，应体现出公关活动的特点，应从维护社会公众利益的角度出发，树立组织或企业的形象，以给组织或企业发展带来长期的社会效益。

（六）注重效果的原则

注重效果的原则，即公关广告必须注重效果。这里的效果是指商誉目标的实现、企业或组织自身的发展和社会整体效益的扩大。

三、酒店公关广告策划的基本要求

酒店公关广告在明确广告定位和主题后，要求遵循广告原则来进行广告策划。公关广告的策划应当在调查的基础上深入了解公众的生活实际需求与社会心理需求，尽量有针对性地进行宣传。

首先，要掌握公众对广告可能产生的反应和态度。酒店公关人员通过广告公司实施调查对公众就广告产生的反应、态度做到心中有数，了解公众接受广告的"三性"，即：

1. 被动性。公众接受广告是被动的，很少有人积极关心、主动接受接触到的各类广告。

2. 随意性。公众接受广告是随意的，没有目的性，更不会刻意去了解、分析、记忆广告。

3. 警惕性。公众对广告的态度是有所保留，心存疑虑，不肯轻易相信，全盘接受。

其次，要重视从接受主体自身需求入手，打动公众，吸引公众注意。广告的立意和形式要新颖奇特，从客体的变化上来吸引对方，使人过目不忘。比如威斯汀（WESTIN）酒店的平面广告，威斯汀酒店以它的"天梦之床"享誉业界，也是很多宾客梦寐以求的睡眠体验，这则公关广告传递给公众的是威斯汀最独特的、最与众不同的特色——"床"，以洁白的气球突出宁静飘逸，伴着安适的睡眠、轻柔的梦乡，让人难以释怀。

最后，要通俗易懂，语言浅显，画面简明。传达的情感、观念也要注意与常人接近，不要违反常理、常情，不过分矫饰。丽兹·卡尔顿酒店的公关广告通篇没有提及酒店的产品服务及价格等，没有"重口味"的画面，淡雅清新的色彩营造了大手牵小手下母亲的温情引领和女儿的爱意追随，绿色的气球更是突出了酒店保护自然、关注社会的态度，文字也不在多，寥寥一主题句"LET US STAY WITH YOU（让我们和你在一起）"传递出酒店的理念。

四、酒店公关广告的文体特征

酒店公关广告要捕获公众的"芳心"，在创作时不光需要高品质的画面、图案，传神的文字表达，还要紧密围绕酒店公关广告的文体特征。

（一）隐含公关广告的功利目的

公关广告是公共关系实务活动的一部分，其功利目的与公共关系的总体目标和从事公关活动的组织发展目标紧密相连。公关广告在目标上与商品广告有明显的区别，酒店公关广告是推销企业组织，其主要目标是唤起人们对酒店的注意、兴趣、信赖、好感，创造有利于企业发展的良好的社会环境和人缘气氛，所以公关广告应多是"藏而不露"，通过相对客观、冷静的介绍，逐渐在公众中树立的形象；避免像商品广告的文稿那样千方百计地增强产品或服务的感召力，力求给广告受众以紧迫感，促使广告行为的尽快发生。

（二）强调主题思想的利他性

公共关系的行为规范要求公关广告在"利己性"这一广告规则的大前提下，尽可能体现利他性，以服务于公众为宗旨，体现一种类似"社会福利事业"的精神，而商品广告则在"求实"的行为规范要求下，带有比较强烈的"利己性"倾向。行为规范的差异，导致了公关广告和商品广告在写作过程中主题确立的不同，前者，虽然其终极目的是"利己"的，但体现在广告文稿中的主题思想却是"利他"的；而后者，其最终目的与文稿主旨是完全一致的，文稿主题的确立无须回避"利己性"。

（三）突出结构要素的新闻性

有些公关广告直接是以新闻的面目出现的，如向社会宣传企业取得重大成就、受到表彰的公关广告，企业参与社会福利事业的捐助活动的公关广告，介绍企业新战略、企业法人代表最新重大活动的公关广告，以及以广告形式出现的企业法人代表访问记等，其结构要素都具有明显的新闻特征，例如，《浦江国际开元大酒店志愿者慰问环卫工人》（正文略）、《凯联国际酒店刘华森辞任非执董》（正文略）、《大庆万达喜来登酒店盛大开业》（正文略）均选自 2012 年 7 月的迈点新闻，从标题到实际内容，基本是以通讯的形式出现，是典型的具有新闻要素的公关广告。

五、酒店公关广告的制作程序

通常，公关广告的制作程序遵循以下步骤：

（一）确定主题

制作公关广告时要根据其内容确定主题，明确公关广告的目标。以建立企业信誉为主题的公关广告，其目的在于追求企业的整体形象更好、更美；以公共服务为主题的公关广告，其目的在于扩大企业的知名度，让社会公众相信企业的经济实力和高尚的社会风格；以经济贡献为主题的公关广告，其目的在于加深社会公众对目前经济情况的了解，说明企业经济活动的成就以及对国家、对社会的贡献；以追求特殊事项为主题的公关广告，其目的在于引起广大公众、社会有关人士和新闻机构的兴趣与好感。

（二）选择媒体

公关广告应用的主要媒体是报纸、杂志、广播、电视。选择广告媒体的目的，在于求得最大的经济效益和最好的社会效益，即依据媒体的量与质的价值与广告费用之比，力争少花钱、多办事、办大事，并求得传播信息的最大量和传播效果的最大范围。要根据事实价值的大小选择不同级别的媒体，如果价值高于级别，影响面小，效果不理想，反之会形成无用功，不被媒体选用。

（三）构思写作

公共关系广告的写作需要很高的公共关系技巧。公关广告的结构一般分为三大部分，即标题、正文和结尾。

1. 标题。公关广告对标题的要求是：醒目、通俗、自然、亲切，能吸引人。公关广告标题切忌双关语、文学典故或晦涩文字的出现。

2. 正文。正文是公关广告的主体，广告所要表达的一切意思都寓于正文之中。公关广告对正文的要求是：开门见山、直截了当、具体真实、热情友好、易于记忆、富于魅力。

3. 结尾。更多的公关广告是没有结尾的，只有少数特殊的广告才有结尾。作为公关广告，如果有一个漂亮的结尾，将会使人们回味无穷。

【特别提示】

广告词往往在广告中起到画龙点睛的作用，广告词的创意技巧类型如下：

1. 综合型：所谓综合型就是"同一化"，概括地把企业加以表现。如××服务公司以"您的需求就是我们的追求"为广告词。

2. 暗示型：即不直接坦述，用间接语暗示。例如吉列刀片："赠给你爽快的早晨"。

3. 双关型：一语双关，既道出产品，又别有深意。如一家钟表店以"一表人才，一见钟情"为广告词，深得情侣喜爱。

4. 警告型：以"横断性"词语警告消费者，使其产生意想不到的惊讶。有一则护肤霜的广告词就是："20岁以后一定需要"。

5. 比喻型：以某种情趣为比喻产生亲切感。如牙膏广告词："每天两次，外加约会前一次"。

6. 反语型：利用反语，巧妙地道出产品特色，往往给人印象更加深刻。如牙刷广告词："一毛不拔"；打字广告："不打不相识"。

7. 经济型：强调在时间或金钱方面经济。"飞机的速度，卡车的价格"。如果你要乘飞机，当然会选择这家航空公司。"一倍的效果，一半的价格"，这样的清洁剂当然也会大受欢迎。

8. 感情型：以缠绵轻松的词语，向消费者内心倾诉。有一家咖啡厅以"有空来坐坐"为广告词，虽然只是淡淡的一句，却打动了许多人的心。

9. 韵律型：如诗歌一般的韵律，易读好记。如古井贡酒的广告词："高朋满座喜相逢，酒逢知己古井贡"。

10. 幽默型：用诙谐、幽默的句子做广告，使人们开心地接受产品。如杀虫剂广告："真正的谋杀者"；脚气药水广告："使双脚不再生'气'"；电风扇广告："我的名声是吹出来的"。

资料来源：http：//wenku. baidu. com/view/65d5c3e8856a561252d36ff6. html.

【项目小结】

　　酒店公关信息传播是以企业宣传形象、提升美誉度、消除负面影响为目的，有组织、有计划地实施信息交流的过程。信息传播是酒店公共关系的三大要素之一，是酒店企业与社会公众、消费者、员工相互沟通、相互了解和相互适应的重要桥梁。信息是酒店传递给公众知晓的内容，传播是信息流动的方式。信息的传播离不开媒介，酒店企业通过大众传播媒介和人际传播媒介等向组织外部和内部的受众传递有关组织各方面信息。酒店公关信息传播的方式是多样的，在此重点关注新闻发布、宣传手册、内部刊物和公关广告四类。在新闻发布中，大众媒体扮演着非常重要的角色，所以需要熟悉如何与他们打交道，如何选择媒体，如何撰写新闻稿件以提高"刊发率"。宣传手册和内部刊物都可以看做酒店企业自控媒介，但是两者的受众不同，一个向外，酒店消费者，一个向内，酒店员工，所以需要掌握宣传手册和内部刊物作为公共信息传播方式的特点，其作用和类型，以及创作要求。公关广告主要是企业投入，企业在信息传播过程中有足够的话语权，因此更加强调通过策划，文字、画面的制作来吸引公众，树立企业良好形象。公关广告不同于商品广告，有自身的特点，制作的要求和原则及文体特征等。

【思考题】

1. 酒店公关新闻传播的目的是什么？
2. 酒店公关新闻有效传播的关键是什么？
3. 酒店自控媒体的形式和作用是什么？
4. 公关广告与商品广告的区别是什么？
5. 酒店公关广告要注意哪些文体特征？

【案例分析题】

案例1：喜达屋旗下两家长白山酒店举办慈善活动

长白山万达威斯汀度假酒店及长白山万达喜来登度假酒店为联合国儿童基金会举办爬山比赛及慈善募捐活动。

2012年6月30日，长白山万达威斯汀度假酒店及长白山万达喜来登度假酒店全体员工举办了一场慈善爬山比赛，这次活动是为了向联合国儿童基金会"点点滴滴为儿童"项目筹集善款，让亚太地区的儿童能够接受高质量的教育。

此次登山比赛的路线总长度为4.2公里，出发点设在长白山万达喜来登度假酒店门口，终点设在酒店后面海拔1 300米的果松山山顶。为了激励更多的员工参与，酒店总经理马蒂斯先生宣布了一个挑战规则，在他个人捐款1 000元的基础上，如果有任何一位酒店员工先于他到达终点，马蒂斯先生将捐献100元；如果有两位，捐献200元，以此类推，每增加一位就多捐献100元；如果有10位或以上的员工先于马蒂斯先生到达终点，他将捐献2 500元。比赛于上午8点30分正式开始，经过20多分钟的角逐，两名员工先于马蒂斯先生到达终点，其中的一位来自酒店的安全部门，另一名来自前厅部。

挑战赛结束后，募捐仪式在长白山万达喜来登度假酒店1 240平方米的大宴会厅举行，两家度假酒店的全体员工向联合国儿童基金会总共捐献善款24 160元。仪式结束后，酒店在大宴会厅为员工举办了一个答谢午宴，对他们积极参与这个非常有意义的慈善活动表示感谢，马蒂斯先生在午宴上发表了讲话，他说："全体员工的积极参与表现了喜达屋员工对全世界儿童的关爱，是喜达屋集团核心价值观在员工实际行动上的具体体现。"

资料来源：http://wenku. baidu. com/view/65d5c3e8856a561252d36ff6. html.

分析：运用新闻消息的写作技巧分析上述新闻的标题、导语、正文，并找到5W1H及答案。

案例2：锦江宾馆自控媒体的形象文化CIS导入

企业形象是企业文化积累的结果，企业形象的价值集中体现在文化的价值上。现代企业经营的方向，已从产品力、销售力转向了文化力和形象力。锦江宾馆的形象文化集中体现在CIS的导入上。

首先，锦江宾馆将理念识别系统（MIS）的建立作为企业形象文化建设的突破口，确立了"五星钻石服务"宗旨，要求全馆员工在经营活动中，自始至终贯彻"真情待客，用心服务"的主题理念，将营造亲切、温馨、个性化服务作为对客服务目标，把优质服务视为企业的生命，要求员工牢固树立"馆兴我荣、馆衰我耻"的荣辱观。

其次，将企业理念贯彻于经营管理实践，宾馆十分重视行为识别系统（BIS）的建立。一个有文化底蕴的企业，就像一个有教养的人一样，必然会在自己的言行中表现出自己良好的文化素质，这就是我们常说的行为模式，对企业来说就是BIS。从企业的经营文化、管理文化、公共关系、质量管理，到硬件设施改造、提高产品技术含量、公益性和文化性活动等，都努力贯穿"五星钻石"服务标准，使企业文化与企业行为有机结合。为了实现标准化、制度化管理，尽快与国际酒店运营标准接轨，宾馆邀请馆外专家与馆内专业技术人员一道，编写并由四川科技出版社出版了160余万字的《锦江宾馆管理与服务手册》，这是锦江宾馆几十年经验的总结，更是经营管理的企业宝典。宾馆主办的馆报《锦江风》，自创刊至今已编辑出版214期，在国内旅游系统享有较高声誉。宾馆每年出版的彩色画册《员工心语》，反映员工文化生活和工作成果。宾馆公关、营销、餐饮、客房、前厅等经营部门，在促销活动中，把企业形象的传播贯彻于活动始终，收到极好效果。由公关、营销部门配合销售而定期出版的企业广告宣传画册《春》、《夏》、《秋》、《冬》，将宾馆产品和形象直观形象地传达给公众。

最后，锦江将企业形象视觉识别系统（VIS）全面导入宾馆的所有媒体，对公众形成强烈的视听形象冲击。锦江的徽标、代表色、建筑风格、园林设计、路牌广告、员工工装、客房及餐饮用品、标语口号、馆歌《锦江情》等，无不向人们展示着锦江的形象信息和魅力。锦江宾馆的馆徽、代表色不仅出现在建筑物、路牌广告、馆旗、讲演台上，而且出现在信签、信封、火柴盒、衬衣、领带、名片、扑克牌上。无论是否置身于锦江的服务环境，锦江的视觉识别标志时时处处都在冲击着人们的感觉器官，使人们浸润在锦江美好形象文化的氛围之中。

分析：锦江宾馆自控媒体的特点和形式。

资料来源：http：//cmqfyc.acftu.org/template/10001/file.jsp?aid=2839.

【实训题】

请将下述酒店新闻标题按照酒店新闻素材来源的类型进行分类。

1. "金融城"规划下，可能退出的不仅是老酒店

2. 15年老酒店经营遇困寻"外"援

3. 浦江国际开元大酒店吹响"红色集结号"

4. 浦江国际开元大酒店举行消防演习

5. 浦江国际开元大酒店志愿者慰问环卫工人

6. 居梦莱·酒店经理人俱乐部沙龙走进天津

7. 新世界大酒店引进钢都厨具，打造环保最强音

8. 宾馆玻璃门太亮顾客不小心撞伤，谁来赔

9. 饭店老板经营亏本　改行到老顾客家盗窃

10. 威海市91家星级饭店启动文明餐桌行动

11. 饭店女员工左手卷入了搅面机

12. 专访：十大十强企业依莱雅总经理王艳霞

13. 酒店故事：我的初恋被雅高摧毁

14. 五星级酒店将落户湘西或成当地新地标

15. 豪华精选：奢华酒店的新定义

16. 凯联国际酒店刘华森辞任非执董

17. 大庆万达喜来登酒店盛大开业

18. 小狗酒店"打工"当保安，你说奇不奇

项目四　酒店形象设计与推广

【主要内容】

　　酒店形象是社会公众对酒店这一特殊组织的总体认识和综合评价，它可以成为酒店竞争力的源泉。本项目介绍了酒店形象的含义、构成和特征，主要从操作流程和工具两个方面，重点阐述了酒店形象塑造的前期形象调查、形象定位和 CIS 设计方法，分析了酒店形象推广的内容和方法。

【学习目标】

1. 了解酒店形象的含义、特征和类别
2. 掌握形象调查的步骤
3. 熟悉酒店形象定位的内容和方法
4. 理解酒店形象设计及 CIS 导入
5. 掌握酒店形象推广的内容和方法

【案例导入】

良好形象助飞香格里拉酒店集团

　　从 1971 年新加坡第一间香格里拉酒店开始，香格里拉酒店集团便不断推进国际化进程。如今，以香港为大本营的香格里拉已是亚洲区最大的豪华酒店集团，且被视为世界最佳的酒店管理集团之一，在无数公众和业内的投选中，均获得一致的美誉。其 41 年的发展历史表明，正是良好的形象帮助香格里拉酒店集团实现了腾飞。

　　一、香格里拉酒店集团的理念识别系统

　　理念识别系统（Mind Identity System，MIS）是一套揭示企业目的和主导思想，凝聚员工向心力的价值观念。

　　（一）香格里拉酒店集团的企业文化

　　1. 香格里拉的经营思想：香格里拉热情好客，亲如一家；

　　2. 香格里拉的前景目标：成为客人、同事、股东和经营伙伴的首选；

　　3. 香格里拉的使命宣言：以发自内心的待客之道，创造难以忘怀的美好经历，时刻令客人喜出望外。

（二）香格里拉酒店集团的经营理念

香格里拉酒店集团在经营过程中，以以下八项条款为指导原则，这些内容充分体现了该酒店的经营理念。

1. 我们将在所有关系中表现真诚与体贴；

2. 我们将在每次与顾客接触中尽可能为其提供更多的服务；

3. 我们将保持服务的一致性；

4. 我们确保我们的服务过程能使顾客感到友好，员工感到轻松；

5. 我们希望每一位高层管理人员都尽可能多地与顾客接触；

6. 我们确保决策点就在与顾客接触的现场；

7. 我们将为我们的员工创造一个能使他们个人、事业目标均得以实现的环境；

8. 客人的满意是我们事业的动力。

二、香格里拉酒店集团的行为识别系统

行为识别系统（Behavior Identity System，BIS）是一套企业全体员工对内、对外活动的行为规范和准则，表现为动态的识别形式。具体包括企业制度策划、企业风俗策划和企业员工行为规范。

为将酒店的经营理念通过行为传递给顾客，香格里拉酒店集团制定了《香格里拉酒店制度手册》，对员工入职手续、运作组织、计划安排、职权、财务、营销、培训、食品安全管理、食品质量标准、生命安全程序和餐厅库存等经营过程中的活动在制度上给予规定。

在集团标准化管理的前提下，香格里拉酒店通过提供个性化的服务来实现建立顾客忠诚的目的。该手册规定酒店视员工为重要的资产，通过尊重员工、提供具有竞争力的福利和全方位的培训来保障酒店各项服务的高品质。要求员工从以下五个方面努力来使客人感到愉悦，从而建立顾客忠诚。

1. 关注和认知客人，使客人觉得自己非常重要与特殊，这是建立客人忠诚的关键；

2. 掌握客人的需求，在客人开口之前就提供其需要的服务；

3. 鼓励员工在与客人的接触中，灵活处理突发事件；

4. 迅速有效地解决客人的问题；

5. 酬谢常客制订"金环计划"。

三、香格里拉酒店集团的视觉识别系统

视觉识别系统（Visual Identity System，VIS）是一套将企业理念和行为进行传播的可感知的要素，表现为静态的、具体化的识别符号。视觉识别的基本要素即识别符号，主要包括企业与品牌名称、企业与品牌标志、企业标准字、企业标准色、企业吉祥物等。

香格里拉酒店的标识上，高耸入云的山峰反映在澄清的湖泊上，秉承香格里拉（Shangri-La）优美名称的深切含义，配以融合现代化及亚洲建筑特色的「S」标志，象征以亲切、和谐及自然美的精神为顾客服务的宗旨。

步入香格里拉大酒店，到处充满着可视觉识别的符号，从办公用品、接待用品、人员服饰、交通工具到环境设计、宣传用品、产品包装和广告传播，随处可见香格里拉的企业名称、品牌名称、企业与品牌标志、企业标准字、企业标准色和企业吉祥物。

思考:

1. 酒店形象包括哪些内容?
2. 酒店形象设计工具 CIS 对于酒店形象塑造有什么重要意义?

模块一　酒店形象调研

【能力培养】

1. 了解酒店形象的含义、特征和作用。
2. 理解酒店形象的分类及构成要素。
3. 能够选择合适的调查方法，按照酒店形象调查的步骤，对酒店形象进行调查。
4. 熟练掌握从形象定位测量、形象要素分析和形象差距比较三个方面对酒店形象进行分析。

任务一　酒店形象需要不定期体检

酒店形象具有竞争性和可变性，因此酒店的公共关系人员需要定期或不定期地对自身形象及其变化进行调查和测定，就如同一个人需要做不定期体检一样，以便及时察觉发展趋势、发现问题、寻找差距，明确在酒店形象建设中应努力的方向和改进的着手点。为此，在任务1环节，我们首先做酒店形象概述，了解酒店形象的含义、特征、作用、分类及其构成要素;其次，在此基础上介绍酒店形象调查的定义、内容、程序和方法。

【知识拓展】

一、酒店形象概述

(一) 酒店形象的含义及其构成

一个酒店只要与大众接触，就会在人们心目中留下一定印象，而每个接触点

项目四 酒店形象设计与推广

所留下的印象集合，便形成了酒店形象。在现代社会，一个酒店最大的竞争力不是源于产品或技术，而是酒店形象。形象好的酒店，更能够获得公众的认可和支持，最终实现其经济效益。

1. 酒店形象的含义

酒店形象是社会公众对酒店这一特殊组织的总体认识和综合评价，它是酒店内在精神和外显特征在公众心目中的一种综合反映。所谓"内在精神"是酒店在经营过程中所展现出来的价值取向、道德观念、凝聚力、办事效率等无形的东西，它们构成酒店组织形象的"软件"。所谓"外显特征"是指能依赖人的视觉感官来获取认知和识别的外在印象。它包括酒店的建筑、卫生及环境保护、美化状况，员工的仪表仪态、素质，设施及办公用品中独特的标志和色彩，以及酒店的一切外在包装。是酒店组织形象的"硬件"部分。

【特别提示】

正确理解和把握酒店形象的含义包括三个要点：第一，酒店形象是一种总体评价，是各种具体评价的集合。具体评价形成局部形象，总体评价导致总体形象。第二，酒店形象的确定者是公众，即公众是酒店形象的评定者。第三，酒店形象的好坏取决于酒店的表现。社会公众对酒店的印象和评价不是凭空出现的，也不是公众强加于酒店的，而是酒店的外显特征和表现在社会公众心目中的印象。

2. 酒店形象的构成要素

从酒店形象的定义可以看出其组成要素非常复杂，但我们可以将其分解为三个层次，即理念要素、行为要素和视觉要素（见图 4 - 1）。

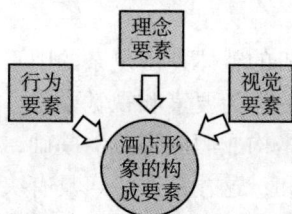

图 4 - 1　酒店形象的构成要素

（1）理念要素。

酒店形象的理念要素主要包括酒店的宗旨、经营战略、道德规范、文化性格、发展方向、经营哲学、进取精神和风险意识等。其中，酒店宗旨和经营哲学是核心，其他要素以此为中心展开。

（2）行为要素。

酒店形象的行为要素由酒店及酒店员工在内部和对外的生产经营及非生产经

营性活动中所表现出来的员工素质、行为特征、企业制度等要素构成，是一套酒店全体员工对内、对外活动的行为规范和准则。

酒店内部行为包括员工招聘、培训、管理、考核及奖惩，各项管理制度的制定和执行，酒店的风俗习惯的。对外行为包括采购、销售、广告、金融、公益性的公共关系活动等。

（3）视觉要素。

酒店形象的视觉要素由酒店的基本标识及其应用标识、建筑及装潢、机器设备等构成的一个识别符号系统。其中，基本标识是指酒店的名称、标志、商标、标准字、标准色；应用标识是指将基本标识要素组合应用的传递媒介，主要包括办公用品、接待用品、人员服饰、交通工具、环境设计、宣传用品、产品包装、广告传播等；建筑及装潢是指外部的酒店建筑本身及其所处地理环境，内部的店铺、橱窗、办公室、车间及其设计和布置。

【特别提示】

酒店形象的三个构成要素是有层次的，理念要素是最深层的、最核心的部分，它决定酒店形象的行为要素和视觉要素。而视觉要素是最外层、最易被识别的部分，它和行为因素都是理念要素的载体。行为要素介于上述二者之间，是理念要素的延伸和载体，又是视觉要素的条件和基础。如果把酒店形象的构成要素比做一个人的话，理念要素好比是他的头脑，行为要素就是其四肢，视觉要素则是其面容和体形。

（二）酒店形象的特征

1. 系统性

酒店形象本身是一个有机的整体，由复杂的因素构成，既有最核心的理念要素，也有作为理念要素延伸的行为要素和视觉要素。这些不同要素形成不同的具体形象，但这些具体形象只是构成酒店形象的基础，完整的酒店形象是各个形象要素所构成的具体形象的总和，这才是对酒店具有决定意义的宝贵财富。

2. 主客观二重性

主观性表现为酒店形象作为社会公众心目中的印象，必然受到公众自身价值观、思维方式、道德标准、审美情趣以及性格差异的影响，因此同一个酒店在不同公众心目中会产生有差别的形象。

客观性是指酒店形象作为一种观念，是人的主观意识，但其所反映的对象的客观的，即酒店形象所赖以形成的物质载体都是客观的，例如酒店建筑物是实实在在的，产品和服务是实实在在的，酒店员工是具体的，酒店的各种活动也是实实在在的。因此，酒店形象作为客观事物的反映，是不以人的意志为转移的，我们不能在虚幻的基础上构建酒店形象。

3. 动态性

由于酒店经营状况、社会公众、信息传播所借助的媒介渠道等决定组织形象的因素是处于发展变化之中，因此酒店形象也是运动，这就是酒店形象动态性的第一层含义。同时，主导形象和辅助形象，以及内部形象和外部形象，它们作为酒店形象的组成部分，其地位也不是固定不变的，而是处于矛盾运动之中，在一定条件下对立面之间能相互转换，这个是酒店形象动态性的第二层含义。

4. 多维性

酒店形象是一个多维体，它可以分解为一系列的子形象，包括组织名称、产品形象、环境形象、业绩形象、社会形象和员工形象等有形的子形象，也包括组织理念、组织声誉、员工素质和行为准则等无形的子形象。

组织各部门的理念、行为和视觉要素都将集中反映一个酒店的形象。酒店公共关系应致力于对酒店整体形象的塑造。

5. 相对稳定性

酒店形象的相对稳定性主要表现为酒店形象一旦形成，便会在一定时间段内保持稳定，在公众心目中产生一种心理定势。

【特别提示】

在当今产品众多、广告泛滥的年代，要在公众心中留下一个印象并不容易；然而，要改变一个组织在公众心中的形象就更难了。酒店形象的这种相对稳定性可能会产生两种结果：其一，酒店因良好形象被维持而受益；其二，酒店因不良形象难以改变而受损。当然形象不是一成不变的，但要改变一种形象总是不容易的。

酒店形象的相对稳定性表明酒店形象的发展变化离不开原来的基础，即酒店形象具有继承性，酒店形象策划过程中任何割裂历史的做法都是非常危险的。

（三）酒店形象的作用

当下，酒店经营日益国际化、多元化和集团化，酒店产品和服务的同质化趋势也不断加强，如何突出自身优势、形成富有特色的核心竞争力是所有酒店面临的一个难题。此时，酒店形象为解决这一难题提供了答案，良好的酒店形象是酒店最重要且无价的宝贵财富。

1. 增强消费者信心

良好的酒店形象就像社会颁布给酒店的一张"信用证"，它可以使消费者对酒店及酒店的产品和服务产生信赖。这种信赖不仅使消费者放心选择、购买和接受该酒店的产品和服务，而且这种信赖之情更具有奇妙的"传导"作用，能为酒店新产品、新服务的推出寻找到潜在的市场。

2. 适应竞争的需要

随着科技的发展和产业结构的改变，特别是市场竞争的国际化、自由化趋势，使得酒店的经营日益国际化、多元化和集团化，酒店产品和服务的同质化趋势也不断加强，顾客对商品的品质要求不断提高，顾客指定品牌购买的比例也将增加。如何凸显自身优势、形成富有特色的核心竞争力成为所有酒店面临的一个难题。在这种情况下，良好组织形象就成了竞争的利器。

3. 形成人和的内部环境

酒店形象是理念与精神文化合一的具体反映，只有全体员工认可和接纳了同样的理念和文化，才能自觉遵守酒店要求的行为准则，酒店形象才能建立起来。良好的酒店形象可以使员工产生归属感、优越感和自豪感。同时可以吸引人才、稳定人才，形成良好的组织气氛和强大的凝聚力，从而使酒店始终保持高昂的士气和旺盛的生命力。

4. 创造适宜的外部经营环境

良好的酒店形象具有强烈的磁力作用，它能够成为酒店带来更多的外部理解和支持。一旦一个酒店在社会公众心中形成了良好的形象，它就会使公众乐意优先选择购买酒店的产品和服务，银行乐意为酒店提供优惠贷款，政府乐意为组织提供优惠的经营条件，甚至保险公司也乐意为它经营作保。同时，良好的酒店形象也有利于酒店提高顾客忠诚度、建立稳定的经营销售渠道。所有这些，都可以为酒店创造一个优于其他酒店的宽松而适宜的外部经营环境。

（四）酒店形象的类别

酒店形象是多层次、多维度的，因此我们可以依据不同的标准对其进行划分。

1. 酒店特殊形象和总体形象

按形象内容的不同，可将酒店形象分为特殊形象和总体形象。酒店特殊形象是某一或少数几个方面给公众留下的印象，或者酒店在某些特殊公众心中形成的形象。如酒店的良好服务使某些顾客形成了酒店"优质服务企业"的形象，酒店的某一次慈善捐款给公众留下了乐于承担社会责任、热心公益事业的形象。特殊形象对酒店很重要，因为社会公众不可能全方位地了解酒店。酒店在他们心中留下的往往就是这种特殊形象，而且某些公众也正是因为酒店在某些方面的独特形象而选择某家酒店的，如歌迷之于演唱会、球迷之于球星等。所以，特殊形象是酒店改善形象的切入点和突破口。

【特别提示】

总体形象就是各种特殊形象的总和，但又不是特殊形象的简单相加，两者是整体和部分的关系。一个比较极端的例子是：某个酒店产品规范，服务合乎要求，员工严格遵章行事；但同时也会有公众批评该酒店产品缺乏特性，服务项目死板，员工做事缺乏变通。对一个酒店而言，就应该努力追求总体形象和特殊形象的统一和谐。

2. 酒店真实形象和虚拟形象

按照形象的真实程度，可将酒店形象分为酒店真实形象和酒店虚拟形象。酒店真实形象是指酒店留给公众的符合酒店实际情况的形象，酒店虚拟形象则是酒店留给公众的不符合酒店实际情况的形象。

酒店虚拟形象形成的原因是多方面的，既有传播过程中的信息传递失真，也可能是公众评价的主观性、偏向性。需要说明的是，真实形象不一定就是好形象，而虚拟形象也未必就是坏形象，例如酒店经营伪劣产品被曝光在公众中形成的不好形象是一个真实形象，而一个骗子在被揭穿之前的公众楷模形象往往是虚拟的。一些酒店也可能通过虚假统计数据而在上级部门和行业组织那里形成了一种好形象，显然，这是一种虚拟形象。对酒店来说，应追求真实的良好形象，避免虚假的、不好的形象。

3. 酒店有形形象和无形形象

按照形象的可见性，可将酒店形象分为酒店有形形象和酒店无形形象。酒店有形形象是指那些可以通过公众的感觉器官直接认知的酒店形象要素，包括产品形象（如产品质量性能、外观、包装、商标、价格等）、建筑物形象、员工精神面貌、实体形象（如市场形象、技术形象、社会形象等），它是通过酒店的经营作风、经营成果、经济效益和社会贡献等形象因素体现出来的。

酒店无形形象则是通过公众的抽象思维和逻辑思维而形成的观念形象，这些形象虽然看不见，但可能更接近酒店形象的本质，是酒店形象的最高层次。对酒店而言，这种无形形象包括酒店的宗旨、经营战略、道德规范、文化性格、发展方向、经营哲学、进取精神和风险意识等。其中，酒店宗旨和经营哲学是核心，其他要素以此为中心展开。这些无形形象往往比有形形象有价值，如对迪拜帆船酒店、香格里拉酒店集团、希尔顿大酒店、四季饭店集团等酒店或酒店集团而言，他们的企业信誉等无形资产比那些独特的建筑、奢华的装潢要重要得多。

4. 酒店期望形象和实际形象

以按形象的现实性为标准，可以把酒店形象分为酒店实际形象和酒店期望形象。酒店期望形象是一个酒店希望在社会公众心目中所建立的组织形象，它是酒店公共关系要实现的目标。实际形象指酒店的实际行为和表现在公众舆论中的投射和反映，是社会公众和社会舆论对酒店的认知和评价，更是酒店公共关系的基础和出发点。

我们也可以把酒店形象划分为内部形象（内部员工对酒店的总体看法）和外部形象（酒店外部公众对酒店的看法和评价）。实际工作中，我们可以根据需要来选择不同的划分标准对酒店形象进行分类。

二、酒店形象调查

（一）酒店形象调查的定义

酒店形象调查是指运用科学、系统的方法，有目的、有计划地对酒店在社会公众心目中的总体认识和综合评价进行的考察。

酒店形象调查的主体是某个酒店的公共关系人员，或该酒店所委托的某公共关系公司。其调查对象是该酒店的公众，以及与该酒店有关的各种机构、媒介和信息网络。其目的是根据不同的需要，了解、收集和分析与该酒店有关的酒店形象信息，为该酒店的组织形象的设计、评估或修正提供决策依据。

（二）酒店形象调查的内容

酒店形象调查包括酒店内部形象调查和酒店外部形象调查两大部分，分别对酒店内部各级员工和外部公众进行考察。

1. 酒店内部形象

酒店内部形象调查是采集酒店内部各级员工对酒店实际形象评价和期望形象要求的有关信息和数据。其调研对象主要包括酒店领导层、中级干部层和一线员工层三级的代表。

酒店内部形象调查的主要内容包括酒店的经营方针、规章制度、决策能力、计划能力、预算能力、信息通畅程度、办公环境、生活环境、生产状况、技术优势、部门间协调能力、财务状况、薪资福利、服务质量、员工关系等，在调查过程中应做到认真倾听、有效沟通，并详细记录各层级代表的评价、看法和建议。

2. 酒店外部形象

酒店外部形象调查组要是采集酒店外部公众对酒店实际形象和期望形象要求的相关信息和数据。

在确定酒店外部形象调查的对象时，应在各外部公众中选择一定数量的代表，这样才能保证调研内容的完整性和客观性。其调查内容主要包括办公环境、技术优势、品牌影响力、产品质量、包装形象、上菜速度、服务态度、专业化水平、客户关系维护、信誉度、价格、销售渠道等，应认真听取、详细记录外部公众的意见和建议。

酒店实际形象的评价时可以采用百分制指标，并通过计算平均值来求得。用平均值的目的，是使得我们能了解组织内部员工和外部公众对酒店的总评评价和综合印象。

（三）酒店形象调查的步骤

1. 确定调查对象

对酒店面临的社会公众进行普查分类，以决定具体的调查对象。确定的原则是要涵盖酒店的利益相关者，这样才能全面地反映酒店形象。

2. 测量酒店形象地位

测量酒店形象地位常用的指标是酒店的知名度和美誉度。知名度表示社会公众对酒店知道和了解的程度。如果某个酒店调查了 1 000 名公众，其中有 200 人知道该酒店，则该酒店的知名度为 $\frac{200}{1\,000} \times 100\% = 20\%$。

美誉度表示社会公众对酒店的赞誉程度，以社会公众对酒店的态度和评价为标准。如果 200 人中有 80 人对酒店表示好感或赞赏，则该酒店的美誉度为 $\frac{80}{200} \times 100\% = 40\%$。

3. 酒店形象要素调查

知名度和美誉度调查，可了解组织形象地位，而要进一步了解这一形象地位的成因，则要对公众进行形象内容要素调查。为了剖析酒店形象地位的成因和公关工作的切入要点，公关人员应当制作酒店形象要素间隔图。具体方法是需运用"语义差别量表法"制作酒店形象要素调查表，以此作为后续分析的工具。酒店形象要素调查表的制作方法是：将对酒店组织形象有较重要影响的要素，如经营方针、办事效率、服务态度、业务水平、管理程序、酒店的规模等，分别用正反相对的形容词来表示好与坏的两个极端，在这两个极端中间设置若干个程度有所差别的中间档次，以便被调查的公众能对每个调查项目均可以分档次地进行评价，如办事效率非常高、相当高、稍微高、中等、稍微低、相当低和非常低，即可得到酒店形象调查表，详见表 4 - 1。

表 4 - 1　　　　　　　　　　　酒店形象要素调查表

调查项目　评价	非常高	相当高	稍微高	中等	稍微低	相当低	非常低	评价　调查项目
经营方针正确								经营方针不正确
办事效率高								办事效率低
服务态度诚恳								服务态度恶劣
业务水平高								业务水平低
管理程序科学								管理程序不科学
酒店的规模大								酒店的规模小

【特别提示】

在实施调查时，酒店工作人员将调查表发给社会公众来填写。填写时，应说明每一个项目只可选择语意之一，多选则调查表作废。

酒店形象的构成要素非常复杂，包括理念要素、行为要素和视觉要素。在设计"酒店形象要素调查表"时，应根据需要从这些要素中选择一部分作为调查指标。也就是说，"表4-1酒店形象要素调查表"中的调查项目不是固定不变的，可以根据酒店形象调查重点的不同而做出调整。

（四）酒店形象调查的方法

酒店形象调查的方法很多，主要包括访谈法、问卷调查法、抽样调查法、观察法和文献法，它们有着各自的适用范围和优缺点。需要提醒的是，在运用过程中应遵循"组合"理念，根据具体情况从中选择一种或多种调查方法。

1. 访谈法

访谈法是指调查者依据事先拟定的调查提纲与调查对象直接交谈，以搜集语言资料的一种口头交流式的调查方法。可以分为个人访谈、集体访谈和深度访谈。

（1）个人访谈。

按照是否有标准化问卷，可以将个人访谈分为结构化访谈和非结构化访谈两种。其中，结构化访谈是指调查者以事先准备好的标准化问卷，按既定的程序，逐项向被调查者进行询问，以获取资料。问卷是标准化访谈的主要工具。

非结构化访谈是指事先不制定统一的问卷和访问程序，仅按照一个粗线条的访问提纲，由访员和被调查者进行自由交谈。

（2）集体访谈。

集体访谈法，是类似于公众座谈会的一种集中收集信息的方法。一般由组织的一名或几名调查员与公众进行座谈，以了解他们的意见和看法。集体访谈法是一种了解情况快、工作效率高、经费投入少的调查方法，但对调查员组织会议能力的要求很高。另外，它也不适应调查某些涉及保密、隐私、敏感性的问题。

（3）深度访谈。

深度访谈法是一种无结构的、直接的、个人的访谈法，是在访谈过程中，由掌握高级访谈技巧的访员对调查对象进行的面对面、一对一的深入访谈，用以揭示对某一问题的潜在动机、信念、态度和感情。

与小组座谈会一样，深层访谈法主要也是用于获取对问题的深层了解和理解的探索性研究。不过，深层访谈法不如小组座谈会使用那么普遍。比如，为发掘目标顾客在某产品所引起的深层动机时，可采用深层访谈法；在此过程中，研究者为消除受访者的自我防卫心理，可以采用各种诸如文字联想法、语句完成法、角色扮演论之类的技巧来对顾客进行访问。

深层访谈法适合于了解复杂、抽象的问题。这类问题往往不是三言两语可以说清楚的，只有通过自由交谈，对所关心的主题深入探讨，才能从中概括出所要了解的信息。

【特别提示】

访谈法注意事项

访谈的实质是一种人际互动的过程，因此在实施过程中应注意以下事项。其一，访谈前的准备工作——拟订提纲，确定核心问题，估计可能出现的问题；其二，访谈中的实施工作——注意给人的第一印象，努力寻找认同点，把握调查的中心问题，善于提问（提问的顺序、语气和方式），应恰到好处地结束访谈；其三，访谈后的整理工作——访谈结束后应立即整理和记录。在访谈时，要遵循以下4条原则。

① 在访谈中，酒店访员要保持中立的态度，不要把自己的意见暗示给被调查者，否则会影响资料的真实性；

② 要把握访谈的方向和主题焦点，防止谈话偏离调查主题，影响访谈效率；

③ 使用的语言要简明扼要，避免晦涩难懂；

④ 根据被调查者的特点，灵活掌握问题的提问方式和口气。

2. 问卷调查法

（1）问卷调查法的含义。

问卷调查法也称"书面调查法"，或称"填表法"，是用书面形式间接搜集研究材料的一种调查手段。通过向调查者发出简明扼要的征询单（表），请示填写对有关问题的意见和建议来间接获得材料和信息的一种方法。

（2）问卷调查法的种类。

按照问卷填答者的不同，可将问卷调查法分为自填式问卷查和代填式问卷调查。其中，按照问卷传递方式的不同，可将自填式问卷调查分为报刊问卷调查、邮政问卷调查和送发问卷调查；按照与被调查者交谈方式的不同，可将代填式问卷调查分为访问问卷调查和电话问卷调查。

（3）各种问卷调查法的优缺点（见表4-2）。

表4-2 各种问卷调查法的优缺点

项目	自填式问卷调查			代填式问卷调查	
	报刊问卷	邮政问卷	送发问卷	访问问卷	电话问卷
调查范围	很广	较广	窄	较窄	可广可窄
调查对象	难控制和选择，代表性差	有一定控制和选择，但回复问卷的代表性难以估计	可控制和选择，但过于集中	可控制和选择，代表性较强	可控制和选择，代表性较强
影响回答的因素	无法了解、控制和判断	难以了解、控制和判断	有一定了解、控制和判断	便于了解、控制和判断	不太好了解、控制和判断
回复率	很低	较低	高	高	较高
回答质量	较高	较高	较低	不稳定	很不稳定
投入人力	较少	较少	较少	多	较多
调查费用	较低	较高	较低	高	较高
调查时间	较长	较长	短	较短	较短

（4）问卷的一般结构。

问卷一般由卷首语、问题与回答方式、编码和其他资料四个部分组成。

① 卷首语，它是问卷调查的自我介绍部分。卷首语的内容应该包括：调查的目的、意义和主要内容，选择被调查者的途径和方法，对被调查者的希望和要求，填写问卷的说明，回复问卷的方式和时间，调查的匿名和保密原则，以及调查者的名称等。

为了能引起被调查者的重视和兴趣，争取他们的合作和支持，卷首语的语气要谦虚、诚恳、平易近人，文字要简明、通俗、有可读性。卷首语一般放在问卷第一页的上面，也可单独作为一封信放在问卷的前面。例如，下面是广州岭南酒店集团品牌形象调查问卷的卷首语：

您好！非常感谢您参与本次问卷调查。我现在正进行一项关于广州岭南酒店集团品牌形象的调查，因此向您了解一些意见和看法。问卷为匿名填写，我向您保证，您填写的资料只用于调查研究，不作他用。请您如实填写，以保证数据的可靠性。谢谢您的耐心与配合！

② 问题和回答方式，它是问卷的主要组成部分，一般包括调查询问的问题、回答问题的方式以及对回答方式的指导和说明等。

③ 编码，就是把问卷中询问的问题和被调查者的回答，全部转变成为A，B，C，…或a，b，c，…代号和数字，以便运用电子计算机对调查问卷进行数据处理。

④ 其他资料，包括问卷名称、被访问者的地址或单位（可以是编号）、访问员姓名、访问开始时间和结束时间、访问完成情况、审核员姓名和审核意见等。这些资料，是对问卷进行审核和分析的重要依据。

此外，有的自填式问卷还有一个结束语。结束语可以是简短的几句话，对被调查者的合作表示真诚感谢。如"为了保证调查结果的准确性，请您如实回答所有问题。您的回答对于我们得出正确的结论很重要，希望能得到您的配合和支持，谢谢！"

【特别提示】

问卷设计注意事项

① 一张问卷上的问题不宜过多（一般小于30个）；
② 问题的措辞应简洁、准确、易懂，不带倾向性、引导性和强制性；
③ 问题的顺序应按问题的类型及其内在逻辑关系来安排，由浅入深，层层深入；
④ 调查表的题目一般应在20分钟内答完为宜；
⑤ 问题简单明了，避免使人反感或戒备的提法。

3. 抽样调查法

抽样调查是一种科学地从调查总体中选取调查样本的方法。总体是指所要调查对象的全部；样本是指从总体中抽取出来的那一部分。采用抽样调查法进行的调查具有调查期短、调查资料准确可靠、节省调查经费等优点，它是目前国际上公认和普遍采用的科学的调查手段。抽样调查法包括简单随机抽样法、系统抽样法、分层抽样法和群体抽样法。

（1）简单随机抽样法。

这是一种最简单的一步抽样法，它是从总体中选择出抽样单位，从总体中抽取的每个可能样本均有同等被抽中的概率。抽样时，处于抽样总体中的抽样单位被编排成 $1 \sim n$ 编码，然后利用随机数码表或专用的计算机程序确定处于 $1 \sim n$ 之间的随机数码，那些在总体中与随机数码吻合的单位便成为随机抽样的样本。

这种抽样方法简单，误差分析较容易，但是需要样本容量较多，适用于各个个体之间差异较小的情况。

（2）系统抽样法。

这种方法又称顺序抽样法，是从随机点开始在总体中按照一定的间隔（即"每隔第几"的方式）抽取样本。此法的优点是抽样样本分布比较好，有好的理论，总体估计值容易计算。

（3）分层抽样法。

它是根据某些特定的特征，将总体分为同质、不相互重叠的若干层，再从各层中独立抽取样本，是一种不等概率抽样。分层抽样利用辅助信息分层，各层内应该同质，各层间差异尽可能大。这样的分层抽样能够提高样本的代表性、总体估计值的精度和抽样方案的效率，抽样的操作、管理比较方便。但是抽样框较复杂，费用较高，误差分析也较为复杂。此法适用于母体复杂、个体之间差异较大、数量较多的情况。

（4）整群抽样法。

整群抽样是先将总体单元分群，可以按照自然分群或按照需要分群，在交通调查中可以按照地理特征进行分群，随机选择群体作为抽样样本，调查样本群中的所有单元。整群抽样样本比较集中，可以降低调查费用。此法优点是组织简单，缺点是样本代表性差。

【特别提示】

在运用抽样调查法时，应根据调查对象的不同，结合酒店的具体情况，考虑不同抽样法的优缺点来选择合适的抽样方法。

4. 观察法

（1）观察法的含义。

观察法是指研究者根据一定的研究目的、研究提纲或观察表，用自己的感官和辅助工具去直接观察被研究对象，从而获得资料的一种方法。科学的观察具有目的性和计划性、系统性和可重复性。常见的观察方法有：核对清单法；级别量表法；记叙性描述。观察一般利用眼睛、耳朵等感觉器官去感知观察对象。由于人的感觉器官具有一定的局限性，观察者往往要借助各种现代化的仪器和手段，如照相机、录音机、显微录像机等来辅助观察。

（2）观察法的种类。

按照观察者是否参与被观察者的活动，可以分为参与观察与非参与观察两种。参与观察法是观察者亲自参与到所观察的活动中，既是观察者又是参与者。非参与观察法是不参与所观察的活动，不以某组织成员的身份出现，仅以观察者的身份出现。

（3）观察法的优缺点。

观察法是科学认识的起点，是最古老、最常用的社会调查法。其优缺点，见表4－3。

表4-3 观察法的优缺点

优 点	缺 点
1. 直观性和可靠性	1. 表面性和偶然性
2. 抗干扰性	2. 受时空条件限制
3. 简便灵活性	3. 主观性干扰
	4. 花费较多

5. 文献法

文献法是调查人员通过查阅各种文献，对媒介传播的有关组织形象或组织发展信息进行调查分析的一种间接的调查方法，包括文献分析法和媒介分析法两类。

文献法也称为印证分析法，具体分为以下四步进行（见表4-4）。

表4-4 文献法的实施步骤

步 骤	操作要点及注意事项
1. 收集文献资料	★其方法有卡片法、剪辑法和电子扫描法，这里所说的文献资料包括有报刊、书籍、会议文件、政府文件、档案材料、产品材料、各种报告、文集以及其他形式的载体
2. 建立文献分类检索系统	★按资料的性质并根据一定的规则，将收集的资料进行分类，以便查找
3. 资料储存	★将资料进行登记、编目、装订和归档。当前，计算机已成为存储资料的主要工具
4. 资料分析	★分析方法有两种：横向分析法和纵向分析法。横向分析法回答，问题产生的因素有哪些？它们之间是什么关系？纵向分析法要回答问题是怎么产生的？什么时候产生的？

任务二 假如你拿到这样一份体检报告

通过酒店形象调查，我们可以得到有关酒店形象地位和形象要素方面的诸多信息。就如同一个人经过体检得到诸如身高、体重、血压、心率、脑电波等指标数值一样。医生需要根据由这些指标数值构成的体检报告来对一个人的健康状况做出判断。同理，酒店作为酒店公共关系的主体，在拿到酒店形象的"体检报告"后，需要进行酒店形象分析。

【知识拓展】

对酒店形象进行分析，通常从形象定位测量、形象要素分析和形象差距比较分析三个方面展开。

一、酒店形象地位测量

组织形象地位图是一个二维度的平面坐标系。横坐标表示知名度，从左到右，最小值为0，最大值为100，值越大代表知名度越高；纵坐标表示美誉度，从下到上，最小值为0，最大值为100，值越大代表美誉度越高，见图4－2。

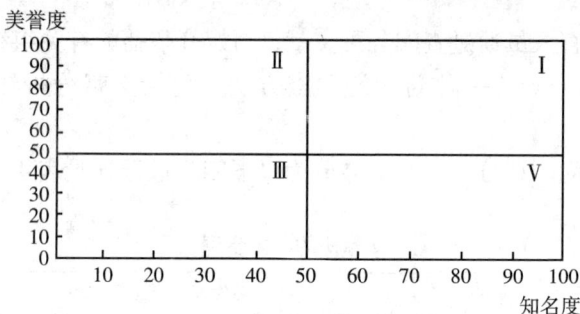

图4－2　酒店形象地位

知名度和美誉度，是同一坐标系中的两个不同的参数，从不同方面确定了形象点的位置，只有同步同向的协调发展，形象"面"的值才能最大，我们可以运用"酒店形象地位图"来对酒店形象地位进行分析。具体运用的方法是：

1. 确定知名度

如果某个酒店调查了1 000名公众，其中有200人知道该酒店，则该酒店的知名度为$\frac{200}{1\ 000} \times 100\% = 20\%$。

2. 确定美誉度

美誉度表示社会公众对酒店的赞誉程度，以社会公众对酒店的态度和评价为标准。如果200人中有80人对酒店表示好感或赞赏，则该酒店的美誉度为$\frac{80}{200} \times 100\% = 40\%$。

3. 标注形象地位点

根据知名度和美誉度的数值，在酒店形象地位图中找到唯一的对应点。使其横坐标为知名度，纵坐标为美誉度。

根据知名度和美誉度数值大小的不同组合，将酒店形象地位图分为四个象限，每象限区代表了不同的酒店形象地位，反映出四类不同的公共关系状态。

Ⅰ象限区表示高知名度、高美誉度。处于该象限地位说明酒店的公共关系处于良好的状态，Ⅰ区是最佳形象区，是酒店公共关系努力的方向。

Ⅱ象限区表示高美誉度、低知名度。说明酒店的公共关系处于"酒香巷子深"状况，但有良好的发展基础，工作重点是维持美誉度不变的前提下大力提高知名度。

Ⅲ象限区表示低美誉度、低知名度。说明酒店形象的状况不佳，公共关系工作甚至需要从零开始。首先，应着重完善自身，争取较高的声誉，其次，在传播方面需保持低姿态，待有了较高的美誉度后，再加大提高知名度的工作。

Ⅴ象限区表示低美誉度、高知名度。说明酒店的公共关系状态处于臭名远扬的恶劣局面。公关工作应先扭转已存在的坏名声，努力提高质量，改善服务，以挽回信誉。

【特别提示】

酒店知名度、美誉度及其相互关系

通过对知名度和美誉度的分析，我们可以概括出了一个酒店的总体形象，可以从以下三个方面来理解知名度和美誉度。

（1）知名度。

知名度指一个酒店被公众知晓的程度，是评价酒店名气大小的客观尺度，侧重于"量"的评价，即酒店对社会公众影响的广度和深度。

（2）美誉度。

美誉度指一个酒店获得公众欢迎、接纳、信任的程度，是评价组织声誉好坏的社会指标，侧重与"质"的评价，即酒店的社会影响的美丑和好坏。

（3）知名度和美誉度的关系。

知名度要以美誉度为客观基础，才能产生正面的积极效果；美誉度需要以一定的知名度为前提条件，才能充分显示其社会价值。

二、酒店形象要素分析

通过对知名度和美誉度的分析，概括出了一个酒店的总体形象，但是它不能告诉我们形成这种形象的原因和具体内容。因此，我们必须对酒店形象的内容进行分析。具体方法是调查中让受访人员对就自己的看法在语义属性的标尺上进行选择、做出评价。调查完毕后，公共关系工作人员对所有有效样本进行统计，计算出各个档次中持某种意见的人在调查总体中所占的比例，并填入如表4-5所示的"酒店形象要素统计表"。

酒店将调查表发给社会公众填写，统计结果如表4－5所示。对这份统计结果进行分析，我们可以发现酒店的形象要素状况是经营方针正确、办事效率平平、服务态度不够诚恳、业务水平低、管理不科学、酒店规模小。这就是导致该酒店知名度和美誉度处于Ⅲ象限区的原因。

表4－5 　　　　　　　　　　酒店形象要素调查统计表 　　　　　　　单位：%

调查项目＼评价	非常高	相当高	稍微高	中等	稍微低	相当低	非常低	评价＼调查项目
经营方针正确		65	25	10				经营方针不正确
办事效率高			25	65	10			办事效率低
服务态度诚恳			15	20	65			服务态度恶劣
业务水平高				20	70	10		业务水平低
管理程序科学						10	90	管理程序不科学
酒店的规模大					25	55	20	酒店的规模小

三、酒店形象差距比较分析

将酒店的自我期望形象与实际形象进行比较，可通过"酒店形象差异图"进行分析，使实际形象与自我期望形象的差距一目了然，这样能使酒店进一步明确两者在构成要素上的差距，为后续的公共关系工作指明突破口和工作重点。

制作酒店形象差距图的具体步骤是：首先，把"酒店形象要素调查统计表"中的各项要素的档次数量化，形成数值标尺，例如，0～10表示非常低；10～20表示相当低；20～30表示比较低；30～40表示中等；40～50表示比较高；50～60表示相当高；60～70表示非常高。

其次，根据"表4－5酒店形象要素调查统计表"的结果，计算公众对每一个语意项的加权平均值，并将各项目的加权平均值标记在各要素数值标尺的相应位置上，用实线连接这些标识点便可得到酒店的实际形象线。

【特别提示】

语意项目加权平均值的计算方法

每一个语意项目的加权平均值的计算公式为：

$$加权平均值 = \frac{\sum（持某一语意的人数 \times 该语意数值的中位数）}{调查总人数}$$

其实，上面公式中的变形为

$$= \sum_{i=1}^{7} 持某一语意的人数百分比 \times 该语意数值的中位数$$

上式中，"持某一语意的人数百分比"可根据"表4-5 酒店形象要素调查统计表"直接得到。我们以该统计表的数据计算各语意的加权平均值如下：

① $0.65 \times 55 + 0.25 \times 45 + 0.1 \times 35 = 35.75 + 11.25 + 3.5 = 50.5$

② $0.25 \times 45 + 0.65 \times 35 + 0.1 \times 25 = 11.25 + 22.75 + 2.5 = 36.5$

③ $0.15 \times 45 + 0.2 \times 35 + 0.65 \times 25 = 6.75 + 7 + 16.25 = 30$

④ $0.2 \times 35 + 0.7 \times 25 + 0.1 \times 15 = 7 + 17.5 + 1.5 = 26$

⑤ $0.1 \times 15 + 0.9 \times 5 = 1.5 + 4.5 = 6$

⑥ $0.25 \times 25 + 0.55 \times 15 + 0.2 \times 5 = 6.25 + 8.25 + 1 = 15.5$

最后，再将酒店自我期望值绘到图中，用虚线把各点连接，便可得到酒店形象差异图，详见图4-3。然后，将此线与酒店的自我期望形象线相比较，即可找出二者的差距。在图中，该酒店除了经营方针一项要素的实际评价（实线）与自我评价（虚线）接近外，其他各项均有相当差距，尤其突出的是服务态度和管理程序。

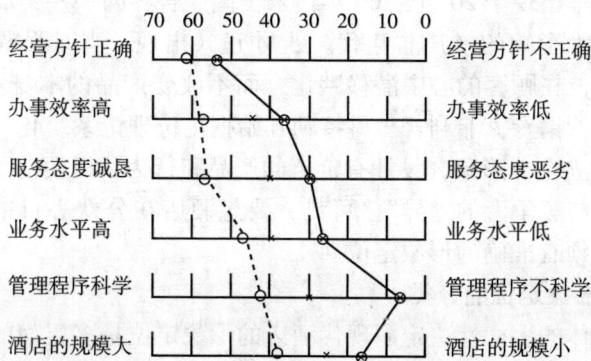

图4-3 酒店形象差异

模块二 酒店形象设计与推广

【能力培养】

1. 了解酒店形象定位的内容和方法。

2. 理解酒店形象设计的步骤及 CIS 导入程序。

3. 掌握酒店形象推广的内容和方法。

4. 能以酒店形象分析的结果为依据开展酒店形象的定位和设计。

5. 能够根据关系对象的不同，制订有针对性的酒店形象推广方案。

任务一　清楚地告诉公众你是谁

通过酒店形象调研，我们可以掌握了酒店形象的现况，这是我们开展酒店形象设计的必要条件。如同要树立个人形象时，首先要清楚地告诉大家你是谁一样。在酒店形象设计中，首要内容是明确本酒店的形象定位。

【知识拓展】

一、酒店形象定位的内涵

（一）酒店形象定位的含义

酒店形象的定位是指酒店根据环境变化的要求、自身实力和竞争形势，选择自己的经营目标及领域、经营理念，为自己设计出一个理想的、独具个性的形象位置。

定位理论最早出现于 20 世纪 60 年代末美国广告界的一些文章里，直到 1972 年在美国具有较大影响的《广告年代》上才正式出现。当时强调通过广告攻心策略，将产品定位在顾客的心中潜移默化，而不改变产品的本身。到 20 世纪 80 年代，美国著名营销专家菲利普·科特勒开始把定位理论系统化、规范化。其认为"定位就是树立企业形象，设计有价值的产品和行为，以便使细分市场的顾客了解和理解企业与竞争者的差异"。可见，要想酒店在公众心目中留下清晰、深刻的印象，就必须有准确的形象定位。

（二）酒店形象定位的分类

公共关系客体的多样性决定了现代酒店的形象定位是多层面的，可以从以下四个方面加以概括。值得说明的是，这样的分类不是绝对的，我们可以运用同样的逻辑进一步细化公共关系的客体，并树立富有针对性的酒店形象定位。

1. 宾客心目中的形象定位

在宾客的心目中，酒店应做到：

——优良的服务水平；

——与硬、软件相符的公平合理的价格；

——服务质量保证体系；

——准确解释和快速解决疑难及投诉；

——服务项目改进与开发的信息反馈；

项目四 酒店形象设计与推广

——增进宾客信任的各项服务措施。

【同步案例】

为在宾客心目中占据独特的位置，哈尔滨香格里拉酒店从下面四个方面予以保障。具体实施时，在遵循相关法律法规的前提下，应努力打造本酒店的个性。

第一，营造高标准的餐饮、住宿、娱乐和休闲环境，在硬件设施和软件服务上同步运作，尽可能提供高品质而又完备的服务设施。

第二，加强现场管理，建立解决宾客投诉的管理制度，及时解决和处理宾客提出的疑难问题。对因服务态度、服务质量引发的投诉，酒店应明确必要的惩罚办法，增加透明度，促使员工服务规范。

第三，建立统一的服务规范，使用酒店礼貌用语，并设立专人负责督察。

第四，强调各部门对外宣传在口径上的统一性，以突出酒店整体形象为目标，实行"全员营销"策略。

2. 媒介公众心目中的形象定位

打造能为酒店生存和发展提供巨大助力的组织形象，不能单纯依靠酒店领导者的人际接触来树立，还必须争取广大公众的了解和赞誉。在这个过程中，获取传播媒介的帮助是酒店形象塑造的一个重要环节。

【特别提示】

酒店不能忽视报纸、广播、会议、电视、网络等"硬广告"的宣传，所策划的"事件"不仅要引起社会的热切关注，还需要与酒店的营销策略和促销活动紧密地结合起来，使传播信息变为无形资产，以此扩大酒店的知名度和美誉度。同时，应尽力避免反面报道和负面影响。对公共危机事件，应迅速采取各种补救措施将影响缩小到最小范围，改变不利局面。同时，举一反三，吸取教训，总结经验。

3. 政府、社会团体和社区公众心目中的形象定位

酒店应努力争取政府、社会团体和所在社区的支持，这不仅有助于获取宽松而和谐的外部环境，也能够以此取得良好的酒店形象宣传效果。

【特别提示】

面对政府这一特殊公众类型，酒店首要是遵循相关的法律法规，并做好及时沟通；对社会团体而言，酒店应追求社会效益，努力和用心承担必要的社会责任；对社区公众而言，酒店应尊重所在社区居民的正当权利，可以从及时沟通、赞助社区活动、分享酒店资源等方面着手。在这些过程中，酒店是在赢得政府、社会团体和社区公众的信任，同时也是在传播和树立酒店组织形象定位。

4. 员工心目中的形象定位

员工是酒店的主体应努力使其感到酒店是自己的企业，是可以信赖和依靠的，并为是其中一员而感到自豪。酒店应有制度严格、规范统一的一面，又要有宾至如归、情感交融的一面，使员工感觉工作有劲头，努力塑造重视人文关怀和员工个人发展的酒店形象。同时，酒店的管理者应有意识地设计和培养适合自己的组织文化，并以此来协调员工的个体差异、促进员工积极向上，形成强大的凝聚力和向心力。

【同步案例】

王府饭店 2004 年有 3 名员工参加了征兵体检，他们都表示特别想去当兵。王府饭店武装部部长杨兴长告诉记者："在员工服兵役的两年期间，饭店将保留员工原有的一切待遇。就是说拿全额工资，包括基本工资和奖金。员工退伍后可继续到单位上班。从 1990 年到现在，我们饭店总共有 25 名员工光荣入伍。"王府饭店所在的东华门地区，今年总共有 16 家宾馆饭店的近 70 名员工报名参加了体检，占东华门街道参加征兵体检总人数的 70%。

王府饭店对员工参军的大力支持，不仅获得了内部员工的理解，增强了酒店的凝聚力。同时，也得到了社会大众和新闻媒体的广泛关注。

资料来源：http：//news. 163. com/41107/1/14J4G22P0001124T. html.

二、酒店形象定位的特征

酒店形象定位具有以下特征，明确这些特征能帮助我们更加清楚地理解和掌握酒店形象定位的内涵。

（一）差异化本质

酒店形象定位的本质是差异化，即为本酒店树立有别于其他同类酒店的组织形象，这种差异体现于酒店形象的各个构成要素，包括理念要素、行为要素或者是视觉要素。这一性质自然就决定了酒店塑造形象的过程和活动必须围绕个性或独特性来开展，并致力于发掘、维护和提升酒店的个性。

（二）以环境分析为依据

酒店形象定位必须以环境分析为依据，环境分析的内容主要包括社会环境分析、酒店实态分析等。社会环境分析主要是对经济发展、技术进步、国家政策、法律规定、社会文化等因素的分析；酒店实态分析，即通过对酒店开展系统性的实态调查，一方面把握酒店自身的实际状态；另一方面把握社会公众对于酒店的期望和要求。

环境分析的过程实际上就是进行大量的、系统的市场调查和形象调查，及对这些调查资料进行整理、归纳、统计的过程。

（三）反映酒店总体发展战略

酒店形象定位是在酒店总体发展战略的基础上制定的，它必须反映酒店总体发展战略的内容，这也是酒店战略管理的客观要求。也就是说，酒店形象定位与酒店的总体发展战略之间是互相联系、互相影响、互为保证的动态关系。

（四）管理职能的发挥和传播活动是实现手段

要实现酒店形象定位的决策意图，必须依赖于酒店的管理和传播活动。一方面，要求酒店在组织的运作和各项社会活动中，应严格以酒店形象定位决策的要求来约束、规范酒店的行为，并对外部公众实施科学的引导和管理。

另一方面，酒店应要把这种具有个性特征的形象运用系统的传播策略和传播手段传递给内外公众，使公众不仅看到、体验到酒店的各种行为和社会活动，同时还能了解到酒店产生这些行为的内在驱动力，感受到酒店的经营思想和企业文化等，从而使酒店确立独特、鲜明和丰满的形象地位。

三、酒店形象定位的三要素

公众具有千奇百怪、千变万化的喜好与要求，又身处不同地区、不同行业，自然会对一个酒店的形象产生不同的看法与评价。因此，酒店在哪方面凸显自身个性便成为树立形象的关键。具体来说，有下面三个要素会影响到酒店形象的定位。

（一）主体个性

主体是指酒店本身，主体个性是指酒店在其品质和价值方式方面的独特风格。更值得思考的是个性特点，比如酒店经营目标定位、理念定位和酒店行为风格等。

【同步案例】

戛纳马丁内斯酒店和雅典娜广场酒店虽同为法国的著名酒店，却都以独特的个性来表现出了不同的酒店形象定位。马丁内斯酒店是以独特的地中海风光、戛纳电影节"零距离"和充足的阳光为其形象定位；雅典娜广场酒店则以厚重的历史背景、保护顾客安全和隐私为其形象定位。这些定位都从不同程度上体现了企业组织目标、组织精神、组织风格的定位。

酒店形象定位必须是酒店所具有的个性，不能夸张，更不能捏造，否则会被公众所遗弃。酒店形象定位不是空泛的，也不是随心所欲的，而是实实在在需要以自身品质、价值方式为其基础和保障。

（二）传达方式

传达方式指的是把主体个性信息有效准确地传递到公众方面的渠道和措施。传达方式主要指营销方式和广告与公关等宣传方式。其直接营销酒店形象定位的传播效果，酒店应根据不同的公众类型来选择合适的宣传方式组合策略。

【同步案例】

王府饭店：劳斯莱斯是我们的眼睛是我们的形象

汽车是一种文化，什么样的文化便有什么样的理念。按名分限量定做的劳斯莱斯，即使有钱也很难买到，个别款式和颜色只有国家元首或皇室贵族才有资格。劳斯莱斯一向"我行我素"的风格很少与潮流共伍，其外形和设计风格甚至是多少年都不变。

王府饭店的运输部经理要春伟先生说："北京王府饭店于 20 世纪 80 年代末一次性购买了两部劳斯莱斯，专为住总统套房的客人准备。无论是政治背景，还是商业背景，这两部劳斯莱斯在王府饭店所起的作用已远远超过了汽车的概念。"

这两部车不会给饭店带来什么直接利润，在更多的方面是一种身份和一种品牌效益，但是这种无形的价值是无法用金钱来衡量的。重要的是这两部劳斯莱斯是我们饭店的眼睛，也是王府饭店的形象，不单是我们爱惜它，许多住在我们酒店的客人也都懂得这两部劳斯莱斯的分量。

资料来源：http：//auto.sina.com.cn/news/11250.shtml.

（三）公众认知

无论是确定主体个性，还是选择有效的传达方式将其传递给社会公众，形象定位完成的标志是公众认知。在产品同质化趋势明显的今天，同一档次的酒店在服务和产品质量上的差距远没有所标榜的那么大。其基本服务的差距更小，但公众认知差距却相当大。因此，酒店在打造形象定位的过程中，应充分认识到"公众认知"的重要性。并以此作为酒店形象定位的出发点和归属点，避免刻意的模仿和闭门造车现象。

【同步案例】

如家快捷酒店以提供标准化、干净、温馨、舒适、贴心的住宿为其核心产品，把成为"大众住宿业的卓越领导者"作为愿景。社会公众，尤其是顾客认为在如家酒店内处处能感受到中华民族宾至如归的"家"文化服务理念和民族品牌形象。

同为快捷酒店的7天连锁酒店同样以住宿服务为其核心产品，这同如家快捷酒店是完全一致的，但其秉承让顾客"天天睡好觉"的愿景，采取直销低价的运行模式，遵循快乐自主的服务理念。身在7天，我们能感受到干净、舒适、快乐的住宿环境和氛围。

四、酒店形象定位的方法

酒店形象定位的方法有很多，主要包括个性张扬、优势表现、公众引导、形象层次和对象分类等定位方法。酒店因其形象定位的不同，采取的方法也各有差异。无论采取何种方法或某些方法的组合，都是为了在公众心目中留下深刻、清晰的组织形象。

（一）个性张扬的定位方法

个性张扬的定位方法主要是指充分表现酒店独特的信仰、精神、目标与价值观等，它既不易被人模仿，又是自我个性的具体表现；既是酒店形象区别于他人的根本点，又是公众认知的辨识点。

【同步案例】

如家快捷酒店以中华民族宾至如归的"家"文化为服务理念，以此来展现其个性特点；7天快捷酒店通过快乐、自主的服务理念来表现其经营哲学。这种个性形象可以是整体性的，也可以是局部性的，如组织的人员个性、产品个性、外观个性、规范个性等。当然，这种个性理应是酒店整体个性的代表和集中体现。

（二）优势表现的定位方法

在"好酒也怕巷子深"的当下，酒店要想在激烈的市场竞争中立于不败之地，除了利用张扬的个性之外，还必须扬其所长、避其所短，还必须重视表现酒店的优势。公众对酒店形象的认识实质上是对其优势的个性形象的认识。酒店给予公众这种优势性形象的定位，才能赢得公众的好感与信赖。因为公众会不同程度地得益于这种形象定位。当然，酒店也同样因这种定位而获得更高的经济效益与社会效益。不同特色的酒店都有不同特色的优势，只要抓住其优势特色进行定位，才能很好地发挥作用。

【同步案例】

如作为较早进入中国内地的酒店管理集团，香格里拉从1984年在杭州开设第一家香格里拉饭店开始，就实行带资管理，也是当时唯一采用此方式的国际酒店管理集团。香格里拉所到之处，都巧妙地将香格里拉酒店"以发自内心的待客之道，创造难以忘怀的美好经历，时刻令客人喜出望外"的使命宣言和"香格里拉热情好客，亲如一家"的经营思想与当地的社会文化环境完美结合，充分体现该酒店卓越的酒店管理水平和服务保障体制。如此，香格里拉酒店方能成为当地的标志性酒店，在内地成功地打造了香格里拉品牌。自2001年起，香格里拉开始"两条腿走路"，输出管理和带资管理齐头并进。

（三）公众引导的定位方法

酒店形象定位的公众引导法，即通过对公众感性上、理性上、感性与理性相结合上的引导来树立酒店形象的定位方法。

感性引导定位方法主要是指组织对其公众采取情感性的引导方法，向公众诉之以情，以求消费者能够和酒店在情感上产生共鸣，进而获得理性上的共识。

【同步案例】

香格里拉酒店"以发自内心的待客之道，创造难以忘怀的美好经历，时刻令客人喜出望外"的使命宣言就是以打动人的情感来树立组织形象的。

理性引导定位法主要指对消费者采取理性说服方式，用客观、真实的组织优点或长处，让顾客自我作出判断进而获得理性的共识。

【同步案例】

四季酒店坚持"以人为本"的一个重要体现就是高度保护客人的隐私权和对每一位客人平等的尊重，这一点在中国，既有观念上的问题，也有运作中的难度。而上海四季酒店在坚持服务理念上却是寸步不让。如该酒店有"不允许媒体进入大堂拍摄客人照片"的规定，贝克汉姆的"辣妹"太太来沪，酒店在门外拉起警戒线，媒体不得超越。这样做正是为了绝对保证店内的环境品位、客人隐私和活动自由。媒体有时颇有怨言，但四季酒店仍坚持原则不动摇。这种理性的引导公众的定位更有利于培养起公众对酒店的信任。

感性与理性相结合的引导定位综合了感性与理性的双重优势，可以做到"情"与"理"的有机结合，在对公众"晓之以理"、"动之以情"的过程中完成形象定位。

【同步案例】

上海四季酒店的个性化服务，其追求极致、代价之大，很难有酒店能承担得起。美国CNBC电视台总裁来沪，酒店马上与上海专业机构联系，购置解码器，专门给CNBC一行的10间客房加上CNBC的频道播放，并精心印制针对性的节目单；丰田公司董事长来，床头放上注有丰田标牌的模型小汽车；三星电子公司的总裁住店，酒店不惜重金把高级套房的其他品牌的等离子电视拆下来，换上最新型号的三星产品；百事可乐的总裁来，房间就全换上百事公司的产品；菲利浦公司总裁下榻，客房里全换上菲利浦公司的照明。这些待遇不只是对老板，就是小孩儿，也一视同仁。得知来客夫妇还带了一个六岁孩子，酒店马上配上小孩儿浴袍、儿童拖鞋和气球等小玩具，加床也符合孩子的身高。可以说，只要有来客信息，四季酒店都事先充分到位。所有这些既是对上海四季酒店"以人为本"这一服务理念的恪守，又带有浓烈的人情味。这样的形象定位，能适应不同消费者心理的多方面需求，更能赢得公众的青睐。

（四）形象层次的定位方法

形象层次定位法是根据酒店形象表现为表层形象与深层形象来进行定位的。表层形象定位是指构成组织形象外部直观部分的定位，比如厂房、设备、环境、厂徽、厂服、厂名、吉祥物、色彩、产品造型等。

【同步案例】

例如香格里拉酒店以中国5000年商业文化的精髓——印章作为标志，体现了作为世界知名酒店的大气和厚重。

深层形象定位主要是根据组织内部的信仰、精神、价值观等企业哲学的本质来进行定位的。例如四季酒店"以人为本"的服务定位即为深层形象定位。

（五）对象分类的定位方法

对象分类定位方法主要是针对内部形象定位和外部形象定位而言。内部形象定位主要指企业家、管理人员、科技人员以及全体员工的管理水平、管理风格的定位。

【同步案例】

如喜来登酒店的"在喜来登小事不小"；昆仑饭店的"深疼、厚爱、严抓、狠管"，都是其管理风格的真实写照。

外部形象定位是指酒店外部的经营决策、经营战略策略、经营方式与方法等方面的特点与风格的定位。

【同步案例】

梁成新总裁将王府饭店现在的服务理念归纳为规范、典雅、传统。所以，当走进饭店时，你会发现当今其他酒店较为流行的服务设施，在王府饭店居然难以寻觅，诸如卡拉 OK 厅、保龄球，甚至连店内背景音乐都一律没有！它追求一种古典、自然、贵族化的环境，你置身于大厅内听到的是潺潺的流水声、进餐时享受的是温馨的现场伴奏，强调所有服务都尽量由人来完成，而刻意避免使用一些高科技自动化设施，显得十分保守和传统。为什么这样？因为王府客户群的消费特征就十分传统，他们习惯总使用一种高档品牌，不喜欢追求时尚，甚至反感，更接受不了那些"小姐"进进出出这样的场所。

资料来源：http：//www. hnchain. com/mall/sdgc/119868. html.

任 务 二 想 做 谁 由 自 己

酒店通过形象定位，为自己设计了一个理想的、独具个性的形象位置。诚然，形象位置需要借助具体的形象要素内容来实现，就像一个人需要凭借语言、行为和仪容来告诉大家他是一个什么样的人一样。具体形象要素内容的确定，可以利用企业 CIS 设计来完成。

【知识拓展】

一、酒店形象设计的含义

酒店形象设计是酒店公共关系策划中的战略策划，具体是指酒店根据实际条件和形象调查，结合酒店的独特性质，对酒店形象战略及具体塑造酒店形象活动进行的整体构思和策划。

我们可以从以下三个方面来正确理解和把握酒店组织形象设计的含义。

1. 酒店形象设计是为酒店形象战略目标服务的，即酒店形象设计应以酒店的形象战略目标为出发点和归宿点。

2. 酒店形象设计是以酒店形象调查为基础的。

3. 酒店形象设计可以分为总体形象设计和具体塑造形象的活动设计两个组成部分。

二、酒店形象设计的步骤

酒店开展形象设计应遵循一定的步骤，具体包括酒店形象调查、确定明确的经营理念、酒店形象定位和形象概念的具体化四步。

（一）酒店形象调查

对酒店形象的调查在本模块一的"任务1 酒店组织形象需要不定期体检"中有详细的介绍。调查的目的在于确定酒店形象现状及存在的问题，明确酒店所追究的形象目标，进而使酒店形象的设计有清晰的目标指向。

（二）经营理念确定

经营理念是酒店形象的核心和灵魂，是酒店形象设计过程中首先要解决的问题，更是后面三个步骤的基础。可以从以下几个方面来明确酒店的经营理念。

1. 彰显个性

酒店只有突出个性，形成自己独特的风格，才能鲜明地同其他酒店在理念上区分开来。

【同步案例】

如7天快捷酒店"快乐、自主的服务理念"，如家快捷酒店所秉承的中华民族宾至如归的"家"文化，都从组织经营理念上实现了与同类酒店的区别。

2. 凸显地域特色

无论是何种形式的酒店总是处在特定的时空下，自然与当地的社会文化和居民发生联系。因此，有必要在酒店组织形象中体现地域特色。如果利用得好，可以取得绝佳的效果。

【同步案例】

西南民族宾馆就是这些方面做得比较好的一个例子，它以它特有的民族建筑赢得了世界各地客人的青睐。它大堂主材为石材，石的坚实凝重，仿佛沉淀的民族文化。为大堂展示其脱俗、高品位的文化气质。由古装饰纹样提取元素的吊灯造型，带来新的视觉享受。立面上以米黄色石材为主，金色及暗红色的装饰带为墙体塑造了很"民族"的装饰语言。柱式由原来的方柱包成圆柱，柱帽与天花接壤部分，留空藏光，无形中抬高柱子的高度，视觉上造成空间抬高、透气的灵动气韵。由于大堂通往二层的步行梯处于主入口左边，且刚好形成一个二层高的小中庭，纵向视觉牵扯每一个宾客的视线，形成大堂一大景点。扶栏由大堂的材料构筑，金色的镂空雕花带来一份华贵的优雅，也统一了整个空间。

3. 高度概括

组织理念应该使用高度概括的语言来表示，这样不仅显得精练简洁，也便于在公众中的传播，不易出现传播中的曲解。

【同步案例】

如四季酒店的"以人为本"、香格里拉酒店的"香格里拉热情好客，亲如一家"，都是用极其精练的文字来展现其经营理念。

（三）明确酒店形象定位

设定形象概念，不仅要依据组织理念，还要找出社会公众心目中对某一行业所应具备的理性特性，明确酒店的形象地位，并与竞争者进行全盘比较，进而确定酒店形象的定位。具体的内容，我们在"任务1　清楚地告诉公众你是谁"中有详细的说明。

（四）酒店形象要素的具体化

酒店形象要素的具体化是将组织理念转化为可用于传播的行为和视觉元素的过程，旨在为后续的公共关系实施工作奠定基础。好的形象概念具体化，能够使人产生共鸣效果，使看过这些元素的人能过目不忘，进而使酒店的组织形象能深入人心。

【同步案例】

西南民族宾馆以多元化形象要素体现"越民族，越国际"

餐厅空间注重民族气息。装饰主材以石头、木质、软包、玻璃等材料组构。色彩以传统的金色、红色、黑色及银色为基调，烘托一个欢愉、热烈的餐饮空间。以彝、藏、羌、傣为主题的四个小餐厅使民族学院特色得以体现，将民族特色和异域风情加以提炼，简化，采用现代环保、科学的材质，以概括的手法体现。彝族是一个古老的民族，以瓦板房为居屋，以木板和石板为主材，屋内筑以火塘为中心，彝族喜用木具，有自己的文字，信奉万物有灵的多神崇拜，是极具代表性的一个民族。空间提取彝族民居木板天花等几个元素，结合现代的装饰手法及风格，让其充满个性。藏族是能歌善舞的一个民族，感情豪放。喜用红、蓝、黄与鲜艳颜色装饰室内及制作服饰，日常用品喜用铜器；而傣族即以吊脚楼为最大的特色。各具特色的空间，为大楼增添一道亮丽的风景线。各空间艺术气氛浓郁，处处体现中华民族文化的意韵。全新的设计理念，富含民族特色的文化内涵，使圣洁的校园增添一处深受艺术熏陶的品位空间，也使酒店空间的主题得以拓宽。正应了"越民族，越国际"的口号。

三、酒店形象设计的工具——CIS

（一）CIS 的含义

CIS 是 Corporate Identity System 的缩写，意思是企业形象识别系统，即企业运用视觉设计和行为展现将企业的理念及特性视觉化、规范化、系统化，并借助各种传播媒介加以扩散，来塑造独特、鲜明的企业形象，使社会公众对企业产生一致的评价和认同，从而增强企业的整体竞争力。

CIS 作为一种在企业的精神、行为和视觉形象上系统地塑造企业形象的方法，是 20 世纪以来，现代管理学、市场营销学、公共关系学、广告学、组织行为学和社会心理学发展成果的综合运用，也是许多企业家经营实践和平面视觉设计师们智慧的结晶。

（二）CIS 的构成

1. CIS 构成三要素

（1）理念识别系统（Mind Identity System，MIS）。

理念识别系统（MIS）是一套揭示企业目标和主导思想，凝聚员工向心力的价值观念。MIS 是 CIS 的核心和基本精神，是企业最高的决策层次，更是 CIS 得以顺利实施的原动力。

企业理念识别系统主要包括：企业使命、企业精神、道德规范、文化性格、发展方向、经营哲学、进取精神、风险态度等。

【同步案例】

如家酒店集团的理念识别系统

如家的目标：成为大众住宿业的卓越领导者！

如家的理念：把我们快乐的微笑、亲切的问候、热情的服务、真心的关爱献给每一位宾客和同事。

如家酒店服务理念：

CONVIENCE 便捷：便捷的交通，使您入住如家从此差旅无忧。

WARMTH 温馨：亲切的问候和照顾，让您仿佛置身温馨的家庭氛围。

COMFORT 舒适：我们在意每一个细节，专业服务为您带来舒适的住宿感受。

VALUE 超值：贴心的价格，高品质的服务，选择如家，超值就是这么简单。

MISSION 使命：为宾客营造干净温馨的"家"。

为员工提供和谐向上的环境

为伙伴搭建互利共赢的平台

为股东创造持续稳定的回报

为社会承担企业公民的责任

从企业核心理念到宣传语——"不同的酒店,一样的家",处处都有着宾至如归的"家"文化的影响。如家酒店不仅将这种文化体现在对待宾客方面,还兼顾企业内部员工、股东、合作伙伴以及对社会的责任,力图达到便捷温馨,这正是如家酒店的企业理念。

(2)行为识别系统(Behaviour Identity System,BIS)。

行为识别系统是企业全体员工对内、对外活动的一套行为规范和准则,表现为动态的识别形式。

行为识别系统的内容比较广泛,从企业活动的内容来看,对内表现为建立完善的组织制度、管理规范、职员教育、行为规范和福利制度;对外则是开拓市场调查、进行产品开发,通过社会公益文化活动、公共关系、营销活动等方式来传达企业理念,以获得社会公众对企业的识别和认知。

【同步案例】

如家酒店集团的行为识别系统

在对内渗透方面,如家酒店集团内部建立了一套完整而详细的管理制度,约束并规范组织和员工的行为。对于服务行业,产品的提供本身是一项比较难以约束的事。对此,其管理团队提出了"像制造业一样生产服务",主要就是强调服务质量的标准化。它需要对每个过程、每一道工序,完全能够进行控制和测量,服务的过程中,服务人员每次与客户接触,说的每一句话、客户每个不同的要求,服务人员会遇到不同的情况,达到这些要求,是很困难的一件事情。但困难并不是不可能克服。如家力求服务的标准化,换个角度,就可以把服务像制造产品一样分解成一个个环节,能够保证按照恒定的质量标准永远重复下去,才是最为成功之处。而且如家拥有遍及全国 100 多个城市的 600 多家连锁酒店,为企业提供全国范围的商旅住宿资源的选择、整合与优化。并为大客户提供价格折扣,还可累积住宿积分,获得更多优惠,如优先预订、延时退房、预定保留等。对外,如家也致力于各种社会公益活动、公共关系、营销等。比如迎接世博,推出多项绿色环保活动;赞助东方卫视全程参与"加油!好男儿!"活动;举办员工运动会、技能比拼大赛等活动;制定反舞弊政策;制定商业行为和道德规范等。如家一直以来都在通过各种行为准则的制定及实践、持续的媒体活动策划,打造充满活力、管理高效、热心公益、注重人文关怀的形象,使品牌在大众中的知名度、美誉度和特色度不断得到提升,树立了良好的动态形象。

(3)视觉识别系统(Visual Identity System,VIS)。

视觉识别系统是企业实践经营理念与创造企业文化的准则,对企业运作方式所作的统一规划而形成的动态识别系统。它是以经营理念为基本出发点，对内是建立完善的组织制度、管理规范、职员教育、行为规范和福利制度；对外则是开拓市场调查、进行产品开发，通过社会公益文化活动、公共关系、营销活动等方式来传达企业理念，以获得社会公众对企业识别认同的形式。

2. MIS、BIS 和 VIS 的相互关系

CIS 的三个组成部分，即 MIS（理念识别系统）、BIS（行为识别系统）、VIS（视觉识别系统），其中核心是 MIS，它是整个 CIS 的最高决策层，给整个系统奠定了理论基础和行为准则，并通过 BIS、VIS 表达出来。所有的行为活动与视觉设计都是围绕着 MIS 这个中心来展开的，成功的 BIS 与 VIS 就是将企业富有个性的独特的精神有效地表达出来。总之，MIS 决定 BIS，并且通过 VIS 来展示，三者共同塑造了企业的独特形象。如果把 CIS 比作一个人的话，那么 MIS 是人的思想，BIS 是人的行为，VIS 则是人的外表。

3. CIS 的延展

现代 CIS 在内容上有了一些延展，具体包括环境识别系统（EI）、店面识别系统（SI）、听觉识别系统（AI）、数字化酒店形象及互联网识别系统（DCI）等几个方面。

（1）环境识别系统（EI）。

酒店一般可根据功能分为前台、大厅、餐饮区、客房区、娱乐休闲区、会议室、管理人员办公室、洽谈室、休息室等，可根据企业自身的条件和特点，将标志、标准字、标准色应用于装饰中，形成统一有效的环境识别特征。

（2）店面识别系统（SI）。

店面识别系统（SI）要与企业 VI 系统协调呼应，店内装饰、门头、主色调都应严格延续 VI 系统，这样才能有效地传达酒店识别系统，增强品牌印象。特别是连锁酒店必须有严格的规范，从门口、大厅甚至过道等都必须有明确的规范，这样才能使众多的连锁形成整体、扩大影响、抢占商机。

（3）听觉识别系统（AI）。

酒店听觉识别系统简称 AI，亦称听觉形象统一化。它是一个通过听觉刺激传达酒店理念、品牌形象的识别系统。听觉刺激在公众头脑中产生的记忆和视觉相比毫不逊色，从理论上看，听觉占人类获取信息量的 11%，是一个非常重要的传播渠道。听觉识别系统包括以下主要内容：酒店音乐定位、酒店主题歌、MIDI 制作、酒店主题歌推广、学唱、歌唱比赛、广告音乐制作、酒店音乐形象视觉化 IV 制作、广告音乐策划等。

（4）数字化酒店形象及互联网识别系统（DCI）。

在信息化时代，酒店之间的差别仅仅通过传统的识别来区分已经明显不适

合，必须在信息化、网络化上增加新的识别体系，数字化识别系统就是其中一项主要内容。具体包括网站建立、网页设计和数字化视觉形象设计等。

（三）CIS 的导入程序

CIS 的导入是一项系统工程，其核心是通过行为识别和视觉识别向社会工作传达酒店的各种理念，进而塑造酒店形象。一般来说，CIS 的导入可以通过进行实态调研、明确形象概念、确定设计内容、培训与宣传、控制五个步骤来完成。

1. 进行实态调研

实态调研主要包括酒店实态调研和环境实态调研，这两种调研也可称为酒店的内部环境调研和外部环境调研。这部分的内容，在"酒店形象调查"环节有明确的说明。

2. 明确形象概念

在这一阶段，应根据实态调研的数据、资料和分析结论，与酒店的高层管理人员进行双向沟通，分析酒店的定位与形象内容，确立 CIS 策划的目的、今后工作的思路和方向以及操作程序等，以此作为下个导入阶段的基础，即确定设计内容的原则和思想。

【特别提示】

明确形象概念阶段的主要工作内容

该阶段的主要内容包括：成立 CIS 委员会、明确 CIS 的目的和导入重点、确定 CIS 的社会定位和市场定位、规定 CIS 策划的执行和评估方法、制定 CIS 策划的操作程序等。

3. 确定形象设计内容

形象内容设计是 CIS 策划的一个难点，在这个阶段需要将前一个阶段所确定的概念和内容转换为行为和视觉形式。这个阶段的设计内容主要包括企业理念识别系统、行为识别系统和视觉识别系统的设计，下面分别就此进行说明。

【特别提示】

形象内容设计的方法

具体的做法是通过头脑风暴、听取专家意见、到已经实施 CIS 的酒店考察、征求员工和社会公众意见等方法，不断地设计、调查、测试，以确定能够表现核心形象概念的行为识别和视觉识别符号。需要注意的是，设计内容一定要具有科学性、规律性和可操作性，而且要被员工所认同。

（1）酒店理念识别系统设计。

企业理念识别系统的主要内容包括酒店使命、价值观和经营思想等，其描述了酒店精神、经营风格和作风、行为准则和道德规范等丰富的内容。

① 酒店使命。

酒店使命是酒店存在的意义，即企业在社会经济活动中所扮演的角色、履行的责任及因此而从事的业务。酒店使命指明酒店的发展方向，也是酒店确定目标的前提。

【特别提示】

酒店使命设计的方法

酒店在确定目标时，可以参考美国管理大师彼得·德鲁克的五个经典问题：我们的企业是干什么的？顾客是谁？我们对顾客的价值是什么？我们的业务是什么？我们的业务应该是什么？这些问题听起来简单，但却是企业必须慎重和全面解答的问题，也是企业确立使命是常用的方法。

② 酒店价值观。

酒店价值观是酒店内部在长期发展中形成的、被全体员工共同认可和自觉遵循的对待客观事物的态度和观念，他可以准确反映全体员工对其工作意义的认识和行为目标的取舍，也可以体现酒店的经营风格和作风，是酒店理念识别系统的基础。

【特别提示】

酒店价值观设计的注意事项

价值观作为一种意识形态，对酒店员工行为有着重大影响，坚定了员工的信念，确立了员工的行为准则和道德规范。需要强调的是，酒店在选择价值观时应遵守以下两个原则：第一，酒店价值观应该放在社会价值观中去考虑和对待，追求酒店价值观不能损害社会整体利益；第二，酒店价值观是从高层决策者到基层员工的全体意志，而不能仅仅局限于高层决策者，只有全体员工形成的共同一致的价值观，才能发挥酒店价值观的真正作用，避免流于表面、形同虚设的弊病。

③ 酒店经营思想。

酒店经营思想是酒店高层领导者的价值观和经营哲学在酒店经营活动中的运用和体现，是酒店经营活动的指导思想和原则，对员工有巨大的导向作用。酒店的经营思想不能只是一个简单的口号，它应该是酒店长期的生产经营实践中形成的文化精髓。通过这些酒店的理念，我们可以发现酒店形象是建立在深层的价值观念基础之上的。如果没有这一点，难以建立良好的酒店形象。

【同步案例】

厦门华夏大酒店理念识别系统

1. 企业精神：华夏是我家，我是华夏人。
2. 价值观念：我与华夏同发展，实现自我；华夏为我创机遇，超越自我。
3. 经营信条：宾客第一，员工第一。顾客永远是对的。
4. 经营准则：设施抓质量，以质取胜；经营重特色，以特引客；服务讲感情，以情动人；环境求优雅，以雅迎宾。
5. 协作格言：只要精神不滑坡，办法总比困难多；只要感情不掉队，谅解终究胜误会。

（2）酒店行为识别系统设计。

在确定酒店理念识别系统后，就要着手把其传递给社会公众，使之了解酒店，产生认同感。在 CIS 中，理念的传递主要有两条途径：一条是静态的视觉识别系统，即 VIS；另一条为动态的行为识别系统，即本节要说明的 BIS。

如果把理念识别系统比做 CIS 中的"想法"，那么行为识别系统就是 CIS 中的"做法"，它使得"想法"在具体的生产经营活动中得以落实和体现。酒店行为识别系统包括可以分为对内和对外两个子系统，具体内容见表 4 - 6。

表 4 - 6　　　　　　　　　　酒店行为识别系统构成

酒店内部行为识别系统	酒店外部行为识别系统
酒店制度 酒店风俗 酒店员工行为规范	市场调研 营销战略 产品开发 促销安排 广告活动 公共关系

① 酒店制度设计。

酒店制度是酒店为了保障生产经营活动的顺利进行而制定的工作秩序和规定，其集中体现了酒店理念对酒店本身和员工行为的要求。

酒店制度的建立，本质是为了实现科学化管理，所以，科学合理是其制定的首要原则。同时，无论酒店制度的内容是什么，归根到底是由人来执行，因此，还要保证酒店制度能充分体现"以人为本"的管理思想，宽严有度、刚柔相济，贯彻"人性化"原则。

表 4 – 7   酒店制度设计的内容

工作制度		责任制度	特殊制度
宏观工作制度	微观工作制度（职能部门工作制度）	领导责任制度 职能部门责任制度 员工岗位制度	特殊制度是指酒店的特色制度，各企业因其历史和文化背景不同，在内容上会有很大的差异； 特殊制度是酒店文化中精神层面的体现，更利于企业形象的塑造； 有代表性的特殊制度有：员工评议制度、领导访问制度、对话制度、领导信箱等
管理体制 领导制度 工会制度 职代会制度 分配制度 奖惩制度 教育培训制度	人事制度　财务制度 计划制度　行政管理制度 生产管理制度 营销管理制度 技术与研发管理制度 设备与物质管理制度		

② 酒店风俗设计。

酒店风俗是酒店长期继承、约定俗成的文化活动，包括节日、习惯、典礼、仪式等，其表现为风俗习惯和风俗活动。各酒店因发展历史的不同而呈现出明显区别，成为不同酒店的显著标志，自然也是酒店行为识别系统的重要内容。

【小资料】

优良的酒店风俗

比武：组织酒店各部门进行劳动技能展示和竞技。

早会：每天早晨全体员工集合，可安排升旗、健身、领导讲话等活动。

月亮节：元旦时员工及其家属的聚会。

生日晚会：每月最后一个周末，当月过生日的员工与公司领导聚会。

设计时，应结合酒店的实际情况，充分体现酒店的经营理念和人文关怀。

③ 酒店员工行为规范设计。

员工是酒店的主体，也是同社会接触最频繁的酒店代表。从现实来看，员工的行为还是表现为不自觉。因此，酒店应确立员工的行为规范和准则，使员工的行为变得自觉和统一。只有如此，才能提高整个企业的运转效率，才能向社会展示酒店风貌，树立良好的酒店形象。

一般来说，员工行为规范的设计内容包括员工行为准则、员工环境设计与要求。员工礼仪规范三个部分，详见表4－8。

表4－8　　　　　　　　　　　员工行为规范的设计内容

员工行为准则	员工环境设计与要求	员工礼仪规范
素质与修养要求 岗位纪律 工作程序	工作环境的设计与维护 环境的安全保障	仪容仪表 商业礼仪

【同步案例】

厦门华夏大酒店行为识别系统

1. 培训立基础

强化员工的教育，狠抓培训工作，要求管理者具备五个方面的素质：讲道德、有才能、会创新、能敬业、守信用。对全体员工要从服务态度、服务水准、技能技巧、文明礼貌等各个方面进行系统的培训。

2. 管理重用人

在人力资源管理和应用上贯彻"能者上，平者让，庸者下"和"奖优罚懒"的方针。

3. 激励扶正气

激励员工，团结一致。对有突出贡献的员工和拾金不昧、助人为乐等好人好事进行表彰奖励。

4. 店歌发号召

谱写店歌（向社会征集，也是一个很好的营销宣传策划活动）。

5. 经营抓特色

贯彻经营准则，突出经营特色。在各种媒体上进行广告宣传活动，发布新闻消息，组织各种展销、促销活动。

6. 公关树形象

开展公关活动，树立企业形象。结合社会热点和各种节假日，举办丰富多彩的社会性活动，增进酒店与客户的情感交流。

（3）酒店视觉识别系统。

酒店视觉识别系统是传递酒店形象信息的静态的识别符号，是酒店形象整体系统中与社会工作联系最为紧密的子系统。其与理念和行为识别相比，具有明显的直观性，是在确定酒店理念的基础之上，设计出直观的、易于交流的识别符号，以便借助各种传播媒介来快速渗透给社会公众，以达到形象识别的目的。

视觉识别系统由基本要素和应用要素构成，并最终形成企业 CI 手册，具体内容详见表 4-9。在该表中，"基本要素"是指企业视觉识别系统的组成要素。"应用要素"是将"基本要素"组合应用的传播媒介。

表 4-9 酒店视觉识别系统设计的内容

基本要素	应用要素
酒店名称	产品及服务
酒店及其品牌标志	实务用品
酒店及其品牌标准字体	办公器具、设备
酒店专用印刷字体	招牌、旗帜、标识牌
酒店标准色	衣服、制服
酒店象征造型、图案	建筑外观、橱柜
酒店宣传标语、口号	交通工具
	包装用品
	广告、传播
	展示、陈列用品

【同步案例】

厦门华夏大酒店视觉识别系统

1. 对华夏大酒店的标志赋予丰富的内涵

华夏标志由英文字母 H 和 X 配合构成，取象于中国传统的民间"同心结"，充分体现了华夏大酒店"客人第一，员工第一"、"以质取胜，以情动人"的经营信条和经营准则，以华夏为圆心，联结酒店与客户，联结酒店与员工。

2. 标识应用

酒店所有办公用品、交通工具、衣着制服、招牌旗帜、餐厅用具等全部采用统一的视觉识别符号，但有一个原则必须遵守：设计要符合美学原理，做到美观大方实用。

3. 标识的规范与改进

酒店的客房、餐厅、会议室、大堂改造装修必须按统一的视觉特色科学地进行。对于一些不统一、不和谐、不美观的设施要逐步改造调整。

4. 实施阶段

CIS 导入的实施阶段即培训与宣传阶段，其重点在于将设计好的识别系统制作成规范化、标准化和可操作的手册和文件，对内进行员工培训，对外宣传、发布 CIS 成果，并建立 CIS 推进小组，对实施 CIS 进行系统化管理，这些是 CIS 方法能否具有执行力，方案能否顺利实施的重要保障。

CIS 实施阶段的详细内容，我们会在"任务三 哪里才是真正属于自己的舞台"中详细说明。

5. 控制

企业形象识别系统的导入是一种事前计划。在实施过程中，需要进行事中和事后计划，即对 CIS 的导入进程和最终效果进行监督、测定和评估。在肯定成绩的同时，总结经验，及时发现问题，继而进行相应的调整和修正，以便完善系统，进行二次导入。

任务三 哪里才是真正属于自己的舞台

酒店企业导入 CIS，不能纯粹地引进形象概念，关键是酒店在日常的运作过程中如何体现形象力，使 CIS 活化为酒店经营中最活跃的生产要素。为此，酒店必须借助一定的手段将 CIS 的各种要素落到实处，实现"广而告之"的目的，使其被酒店内部员工广泛认同，并为社会大众所识别和记忆。如同演员是通过舞台表演来展示自身才艺一样，酒店需要借助于一台由各种传播媒介构筑的适合本酒店实际的"舞台"来进行组织形象的推广。

【知识拓展】

酒店形象的推广即 CIS 的实施阶段，必须要拟订详尽的推广计划，一般可通过对内宣传、对外推广、成立 CIS 推进小组来使崭新的酒店形象能够尽快得到社会公众的认同，完成酒店形象建立的目的。

一、酒店形象对内的宣传

酒店形象的建立是靠全体员工共同努力得到的，因此，对内的宣传是酒店形象推广的第一步。内部员工不仅是酒店形象的传播者，更是酒店形象的缔造者，他们的言行直接影响到酒店的形象。

（一）对内宣传的主要内容

CIS 的对内发表应早于对外发表，应该对酒店内部全体员工进行 CIS 的系统培训和宣传，具体内容见表 4 - 10。

表 4 – 10　　　　　　　　酒店形象对内培训和宣传的内容

酒店形象对内培训和宣传的内容
CIS 的背景知识介绍
各种手册和文件的宣讲
视觉识别系统的基本要素和应用要素的介绍
酒店公共关系及公益活动计划
高层管理人员的沟通和研讨
中层管理人员的集训
员工的礼仪训练

通过对员工的培训和宣传，可以使酒店的理念成为员工共同的价值观，从而规范员工的行为举止，以实现通过其行为来传播和展示酒店理念的目的；同时，还可以让员工统一认识，激发热情，使其接受并自觉执行各项计划，使各项决策真正落到实处，以保障 CIS 导入活动具有较高的执行力。

【特别提示】

酒店前景宣言

告诉员工"酒店的前景如何"是为了让员工明确酒店发展的目标，使员工有努力的方向。让员工了解酒店未来的形象，可以利用《前景宣言》来进行宣传。《前景宣言》主要描述了酒店未来运行的方式以及必须达到的目标。它既能向员工指明前进的方向，不会使大家误入歧途，又可以在士气低落时鼓励员工。

一个强有力《前景宣言》虽不必长篇大论，但必须铿锵有力，直言不讳，富有感染力。其一般包括三个因素：它的焦点在如何运作上，对员工起到指导作用；它包含了可测的目标，可不时检查进度；揭示酒店未来产业变化的趋势与机会，或者可以彻底改变竞争的规则。

（二）对内宣传的方式

美国行为学家卢因曾就组织变革提出了"变革三部曲"，即第一阶段"明确变革的必要性"，在这一阶段主要收集令人不满意的证据，与其他组织进行横向比较，发现自身的差距，认清变革的形势和紧迫感；第二阶段"实施变革的过程"，它要求向员工提供变革的资料，鼓励员工参与变革的拟定和执行，并向员工提供变革的咨询，随时解决变革中的新问题；第三阶段"巩固变革成果"，此时要采取各种方法强化员工的新的价值观念、行为规范及行为方式、并使之持久化。由此可见，要使酒店形象的内部宣传成功，应采用以下三种方式来加强宣传。

1. 注重自上而下的宣传

注重自上而下的宣传是指在对内进行形象推广时，酒店可以采用先对高层主管进行培训，再通过酒店内部的等级结构来向下通知、指派和解释。

例如召开酒店形象宣传大会，由董事长宣讲（前景宣言），再由各职能部门主管具体向本部员工介绍组织理念、行为规范和组织视觉识别，并制成说明书或手册，要求全体员工遵照执行。

2. 强调自下而上的反馈

在酒店形象的对内宣传中，仅靠行政手段的强制传达是远远不够的，还必须运用各种技巧和方法来对员工进行教育、培训，充分发挥全体员工的主观能动性。比如员工意向调查、演讲会、征文竞赛、征求宣传标语等，这些都是自下而上的信息反馈，都可以调动员工的积极性。

3. 深化横向沟通方式

深化横向沟通是指在对内宣传酒店形象时，应充分利用通过酒店内部召开的各种会议来进行。具体来说，可以采用以下几种方式来开展沟通。

首先，召开各部门主管的形象讨论会，会议可以就"如何开拓酒店的未来"等问题进行讨论，在讨论中落实酒店形象的方针计划。

其次，在员工之间可以开展小组活动，让员工们相互讨论酒店形象的问题，我们是一家什么样的酒店，将来的变化如何，酒店对于我的意义，我如何为酒店服务等。通过这些问题的讨论，可以进一步了解酒店，并说明自己应当为酒店做些什么；应当怎样做才能使自己的观念、行为与他人行为和酒店的规范要求协调一致。

另外，还可以利用酒店内的宣传海报、墙报、会报、员工手册、幻灯片等媒体来传递信息，提供 CIS 系统的说明。

【特别提示】

对内宣传应以教育为根本

酒店形象建立的最根本的作用是改革意识、提升内部素质，以此来显示酒店形象的良好内涵，而不是单纯地变更酒店招牌、标志等。正因为如此，酒店形象对内的宣传和教育才显得至关重要，不可或缺。

二、酒店形象对外的推广

在完成酒店形象对内的宣传后，可开始对外的推广活动。为此，我们需要首先明确酒店形象对外推广的定义，并在此基础上选择媒体组合策略。

(一) 酒店形象对外推广的定义

酒店形象的对外推广是指酒店借助新闻发布会、各种传播媒体以及社会公益活动等形式，发布和展示酒店 CIS 策划的各项成果的活动，主要包括理念体系、视觉识别系统以及有关 CIS 的重大活动，使社会公众广泛认知酒店的新形象和新理念。

需要注意的是，对外公布和展示本身就是 CIS 的应用。在对外推广时，尤其应遵守已经确立的酒店投资、赞助的选项原则和媒体选择原则，重视发布效果、内容和形式要与酒店新定位相符。

(二) 酒店形象对外推广的传播类型选择

酒店形象作为社会公众心目中的印象，必然受到公众自身价值观、思维方式、道德标准、审美情趣以及性格差异的影响。因此，在对外推广酒店形象时，必须针对酒店不同的关系对象，选择与之相适应的传播媒体和手段。

1. 人际传播

人际传播是发生在人与人之间的个人传播行为，表现为亲身传播和个体媒介传播两种形式。

（1）亲身传播。

亲身传播是人与人、人与群体之间面对面的直接信息交流，其优点是：信息传播双方交流充分，反馈及时，可以随时根据需要调增交流的内容和情绪；信息交流具有封闭性，能很好地保护双方隐私，易将交流引向深入。缺点是：信息传播的覆盖面小，速度慢，在短时间内很难让更多的公众了解酒店。因此，亲身传播只适用于酒店内部的信息交流，并以此来加强酒店内部人员之间的情感。

（2）个体媒介传播。

个体媒介传播是指传播者与受众之间使用文字媒介（如文字、图片）、电子媒介（如电报、电话、录音录像设备、E-mail 等）进行信心交流的一种形式。随着科技的发展，个体媒介的传播也可以跨越时空的限制，达到亲身传播的效果，比如可视电话、电话会议、即时视频聊天工具的出现。

【小资料】

人际传播的独特魅力

人际传播是人们进行交流和传播信息的一种最普遍、最常用、最直接的传播方式。它对于酒店形象的推广，特别是酒店美誉度、和谐度的建立，具有极大的作用。

第一，美誉度的建立。社会公众认为大量广告是虚假广告，是"王婆在卖瓜、自卖自夸"。因此，消费者常在亲自使用其产品、享受其服务或听信其他客户来判断酒店形象的好坏。

第二，和谐度的建立。人际传播有助于增加公众对酒店的和谐度，其和谐度表现为对其品牌的忠诚度。消费者行为学的研究表明：每个消费者在购买和使用某个品牌的产品或服务后，一般评价很好或很坏、满意或不满意、觉得上当受骗还是觉得合适、受虐待还受善待，都会向他周围的朋友、同事们诉说，传播对这个品牌的评价信息，传播的面比较少，大约9～10个人，也就是我们生活中常说的"口碑"。

实际上，品牌美誉传播不只是两级的，可能是多级的。传播级数的多少，取决于推动这种人际传播的力量大小。顾客对这个酒店品牌评价越高，推动传播的力量就越大。因此，在酒店形象的推广中，要充分重视人际传播所带来的"口碑"效应。

2. 组织传播

组织传播是通过一定的组织形式进行的传播活动，通常表现为以下几种形式。

（1）小组传播。

小组传播是指6～10人之间进行的信息交流活动，如小组讨论会、座谈会等。这种传播形式具有促使某些人接受大多数人的某些思想和信息内容，进而导致趋于一致的看法的舆论压力。但也易于使少数人的观念因受到压制而不能各抒己见，容易形成一种随风倒的现象。因此，在小组传播中应切忌强行和压制，应更多地发扬民主，广开言路。

（2）公众传播。

公众传播是一个人对多数人的传播，如上课、开会、演讲等。这种传播形式是单向的，通常是一方发出信息，另一方接受信息，带有强制性；传播速度快、范围广，一次演讲的听众可能成百上千。

因此，公众传播能迅速及时地将酒店的形象信息传递给一定的社会公众。同时，由于这种形式缺乏反馈，酒店要想了解公众的反应，还需要开展专门的调查活动。

（3）组织媒介传播。

组织传播媒介是指酒店通过一定的传播媒介对酒店内部及外部公众之间进行的信息交流。这种传播本质上也是一种公众传播，它与公众传播的唯一区别在于需要借助一定的媒介。酒店内部媒介传播是指内部上下之间和横向间开展的信息交流，表现为上下之间的纵向信息传播、平衡部门之间的平行信息传播，还有一些交叉式的立体信息传播。所采用的媒体主要包括内部刊物、小册子、年度和季度报表、通告及会议等。

组织外部媒介传播是指酒店同社会各界发生的信息往来，表现为通信信息流和情报信息流。采用的主要媒介是市场调查资料、各种新闻传播媒介、各种报表与报告、各种会议等。

3. 大众传播

大众传播是通过一定的传播媒介向公众进行信息传播的过程。它具有如下的特征：一是以报纸、杂志、广播、电视、书籍、电影等为媒介进行的间接传播；二是受众多、范围广；三是传播速度快；四是无直接反馈。

在现代社会，就酒店形象的推广而言，大众传播是最快捷、最有效的手段。在酒店形象的对外推广中，主要采用广告和形象推广活动这两种大众传播形式。

（1）广告。

大规模的广告战，大大缩短了酒店形象推广的周期。传播媒体为品牌传播提供了超越时空的能量，显示出了人际传播所无法与之比拟的巨大威力。

酒店要利用广告创造酒店形象，必须深入研究各种媒体的特点，进行周密精心的策划。

由于使消费者了解产品、了解组织最好的办法就是广告的传播，因此，酒店不惜以重金去争夺广告段位，为的就是要利用广告传播来推广、宣传酒店产品、酒店形象，让酒店形象能深入人心，融入人们血液中，让其酒店形象之花在广告的传播中越开越艳，越开越久。这正是为什么每年中央电视台黄金广告时段招标活动竞争激烈的主要原因。

（2）形象推广活动。

形象推广活动是由酒店向各种传媒提供真实的信息以便宣传组织的一种方式。具体包括通过庆典活动（开业剪彩、周年纪念、庆功表彰、重要仪式、赞助活动、庆功表彰、举办文化体育竞赛评选活动、开放日、名人示范举措、新闻发布会、制造新闻等）、社区活动、促销活动（展览会、订货会、贸易洽谈会、技术交流会、研讨会等）来有效地提高组织的认知度、美誉度。

4. 传播类型组合策略

无论是人际传播、组织传播还是大众传播，都有其各自的优缺点和适用情景。因此，在选择酒店形象对外推广的传播类型时，应根据不同的关系对象从这三种传播类型中选择一种或多种，即实现传播类型组合策略。只有这样，才能实现传播对象的全覆盖和更大的传播效果。

【同步案例】

书香连锁酒店理念识别系统发布会

2010 年 7 月 22 日下午，苏州创元投资集团酒店板块企业文化 2010 年第二次联席会议在胥城大厦召开，会上发布了书香文化主题连锁酒店的文化理念。

书香文化主题连锁酒店的企业文化顾问刘先明从理念的内容、释义和引经据典三个方面，对书香文化主题连锁酒店的书香愿景——"诗礼之家，书香传世"、书香核心价值观——"明德为馨、知书达理、臻于至善、卓尔不凡"、书香服务理念——"让宾客由欢欣到惊喜"三大文化理念进行了讲解，同时，还讲解了书香文化主题连锁酒店下属三类酒店的品牌定位，即：书香世家会所酒店的品牌定位于"优雅精致　温馨舒适"，书香门第商务酒店的品牌定位于"简约不凡　怡然自得"，书香人家青年旅舍的品牌定位于"自由随性　自在随心"。

资料来源：http://liuxianming.blogchina.com/974637.html.

思考：

1. 书香连锁酒店采取了什么方式来推广其理念识别系统？
2. 书香连锁酒店还可以采取哪些途径来传播其理念识别系统？

三、成立酒店 CIS 推进小组

CIS 的实施是一个全面推进的长期过程，完成了对内培训和对外宣传后，并不意味着 CIS 实施的结束。如果到此截止，就犯了"重设计轻实施、重短期轻长期"的错误。因此，还需要建立专门的组织结构，来保障 CIS 策划的全面实施和持续推进，以达到不断巩固和提升酒店形象的最终目的。

【项目小结】

酒店形象是社会公众对酒店这一特殊组织的总体认识和综合评价，它是酒店内在精神和外显特征在公众心目中的一种综合反映。酒店形象的基本特征包括系统性、主客观二重性、多态性、多维性和相对稳定性。

酒店形象调查是指运用科学、系统的方法，有目的、有计划地对酒店在社会公众心目中的总体认识和综合评价进行的考察，可分为确定调查对象、测量酒店形象定位和酒店形象要素调查三个步骤。

酒店作为酒店公共关系的主体，在对酒店形象调查后，需要进行酒店形象分析。对酒店形象进行分析，通常从形象定位测量、形象要素分析和形象差距比较分析三个方面展开。

酒店形象的定位是指酒店根据环境变化的要求、自身实力和竞争状况，选择自己的经营目标及领域、经营理念，为自己设计出一个理想的、独具个性的形象位置。其基本特征包括差异化本质、以环境分析为依据、反映酒店总体发展战略、管理职能的发挥和传播活动是实现手段。

酒店形象设计是酒店公共关系策划中的战略策划，具体是指酒店根据实际条件和组织形象调查，结合酒店的独特性质，对酒店形象战略及具体塑造酒店形象活动进行的整体构思和策划。CIS 是酒店进行形象设计的一种主要工具，CIS 的导入可以通过进行实态调研、明确形象概念、确定设计内容、培训与宣传、控制五个步骤来完成。

酒店形象的推广即 CIS 的实施阶段，必须要拟订详尽的推广计划，一般可通过对内宣传、对外推广、成立 CIS 推进小组来使崭新的酒店形象能够尽快得到社会公众的认同，完成酒店形象建立的目的。

【思考题】

1. 如何正确理解酒店形象的基本特征和构成要素？
2. 酒店形象调查的步骤有哪些？
3. 如何进行酒店形象分析和形象定位？
4. CIS 系统的主要内容有哪些？各有什么功能？相互之间是什么关系？
5. 酒店形象设计的步骤是什么？

【案例分析题】

基于饭店形象日益弱化这一现状，某饭店决定通过导入 CIS 提升形象。该饭店将这一任务全权委托给某形象设计公司，并要求其在 3 个月内完成任务。该设计公司承接这一业务后，将国内外较为成功的视觉设计进行糅合、拼接，形成一套设计成果交由饭店实施。饭店根据这一设计成果，更换了对外办公用品上的标志、字体、色彩等视觉要素。宾客用品因库存较多，拟用完之后进行逐步更新。最后，该饭店在当地的一家主要报纸上用了整版的篇幅介绍饭店新引进的视觉形象要素。据此，该饭店认为形象强化任务已大功告成。

问题：

请结合导入的基本程序，分析该饭店在导入 CIS 上存在的基本问题，并提出整改对策。

【实训题】

采访一家酒店的公共关系经理或负责人，调查该酒店组织形象的现状，分析该酒店形象的定位、设计方法和形成过程，从中总结其在形象塑造中的优点和缺点，并提出解决的方法，写出报告。

要求：运用所学方法，以小组为单位（自愿组合，原则上每组不超过 5 人）对某一酒店的公共关系经理或负责人进行采访，调查该酒店形象的现状、定位方法和宣传推广情况，分析该酒店在形象塑造中的成功经验和不当之处，并提出解决的方法，写出报告，一周之内完成。

项目五　酒店危机公关

【主要内容】

　　酒店公关危机是危机的一种特殊类型，它受酒店内外部因素的综合影响，会使酒店陷入巨大的社会负面舆论，会对酒店的生存和发展构成严重威胁。公关危机具有突发性、难以预测性、严重性、关注性、复杂性、可变性等特点。酒店公关人员面临随时可能发生的危机时必须采取有效的措施，依据危机公关计划进行预测、监督、控制和协调处理，引导信息传播导向，寻求公众对酒店的谅解，消除危机对酒店的不利影响。这就要求在危机公关的过程中认识危机预防的必要性及基础工作，运用危机处理的原则和程序来化解危机。

【学习目标】

1. 理解酒店公关危机和危机公关的含义
2. 了解酒店公关危机的特点
3. 理解酒店公关危机预防的必要性
4. 掌握酒店危机公关处理的原则及程序

【案例导入】

吉林通化如家酒店火灾 10 人死亡

　　2011 年 5 月 1 日凌晨 3 时 30 分左右，吉林省通化市胜利路如家酒店发生火灾，造成 10 人死亡，数人受伤。

　　如家方面在 5 月 2 日晚间的一份声明中表示："经内部初步排查，起火点并非在如家酒店的租赁经营区域内。"

　　面对这场夺去 10 人生命的火灾事故，如家酒店表示："作为一个负责任的企业，如家将与受灾遇难者家属一起面对，共同承担，全力配合有关部门做好善后工作。"

　　同时，如家酒店集团发布通告称，目前，失火原因及具体责任尚在认定中（该物业由多家企业共同租赁）。集团已决定先划拨人民币 100 万元，成立救灾基金。集团首席运营官宗翔新带领处理小组一行，正在通化配合和协助当地公安、消防等部门进行调查取证工作。

如家酒店集团 CEO 孙坚在微博上表示："面对突发的灾难事件，如家人绝不推诿，更不逃避。我们可以做到敢于面对，勇于承担，积极行动，配合政府尽快解决客人及家人最需解决的问题和困难。"

这样一起死伤众多的大火灾情发生后，不少民众提出了诸多反思和质疑，为何人们没能顺利逃生？如家酒店是否存在逃生通道等方面的问题？对此疑问，媒体联系了如家酒店集团公关宣传部，该负责人表示，由于此次事件已是刑事案件，目前不方便透露更多。

思考：

吉林通化如家酒店火灾发生后，如家酒店是如何实施危机公关的？

资料来源：http：//blog. sina. com. cn/s/blog_8df36a0a01010era. html.

模块一 认识酒店危机公关

【能力培养】

1. 理解酒店公关危机的含义和特点。
2. 理解酒店危机公关的含义。
3. 了解酒店公关危机的形成和发展。
4. 了解酒店公关危机的类型和具体表现。

任务一 亡羊补牢为时未晚

【案例导入】

海口观澜湖酒店顾客泳池内溺亡

2012 年 7 月 31 日下午，海口观澜湖酒店的游泳池发生了一起顾客溺亡事件，一名 45 岁的女顾客在游泳时溺亡。由于对死者的善后事宜协商不妥，8 月 4 日，情绪激动的死者家属开始在酒店"讨说法"。

据死者家属介绍，死者姓崔，今年 45 岁，系海南多家企业的法人代表。7 月 31 日下午，崔女士带着自己 9 岁的儿子以及儿子的玩伴先行入住海口观澜湖酒店，在等待丈夫及朋友的过程中，崔女士带着两个孩子到游泳池游泳。

戏水几十分钟后，小孩要求到泳池较远的另一边划船，随后便只剩崔女士一人在池中戏水。大约二十分钟后，小孩发现崔女士已经面朝下漂浮在池中，便开始大声呼喊，有保安前来将崔女士捞起，但此时崔女士已无生命体征，经过一阵急救后仍无力回天。

"我们对酒店游泳池的管理存在质疑，事发时为何没有救生员在场？但就是这样，酒店方面还坚称自己没有责任，一个顾客在酒店的游泳池内溺水身亡，酒店怎么会没有责任？"死者的亲属张先生说，事情发生后，死者亲属便开始和酒店方面交涉如何处理此事，但酒店方面态度消极，甚至直接宣称自己没有责任，这让死者家属很难接受。

8月4日，部分情绪激动的死者家属开始在酒店大堂附近"讨说法"，身着孝服祭奠死者。

思考：
1. 海口观澜湖酒店面临怎样的危机？
2. 海口观澜湖酒店在顾客溺亡后为什么会如此被动？
资料来源：http://news.xinhuanet.com/politics/2012-08/05/c_123531278.html.

"亡羊补牢未为晚矣"是众所周知的一个故事，它告诉我们，不好的事情发生以后，尤其在性命攸关、生死存亡的关键时刻，如果赶紧去补救，才能有挽回的机会。

"危机"正是蕴含着这样一个变化的过程，危中有机，机存于危。美国企业家鲍勃·史岱文森说："每一次危机的本身，既包含了导致失败的根源，同时又孕育着成功的种子。"

但是，即便危机意味着机遇，预示着转折，危机的来临给个人和组织带来更多的却是坏消息，各种人为事故、自然灾害、经济衰退、政府禁令、媒体曝光等危机事件处理得不好，对于个人和组织来说都是灾难性的。

酒店作为以营利为目的的商业组织，在经营过程中也总会危机四伏。危机如影随形，不期而至，所有的酒店面临的不再是"危机会不会发生"，而是"何时发生"、"以何种面目发生"、"影响有多大"、"如何化解"等问题。

【知识拓展】

一、危机是什么

（一）按照中国《辞海》的解释，"危机"有三个释义：
一是指潜伏的祸机，如危机四伏；
二是指生死成败的紧要关头，如战争危机、信任危机等；
三是专指经济危机。

（二）根据《哈佛商业评论》给出的定义，"危机是这样一种紧急状态，必须采取必要的、重大的、非同寻常的干预手段来阻止或修复将造成的巨大损害。"危机事件是社会生活中一类事前难以预测、作用范围广泛且对社会造成严重威胁和危害的公共事件，具有突发性、公共性、严重性、危害性、复杂性。

（三）依据世界旅游组织的定义，危机为影响旅游者对一个目的地的信心和扰乱继续正常经营的非预期性事件。

（四）对社会组织而言，危机是指由于外部条件或自身某种行为，导致组织环境恶化，危及社会组织正常生存和发展的突发性恶性事件。

二、酒店公关危机含义及特点

危机的类型有很多，在酒店公共关系中，酒店公关危机是一种危机的特殊类型，它是指酒店在经营过程中，由于外部和内部因素的影响，使酒店陷入强大的社会负面舆论的包围，导致酒店在公众心目中的形象和信誉下降或严重受损，阻碍酒店的正常经营活动，甚至对酒店的生存和发展构成威胁的突发性事件。

一般来讲，酒店公共关系危机具有以下六方面的特点（见图5-1）：

突发性　难以预测性　严重性　高关注性　处理复杂性　可变性

图5-1　酒店公关危机的特点

（一）突发性

酒店公关危机的发生不是规律的，有章可循的，而是一种突发性的事件，大多是在企业没有丝毫觉察或预先准备的情况下突然发生的，危机在何时何地发生、以怎样的形态发生等都带有很大的偶然性，酒店很难提前作出预测。危机的突然发生往往让人们既感到意外、吃惊，又感到恐惧、害怕，并给酒店带来一定程度的混乱。如2003年春夏之交的SARS（非典）爆发和传播，2012年5月吉林通化如家酒店火灾等都具有这一鲜明特点。

（二）难以预测性

难以预测性又称为潜伏性，是指酒店公关危机酝酿和暴发的过程中所包含的众多未知因素往往潜伏着，看不见摸不着，在正常情况下难以预料，特别是那些来自酒店外部的因素所造成的危机，企业常常会始料不及，而且难以抗拒，即使在科学发达的社会也不可能清晰预知可能突发的"灾祸"的规模及其发生的准确的时间，比如，2004年印度洋海啸、2008年汶川大地震、2010年日本大海啸等。因此，公关危机具有难以预测的特点。

（三）严重性

危机不仅会给酒店组织的经济利益和声誉造成不利的影响，破坏组织的正常运转或生产经营秩序，带来严重的形象危机和巨大的经济损失，而且会给社会造成严重的危害，给社会公众带来恐慌，有时还会给社会带来直接的物质损失，或造成不可逆转的破坏。例如，2009年2月9日晚，央视新台址园区在建酒店发生特大火灾事故，造成直接经济损失1.6亿元。2012年4月23日晚香港北角海逸君绰酒店发生火灾事故后，酒店迟迟未出面对住客表示歉意并应对媒体的质询，导致大量的住客不满并向媒体"吐槽"，使酒店形象受到极大影响。

（四）高关注性

公关危机由于有媒体、公众的介入而凸显出高关注性。在传媒十分发达的今天，任何一个酒店的危机事件都会成为社会舆论关注的焦点和热点，成为新闻传播媒介捕捉的最佳新闻素材和报道线索，一般危机处理不当会继而转变为公关危机，而新闻媒介传播的力量是巨大的，一旦造成影响是很难挽回的。正如有危机专家指出，每一起意外事件不尽相同，应变态度也颇见差异，但有一件事是相同的，就是悲剧发生时，媒体和大众的注意力一定集中在出事的公司。

（五）处理复杂性

公关危机的处理具有比较显著的复杂性特点。危机在预防和发生过程中，对于危机的预测、处理、协调和控制都有复杂的程序要求，这意味着酒店化解公关危机要涉及比平时更多的人力，投入比正常情况下更大量的钱财和物资。通常，如果一个企业发生灾难事件，还出现人员伤亡，危机处理所涉及的单位、部门可能多至几十个。

（六）可变性

公关危机带有可变性，在危机发生的过程中，危机事件是不规则的，表现为每一次危机事件产生的原因、表现的形式、事件的范围、影响的层次、损失的程度都不尽相同，酒店对危机的防范和处理在各个阶段也不是固定不变的。如果酒店能够加强监测，积极预防，危机的规模是可以由大变小的，危害性是可以由强变弱的。

三、酒店危机公关的含义

（一）酒店危机公关化解危机

酒店公关危机会导致酒店与公众关系迅速恶化，企业的正常业务受到影响，生存和发展受到威胁，企业的形象遭到损害，处于高知名度、低美誉度的地位。对于酒店企业而言，面临公关危机事件，如果不能及时采取有效措施进行处理，则可能给企业带来极大的损失。正如英特尔公司前总裁安德鲁·格罗夫说：优秀的企业安度危机，平庸的企业在危机中消亡，只有伟大的企业在危机中发展自己。那么，如何及时妥善地处理公关危机？如何转危为安，化危为机呢？

公关危机的解决需要危机公关。公共关系在帮助处理危机方面发挥了巨大作用，公共关系不会把糟糕的情况说成好的，但它却能使好事变得更好，坏事听起来不再那么糟。例如一家餐馆的员工利用急救法挽救了一位食物噎住的客人，酒店向媒体提供这名雇员的资料，好事变得更好。酒店发生不利于名声的坏事，如厨房起火或自杀事件，经过加工整理的新闻报道可能会刻意忽略或隐去酒店的名字，不把它登在报纸新闻标题或头版显著位置。通过危机公关，酒店企业可以将危机的不利影响降至最低程度，乃至将不利影响转化为有利影响。

（二）酒店危机公关的含义

酒店危机公关指灾难或危机中的酒店公共关系管理活动，是酒店公关人员在危机意识或危机观念的引导下，依据危机管理计划，对发生的危机事件进行预测、监督、控制、协调和处理的全过程。

酒店危机公关是公共关系在危机中的开发和应用，当危机或灾难发生前，需要酒店通过媒体和公众收集信息，制订计划方案对危机予以预测和防范；当危机或灾难发生时，需要酒店保持公共关系的畅通，从不同的方面予以调查和解决；在危机或灾难发生后，需要酒店快速地利用公关手段，引导危机时期的信息传播导向，寻求公众对组织的谅解，消除不良影响，这个过程中包括管理活动和传播活动的相互结合。

【特别提示】

危机公关并不是常规的公共关系工作，它只是在酒店发生危机事件时才存在。同时，危机公关是酒店公共关系工作的主要内容，在酒店的经营发展道路上，危机事件的出现是难以难免的，特别是在信息知识"爆炸"、社会变动复杂、企业竞争激烈的现代社会，危机事件出现的可能性和严重性大大增加，所以，及时控制、降低或清除危机事件的不良影响，应是每一个酒店公关人员必须认真对待的重大问题。

任务二　冰冻三尺非一日之寒

【案例导入】

如家酒店频现安全卫生隐患　一季度巨亏超1亿

据中国网2012年5月22日报道，如家发布了一季度财报，数据显示，一季度净亏损超 1 亿元。

作为中国酒店业海外上市第一股，如家近来麻烦不断。先是深陷"毛巾门"，后有消费者投诉如家客房屡现绿豆蝇，近日，吉林通化店失火一事又遭曝光。在诸多不利消息的影响下，如家日前发布的一季度财报显示净亏损约 1.032 亿元，而上年同期净利润约为 3 252 万元。

谈及亏损原因，有业界专家认为，成本上升、入住率和房价双双下降是如家酒店利润下滑的主要原因。当前经济型酒店的快速扩张隐藏着巨大隐患，像如家 CEO 孙坚表示未来三年如家加盟的比例会提升至 60% ~65%，业内人士对此深感忧虑。

有专家称，在租赁物业的门店效益下降的情况下，扩大加盟店比例是必然对策，但其风险是加盟店管理不到位导致整个品牌的危机。谈及之前出现的"毛巾门"事件，他表示，中国经济型酒店在经过很快很大的发展后，出现卫生差、管理差等问题是大概率的结果。

思考：

如家酒店巨亏危机是如何形成和发展的？

资料来源：http://finance. china. com. cn/industry/company/20120514/720650. shtml.

【知识拓展】

一、酒店公关危机的形成和发展阶段

酒店公关危机的爆发就如同地震一样，常常在酒店毫不知觉的情况下突然发生，危机打破了酒店的正常管理，使酒店陷入混乱，让酒店管理者和员工往往措手不及，不知如何应对，但酒店公关危机的形成和发展并非一朝一夕，而是经历了潜伏期、初显期、爆发期、抢救期和善后期五个阶段（见图 5-2）。

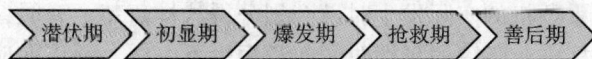

潜伏期　初显期　爆发期　抢救期　善后期

图 5-2　酒店公关危机的形成和发展阶段

（一）危机的潜伏期

酒店公关危机像感冒病毒一样蛰伏在组织内部，直到出现危机症状，这段时间称为危机的潜伏期。这个时期的组织看起来是健康的，但实际上却携带着可能会导致大面积危机爆发的"病原体"。酒店产生危机的原因是多种多样的，或是模式陈旧、或是销售不力、或是资金短缺、或是人事矛盾、或是服务纠纷、或是安全隐患、或是竞争激烈、或是公关失误、或是自然灾害、或是政策限制，无论是哪个方面的原因造成的，危机都会经历一个或长或短的潜伏期。

（二）危机的初显期

危机"病毒"对酒店不利影响的症状刚刚表现出来就形成了危机的初显期。酒店和公众在这个阶段对危机消息的了解模糊不清，所得到的消息可能前后矛盾。不够准确的信息会引起公众对组织的偏见和误解，甚至敌视。不过，此时公众还没有介入行动，公关人员也没有介入具体的危机抢救工作，如果酒店能有预先准备好的危机沟通计划，此时正是可以展开实施的最佳时机。

（三）危机的爆发期

正如小小的流行感冒病毒不加以控制会迅速传播一样，危机的初显期如果酒店没有有效的应对计划，那么危机的爆发期就会接踵而来。而危机爆发的程度会伴随着社会公众的介入，特别是媒体和相关社会组织越来越深入的报道如潮水般铺天盖地地袭击组织。这时酒店企业被迫处于舆论的风口浪尖，关于危机的现状会出现多个版本，公众开始口口相传，街谈巷议，有时甚至会产生心理恐慌。

（四）危机的抢救期

危机的突然爆发会让酒店企业一时成为媒体公众口诛笔伐的对象，此时，酒店可以通过及时正确的公关沟通来化解危机。此时，酒店经过认真的研究，正式进入危机的抢救期。酒店的危机处理小组快速建立起信息中心，通过广泛的新闻渠道，政府渠道和目标领袖公众渠道正式向外公布酒店的相关处理信息，使社会公众了解本组织的社会责任感和社会良知。

（五）危险的善后期

经历了危机抢救后的酒店让公众和媒体相信一个负责任的企业是有能力解决危机带来的负面影响。组织经过抢救没有被危机击垮，此时酒店进入危机的善后期，通过发布酒店的善后举措来安稳人心，提出今后的预防措施，重返市场，恢复声誉，重建良好形象，消除危机的负面效应的时期。这个时期也可以说是企业新的转折时期，运作得好可以借机重塑形象，给公众一种安全与信赖感。

酒店公共关系危机的实际发生时不会划分得这样清楚，有时，阶段与阶段之间无明显的划分标志，各阶段延续时间的长短也不一样，酒店在应对时要关注这一点。

二、酒店公共关系危机的类型

根据不同的划分角度，酒店公共关系危机可分为四个基本类型，人为危机与自然危机，一般危机与重大危机，组织内部危机与组织外部危机，有形危机与无形危机，显性危机与隐性危机。

（一）按公关危机产生的主客观原因分为人为危机与自然危机

人为公关危机是由人的某种行为引起的公关危机。对一个酒店来说，它可以

项目五　酒店危机公关

使内部的管理决策和生产行为引起的危机，比如外观内饰设计欠科学，产品质量不过关，服务配套不到位，原材料品质不好，食物配方有误，有关工作人员离岗或不尽职守，酒店的安保不力，财产管理不善、有人故意破坏等造成的危机。也可以是由外部的恶意破坏引起的危机，如社会动乱、战争、恐怖活动等社会危机都属于人为危机。

人为公关危机的可预见性和可控制性的特点显著，也就是说，这类公关危机通过酒店平时积极有效的预防措施，是可以在一定程度上加以控制的。

【同步案例】

2010 年 4 月 20 日，受反政府组织"红衫军"集会影响，位于泰国首都曼谷市中心的艾拉湾君悦酒店、假日酒店、洲际酒店和中央广场酒店等多家酒店宣布歇业 5 天，像洲际酒店已提前要求客人在 20 日中午前退房。"红衫军"长达半个月的集会，使这个区域的酒店和商场的每天损失上千万美元。泰国政府要求国有银行向受影响企业和员工提供紧急救助资金。

资料来源：http：//news. xinhuanet. com/fortune/2010 – 04/20/c_1244607. html.

自然危机指自然界不可抗力引起的危机，如地震、洪水、海啸、飓风、大雾等自然灾害，像 2004 年 12 月 26 日的印度洋海啸的突然爆发，短短一瞬间，众多海岛上摇曳生姿的度假酒店全军覆没，上万名游客死亡失踪，这样的危机对酒店来说是毁灭性的。

自然危机具有如下特点：

① 大部分无法准确预见；

② 具有不可控性；

③ 造成的损失通常是有形的；

④ 容易得到社会各界和内部公众的同情、理解和支持。

【同步案例】

2011 年 3 月日本人地震和福岛第一核电站事故发生后影响，日本千叶酒店业深受打击。据业界团体的调查显示，成田机场周边的酒店取消预订的人数达 4 万人。如千叶绿塔酒店（Hotel Green Tower Chiba）18 日宣布该酒店将于 7 月底停业。该酒店 2003 年 9 月开始营业，有 270 间客房，主要面向通过成田机场出入日本的外国客人，50% 以上的客人是来自中国的旅游者，该酒店的营业额与上年同期相比减少 6 成。

资料来源：http：//news. enorth. com. cn/system/2011/04/19/006399589. shtml.

（二）按公关危机造成危害的程度分为一般危机与重大危机

一般危机是指酒店公共关系中出现的常见纠纷，如内部人事纠纷，与消费者纠纷，同业竞争纠纷，和政府、社区的关系纠纷等，这些纠纷只是反映出一些基本矛盾，没有构成真正意义上的危机，但它呈现出一种信号和征兆，纠纷如果处理不好，就会引发重大危机。

【同步案例】

2010 年 7 月，顾客吴某因停电引发了与宾馆的纠纷，向消协申诉。吴某在被告知 24 小时供电后入住一宾馆，但是到第二天清晨该宾馆却停止了供电并影响了其正常休息。吴某认为宾馆服务质量存在问题，当即要求宾馆退还部分住宿费，因与宾馆交涉未果遂拨打 12315 消协协助解决。后经过消协调解达成和解协议，宾馆业主向吴某道歉，并一次性退还消费者部分住宿费。

资料来源：http://www.110.com/falv/xiaofeizhequanyibaohufa/zsxfjf/2010/0716/122932.html.

重大危机主要是指酒店的重大伤亡事故、火灾、突发性商业危机、重大劳资纠纷、产品或企业的信誉危机、股票大规模收购等，它是酒店公关人员面临的必须及时处理的真正危机。

【同步案例】

1981 年 7 月 17 日，两千来人正在美国堪萨斯城的凯悦酒店（Hyatt Regency Hotel）的大厅里参加舞会。当晚七点过后，两座空中行人桥突然发生断裂并坍塌下来，直接砸中大厅里的人群，造成 140 多人死亡，多人受伤。高层的空中行人桥首先发生坍塌，接着砸中低层的空中行人桥。然后，两座空中行人桥一道坍塌并砸中下方的酒店大厅。整间酒店陷入一片混乱。原本喜气洋洋的舞会瞬间变成了一场人间惨剧。

资料来源：http://www.ceconline.com/strategy/ma/8800054261/01/.

（三）按公关危机与企业的关联度分为组织内部危机与组织外部危机

组织内部危机主要是发生在酒店内部的公共关系危机，涉及的范围不大，损失主要由酒店内部人员承担，责任的归咎对象是本酒店的部分工作人员，较为容易处理。

1. 内部危机特点

（1）涉及范围不大，主要影响本酒店的利益。

（2）追究责任的对象是本酒店的部分人员，容易处理。

（3）公关危机主体主要以本酒店的领导和员工为重点。

【同步案例】

南京一家五星级酒店 47 岁的洗碗女工李红将客人留下剩菜打包，打算带回家给正读大三的儿子补营养。酒店发现此事后以盗窃财物为由将其开除，称扔掉食物是正常耗材，员工不得带剩饭菜回家。餐饮部经理认为其违反了酒店内部的"不得蓄意破坏、偷窃、骗取或盗用客人、酒店或员工的财物"规定，但李红接受不了："那些东西是酒店扔掉不要的。再说谁没拿过？为这个就把我开除了，我觉得太重。把还能吃的东西扔掉就对了吗？"

资料来源：http：//news. 163. com/12/0229/00/7RD2I8LT00011229. html.

组织外部危机发生在组织外部，影响多数目标公众的利益的一种公共关系危机。酒店企业只是受害者之一。

2. 外部危机特点

（1）危害的涉及范围较广。

（2）责任不只是在发生危机的某一具体的酒店或其成员身上。

（3）不可控因素多，较难处理，需要危机的有关各方密切配合，共同应对。

【同步案例】

2008年年底美国次贷危机引发的金融风暴肆虐全球，全球股市、楼市、汇市持续低迷。中国旅游酒店行业也蒙上了一层阴影，企业苦熬寒冬，像如家，股价从年初最高的50.08美元，年底跌至最低股价只有9.50美元，股价遭遇腰斩后再遭腰斩。近半年以来，如家的股价也从20多美元直线下落至10美元左右，尤其是9月下旬以来，再次进入快速下行通道，公司的持股人承受巨大的损失。

资料来源：http：//business. sohu. com/20081017/n260085162. shtml.

（四）按公关危机造成酒店损失的表现形态分为有形危机和无形危机

有形公关危机给酒店带来的损失是直接而明显的，是可观测到的，如酒店建筑物倒塌、物品爆炸、交通事故等造成的人员伤亡或财产损失等。近年来，我国发生的多起因个别酒店疏于防范而造成的火灾事故就属于有形公关危机。

1. 有形公关危机主要有以下特点

（1）危机产生与损失大多是同步的。

（2）损失明显，易于评估。

（3）损失难以收回，采取其他措施补救。

（4）常常伴随无形危机的出现。

【同步案例】

2008年11月26日，印度孟买发生连环恐怖袭击，遭袭地点包括泰姬玛哈酒店、奥贝罗伊和其他8个目标，造成164人死亡。武装分子一度劫持了奥贝罗伊饭店和泰姬玛哈酒店的数十名客人作为人质。印度警察和特种部队官兵随后展开攻坚行动，进入这两家酒店搜查武装分子。泰姬玛哈酒店内连续发生了6起爆炸，奥贝罗依饭店内发生了2起爆炸。这两家酒店在袭击中都燃起大火，警方相继解救出泰姬玛哈酒店和奥贝罗伊酒店内的全部人质。

资料来源：http：//business. sohu. com/20081017/n260085162. shtml.

无形公关危机带给酒店企业的损失在危机发生时表现不明显。任何一种给企业的形象带来损失的危机，皆属于无形公关危机。如果不采取紧急有效的措施阻止，形象已受损害的酒店会导致企业在市场上蒙受更大的损失。

2. 无形公关危机具有以下特点

（1）危机始发阶段，损失不明显，很易被忽视。

（2）危机发生后，若任其发展，损失将会越来越大。

（3）危机造成损失是慢性的，可采取相应的措施补救。

（4）危机处理要与新闻媒介多打交道，并注意方式方法。

【同步案例】

杭州滨江华美达大酒店（四星级）内部商场以 4 500 元价格卖出 6 件套 "LV" 后，他们收到了法国 LV 公司起诉传票。2011 年 7 月 5 日，LV 公司的打假人员到杭州华美达大酒店大堂内购买包括手袋、挎包、钱包、皮带在内的 6 件套产品，打折后付费 4 500 元。事后，经 LV 公司专业技术人员鉴定，该 6 款产品均为假货。法国 LV 公司认为像杭州华美达大酒店这样的高档星级酒店售假比地摊或其他地方的售假行为显得危害性更为严重，所以起诉杭州华美达大酒店销售假冒注册商标的商品，向杭州华美达大酒店索赔 240 万元。

资料来源：http：//www. chinanews. com/fz/2012/03 – 13/3739570. shtml.

（五）按公关危机的外在形态分为显性危机与隐性危机

显性危机是指已经发生的危机，或者违纪趋势非常明显，爆发只是个时间问题。隐性危机则是指潜伏性危机。与显性危机相比，隐性危机具有更大的危险性。

【同步案例】

2012 年 3 月，有记者暗访报道如家服务员用浴巾擦地，用洗脸毛巾擦马桶，马桶刷放进洗脸池中冲洗，还用擦地毛巾擦杯子。这则报道使如家深陷 "毛巾门" 事件。时过两月，5 月 1 日凌晨 3 时 30 分左右，媒体报道吉林省通化市胜利路如家酒店发生起火，造成 10 人死亡、数人受伤。

上述两事件对如家酒店来说都是典型的显性危机，事件见诸报端，危机就已经呈现在公众面前，但是显性危机的发生实际上也埋下了隐性危机的种子。据媒体报道，当年年底，作为中国酒店业海外上市第一股的如家在诸多不利消息的影响下一季度净亏逾 1 亿元，归属于股东的净亏损约 1.032 亿元。如家的经营危机在卫生危机和火灾危机发生时是隐性的，但随着时间的推移逐渐凸显出来，而且给企业造成的影响是巨大的。

三、酒店公共关系危机的具体表现

（一）自然灾害引发的公共关系危机

自然灾害指自然界中所发生的异常现象给周围的生物造成的悲剧性后果，相对于人类社会而言则构成了灾难。据统计，90%的自然灾害与天气、水和气候有关。随着全球气候的变暖，世界各国频现极端天气，也面临着越来越多的自然灾害，如火山爆发、地震、海啸、飓风、台风、沙尘暴、泥石流等，这些灾害所引发的公共关系危机考验着酒店的应对能力和社会责任感。

（二）环境污染引发的危机

水污染、空气污染而引发的危机会给酒店带来重大的影响。例如，2012年广州香格里拉酒店游泳池被检出"尿素超标"，据广州市卫生局官方网站公布2012年5~6月231间游泳场所水质抽检报告，200多所游泳场有103间水质检测不合格，占总抽检数量的45%。"余氯"不达标是存在的"老问题"。广州香格里拉、威斯汀、珀丽等酒店泳池检出尿素和大肠菌群不合格。

（三）安全生产引发的危机

重大的生产安全，包括食品安全引发的危机越来越引起了社会的关注。例如，2012年6月有媒体曝光，黑食品厂供货"三无"产品给多家沪上知名宾馆酒店，包括海伦宾馆、希尔顿、和平饭店、浦西洲际酒店、福朋喜来登、斯格威大酒店等星级酒店，还有麦德龙等超市，一茶一坐、香港丽源茶餐厅等餐饮饭店。

（四）产品与服务投诉引发的危机

由于产品或服务本身的缺陷，或夸大宣传、欺骗公众，或处理劣质产品时没对消费者一视同仁，或有国别、宗教等歧视而引发的危机，开始可能只是小纠纷，但如果处理不当，就会成为一个重大危机的开端。另外，由于信息传播范围广泛，危机事件的影响没有地域边界，比如发生在美国市场的产品问题会迅速影响中国市场的品牌形象。

（五）新闻负面报道引发的危机

媒体的报道对公众的影响起着至关重要的作用，公众可以将对酒店的不满或纠纷告之媒休，媒体的推波助澜，会让危机事件发酵膨胀，影响成倍增长。媒体的报道直接关系到危机公关的成败，如果媒体报道大量企业呈现负面消息，酒店的声誉会面临巨大的危机。因此，与媒体建立良好的关系，争取媒体客观的报道，将企业的想法传播出去是很重要的。

（六）恶意竞争引发的危机

由于酒店市场竞争的日趋激烈，有酒店会采取一些比较低级的竞争手段，比如价格战、虚假宣传、恶意攻击等而引发的公关危机。

（七）文化冲突引发的危机

酒店的全球化经营面临文化的本质差异，加上一些酒店在进行市场推广时过仓促地进行了一些不当传播，从而导致文化冲突危机。例如，杭州温德姆酒店由于高价礼券遗失不补，遭到酒店会员向媒体的投诉。

（八）金融信誉引发的危机

2009 年 11 月 20 日，7 天酒店正式在美国纽约交易所挂牌上市。短短两年多时间内，7 天酒店由 400 家门店数量扩至 1 500 余家。尽管进入了飞速发展行列，但门店的大幅增加未对股价带来太多正面影响。7 天最高时的股价为 16.15 美元，最低时只有 8.1 美元，远低于发行价。2013 年 3 月 7 天酒店宣布将在美退市。

（九）管理者能力素质危机

由于酒店的管理者和员工的素质低下而引发的危机对于酒店来说是不容忽视的。如 2012 年 8 月，三亚国光豪生度假酒店因发生集体食物中毒事件被全国旅游星级饭店评定委员会取消三亚国光豪生度假酒店五星级旅游饭店资格，三亚市食品药品监督管理局给予其罚款 679 800 元的行政处罚决定。

（十）形象危机

形象危机是由于酒店的形象受到损害而使公众对其产生质疑，从而降低公众对其的信赖，改变自己的消费行为。例如，2012 年 11 月，加拿大广播公司的《市场》节目公布对假日酒店、喜来登酒店等 6 间连锁酒店集团的房间进行卫生调查的结果，发现所有房间都藏有可致命、有超级细菌之称的抗药性金黄色葡萄球菌及难辨认的梭状芽孢杆菌。

（十一）政策危机

政策危机是指由于政府经济、社会、医疗等政策的调整和改变，而给组织带来的危机。如 2012 年年底中央倡导反腐从简之风引发高档酒店政府集体退订潮。一些五星级酒店这段时间已有将近一半的宴席被取消，取消宴请的大客户大多是政府机关和国企。

【特别提示】

公关危机的类型

分类标准	分类结果	
危机存在的状态	一般危机	重大危机
危机与企业的关联度	内部公关危机	外部公关危机
危机造成企业损失的表现形态	有形公关危机	无形公关危机
危机产生的主客观原因	人为公关危机	非人为公关危机
危机的外显形态	显性危机	隐性危机

资料来源：姜华，姜锐. 酒店公共关系［M］. 中国人民大学出版社，2009.

模块二　酒店公共关系危机预防

【能力培养】

1. 理解酒店公关危机预防的必要性。
2. 了解酒店公关危机出现的预警和预防工作。
3. 掌握酒店公关危机预防的主要内容。

任务一　上医者未病先医

【案例导入】

2012年4月21日，香港港岛海逸君绰酒店凌晨二时四十分顶层的室外大屏幕短路引发火情。大火导致一位住客不适送院，几百住客露宿街头，酒店表示极大歉意。

酒店总经理邹祖耀先生说，酒店感谢消防处努力抢救，使火势迅速得到控制，并于早上六时四十五分扑灭，减轻了火灾的影响。邹先生说，酒店会全力配合消防处的调查工作，确定起火原因，避免日后再有同类事故发生。邹先生又说，酒店知道火警发生后，立即通报消防处，并随即启动警报。由于消防条例要求在火警楼层的下一层和上两层拉响警报，而火警发生楼层位于顶层，即四十二楼，所以启动了四十一和四十二楼的警报，消防处也确认酒店的消防通报系统运作正常。他说，酒店同时立即通过紧急广播系统通知住客，又立刻派员工亲身逐一楼层通知住客安全疏散到酒店外空地。邹先生说，酒店现正安排受影响住客入住同集团酒店或同业的其他房间。他补充说，酒店定时进行火警演习，确保各员工熟悉相关程序。

思考：

香港港岛海逸君绰酒店做了哪些危机公关的预防工作？又忽略了哪些？

资料来源：http://www.harbourgrand.com/hongkong/press-zs.html.

【知识拓展】

"上医医未病之病"是我国古代医书中提出的以预防性措施降低发病率，减少病痛的论述，今天将这个预防医学的理念运用到酒店公共关系危机的应对中有助于酒店采取预防措施，消除可能的危机隐患，未雨绸缪，防危机于未然。

在当今复杂的社会环境中，任何一家酒店在其发展过程中，随时可能遇到突发的，对自身不利的事件，如产品服务质量不过关、客户投诉、安全事故、经营不善、舆论的负面报道及火灾、爆炸等恶性事故等。有研究发现，世界500强企业被危机困扰的时间平均为8周半，被危机后遗症波及的时间平均为8周。可见，危机事件一旦发生，对酒店的经营和发展就是一次严峻的考验，如果处理不当，对酒店的打击有可能是致命的。

但是，研究还发现，世界500强企业中没有危机应变计划的公司，要比有危机应变计划的公司被危机困扰的时间长2.5倍；而危机后遗症的波及时间没有应变计划的公司，也比有应变计划的公司长2.5倍。可见，对危机进行预防是必要的。预防是解决危机的最好方法，就像人类对待疾病一样，既要治病，更要防病，防治结合，以防为主。酒店学会预防危机，避免危机出现，能使企业的声誉不受或少受影响。

一、酒店公关危机预防存在问题

（一）对公关危机缺乏必要的认识

公关危机是围绕产品服务展开的，处理不当，会引起更深层次的危机。但是，据调查，超过35%的企业认为产品服务难免有问题，不用采取措施，或先观望。40%的企业会采用常规方式处理，只有不到1/3的企业会视具体情况立即采取措施。

（二）缺乏责任心，漠视公众的反应

酒店往往把企业自身的利益放在首位，无视公众的利益，导致本身没有太大危害的公共危机经处理后陷入更大的公共危机中。

（三）缺乏应急处理能力

不能根据现场实际情况采取果断有效的处理措施来化解危机。

（四）缺乏公关危机处理的科学性和规范性

不同人员处理方式各不相同，差异大、口径多、不规范、不科学、危机处理或重于媒体宣传，问题产品回收，或调查原因，行为多样，没有系统程序。

（五）媒体关系处理不到位

与媒体合作仅限于表面的报道和了解，缺乏深层次的合作沟通，消极应对媒体报道，甚至封杀对自己的不利报道，导致双方关系紧张。

二、酒店公关危机预防的必要性

公关危机在酒店的发展过程中是不可避免的，危机的处理不当会对酒店的经营造成严重干扰，甚至会对酒店企业的生存造成威胁。因此，酒店公关人员有效

预防公关危机对酒店正常顺利经营有重要意义。

（一）降低危机发生的可能性

危机发生前通过检视潜在危机，研究拟定防范措施能够有效地降低危机发生的概率。

（二）限制危机的发展扩散

在危机尚未爆发之前采取相应的改善措施能够将危机限制在萌芽阶段，避免危机的扩大。

（三）减少危机带来的损失

公关人员通过预防能有效控制各种外部和内部不正常因素的发展，就能把危机带来的损害降到最低。

【特别提示】

大量的事实证明相当多的酒店企业都曾遭遇过危机的困扰，而且危机作了适当预防的企业或组织所遭受的损失相对要小，所以酒店预防危机是十分必要的。

任务二　如何练就一双洞察危机的火眼金睛

【案例导入】

某酒店针对治安事件的预案

1. 酒店内发生凶杀、抢劫、强奸、重大盗窃、诈骗及其他恶性刑事案件时，员工一旦发现应在5分钟内向部门经理报案，部门经理接报后迅速赶赴案发现场，查明情况、保护现场，并立即汇报公司酒店领导并向有关部门报案。

2. 综合办接报后，应迅速赶到现场，进行调解处理，并视情况紧急程度决定，立即汇报或事后汇报。

3. 住店宾客向大堂副理、带班经理、总监及值班总经理投诉中提出的各类案件，大堂副理必须让客人填写报案表，同时在5分钟内向行政办报案，保安人员赶到现场后，报案人员应积极协助行政办开展调查工作。

4. 酒店内员工中发生的各类纠纷和治安案件应在向本部门领导报告的同时，向行政办报案，如属于失窃、丢失事件，应及时向保安部门报告，按要求将事情经过交行政办公室备案，事情经过内容包括：事情发生时间、地点、当事人、主要事情的原因、经过、结果及要求。

5. 对打架斗殴流氓滋事的防范及处理

（1）预防措施

保安人员在酒店门前、车场、前厅、商场等重点地区要分工负责。值班人员严格控制大门，监督不法人员，防止闲杂人员进入。巡逻、值班人员密切注意滞留在店内的本、外地青年，通过观察询问，对有不正当行为的人一律劝离酒店。

保安人员加强对大厅、餐饮部和名人会所的巡视，对成群结队的人，特别是外地青年，要注意观察，一经发现闹事苗头，应立即加以制止。客房服务在工作中注意观察会客客人与客人的言行，特别要对挨个敲门的可疑人员及时监控，并报保安部。

（2）报警

一旦发现打架斗殴、流氓滋扰事件，在场的服务员要及时用电话报告办公室，并通知在岗保安控制事态。报告人要说明发案地点、人数、闹事者是否携带凶器，并报清自己的姓名。

（3）处理办法

① 保安值班人员接到报警后，要迅速到达出事现场，将斗殴双方分开并带到保安部。做好笔录，并提出对事件的处理意见。

② 行政办派人到现场检查，搜寻遗留物品并查清酒店设施是否遭受损坏及损坏程度、数量。

③ 如事态严重或有伤害事件发生，应及时与当地派出所联系和报告公安机关。

④ 殴斗双方如有受伤情况，应立即协助公安机关联系医院。

⑤ 若发生伤亡负责安排行李、运转伤员，完成现场最高领导交办的一切任务；负责传递各种信息、保管好客人遗留的财物及行李；客房准备好房间钥匙，准备手电筒，以备急用；提供抢救伤员所需物品；随时准备接受领导交给的任务。

思考：

从某酒店治安事件预案中梳理危机预防需要完成哪些工作？

【知识拓展】

酒店公关危机的预防是指对公关危机的隐患进行监测、预测和控制的危机管理活动。它包括六项基础工作，即有效开展危机教育，通过危机应对演习等帮助组织成员增强危机意识；建立危机预警机制；设置危机管理机构；制订危机管理计划；训练危机应急队伍；准备各种物资条件。其中危机预警、危机管理计划制订是危机预防工作的重点。

项目五　酒店危机公关

一、酒店公关危机预防的预警预控

酒店危机预警预控是根据危机迹象的现实情况和发展趋势，对可能出现的危机事态发出必要的警示和做出必要的控制。酒店公关危机的预防应做好预警预控两方面的工作。

（一）危机的预警工作

危机在爆发之前通常会出现一些征兆，因此，酒店公关人员有必要协同各个管理部门建立相应的预警系统及时捕捉这些危机的预兆。预警系统内容主要包括：公共关系信息与组织经营管理信息的收集分析；国家经济政策的变化；重点客户的信息；竞争对手的生产经营策略和市场发展情况；定期或不定期的自我诊断；危机研究和预测要求的各种调研内容。

（二）危机的预控工作

危机公关中的预控工作主要包括建立危机处理小组，指定发言人；建立以媒体关系为核心的紧急事件处理联络网；对酒店潜在的危机形态进行分类；制定预防危机的方针、政策；酒店为处理每一项可能的危机而制订的具体预案；确定可能受到危机影响的公众；结合外部专家的意见制订危机应急计划；撰写书面报告；对危机预案定期进行实验性演习；培训能够处理危机的训练有素的专业人员。

二、酒店危机管理计划的主要内容

一个比较完整的酒店危机管理计划，主要内容应包括以下六个方面。

（一）预测可能发生的危机

在科学预测的基础上，针对酒店可能出现的危机事件制定出较为可行的预防措施。其预测的科学方法和主要步骤如下所述。

1. 危机预测方法（见表 5－1）

表 5－1　　　　　　　　　　　　危机预测方法

危机预测方法	具体内容
直观预测法	★建立在专家们的知识、经验和综合分析能力基础上的预测，可采用专家会议法和德尔菲法
探索预测法	★假定未来仍然按照过去的趋势发展，即对未来的环境作具体规定的一种预测方法
规范预测法	★把未来的状况作为限制条件，并于目前的现实状态进行比较，从而推测未来的一种预测方法
反馈预测法	★把探索预测法和规范预测法结合起来，使两者互相补充，让它们处于一个不断反馈的统一体中的一种预测方法

2. 危机预测的步骤（见图 5 - 3）

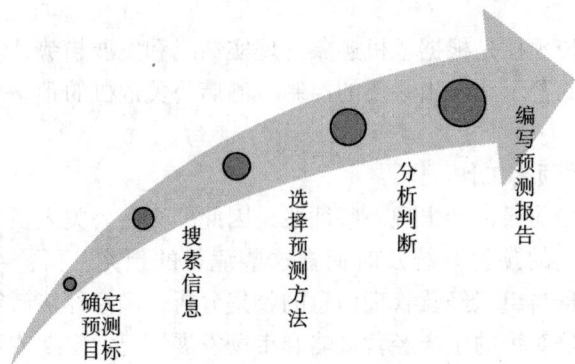

图 5 - 3　危机预测的步骤

第一，确定预测目标，制订预测工作计划，编制预算，调配力量，组织实施，以保证预测危机工作有计划、有节奏地进行。

第二，搜索信息，了解酒店过去和现在服务、经营、管理等方面的信息以及社会环境方面的信息。比如，可以把企业面临的问题制成问卷发给每位高级主管填写。

第三，选择预测方法，根据预测的目标以及各种预测方法的适用条件和性能，选择出合适的预测方法。有时可以运用多种预测方法来预测同一目标。预测方法的选用是否恰当，将直接影响到预测的精确性和可靠性。

第四，分析判断，对调查搜集的资料进行综合分析，并通过判断、推理，分析可能引起危机问题或事件的原因。在分析评判的基础上，通常还要根据最新信息对原预测结果进行评估和修正。

第五，编写预测报告，概括预测研究的主要活动过程，包括预测目标、预测对象及有关因素的分析结论、主要资料和数据，预测方法的选择和模型的建立，以及对预测结论的评估、分析和修正等。

（二）建立公关危机管理小组

酒店公关危机管理小组实际就是公关危机管里的组织机构。一位公关危机事件涉及酒店内外的各个方面，对其进行应对处理，需要有关部门和公众的全面合作和支持，酒店公关危机管理小组的建立，一方面能够集合各专业的长处和技巧，恰当有效地处理问题，协调和解决各部门之间的关系；另一方面可以使危机预防措施得到更好的贯彻执行。

项目五　酒店危机公关

【特别提示】

酒店公关危机管理小组要有一定的编制和规模，对其人员组成和分工合作要有一个科学合理的结构，包括职务结构、知识结构和专业结构等，并以正式公文的形式确定及公布，定期调整更新。

对于酒店公关危机小组的任务，一般有以下几方面的规定：

1. 选择处理危机事件的办公地点，确定办公场地的大小和要求。
2. 添置必要的硬件设备，备齐有关资料。
3. 编制危机管理手册。编写、印制危机管理手册，并发给危机管理成员保管。
4. 建立危机管理小组成员下班后的联络方式表。
5. 预测和评估有可能发生的危机。
6. 准备危机处理的相关资料。
7. 撰写具有较大可能发生危机问题的背景资料、分析材料。
8. 确定并训练发言人。选定并训练发言人，目的在于统一宣传口径，防止谣言流传。
9. 培训酒店员工，让他们了解自己在危机事故中的权利和义务。

（三）确定危机发生时共同遵守的准则

计划中一定要确定危机发生时大家应共同遵守的准则。比如，危机发生时，以救人为第一要务；事情未弄清楚之前，不要随便归罪于人，不小题大做；不要作无谓的争论，尽量不要混淆事实真相；在实行沟通计划时不要偏离企业的政策；不要一边向记者发表敏感言论，一边又强调不要记录；等等。

（四）明确工作步骤和责任要求

要在专家指导下设定危机预防和危机处理过程的主要工作步骤，先做什么后做什么，都要符合科学要求，必须设定多种方案，特别是进入危机处理过程的详细记录，怎样记录，有哪些规范要求等。无论是危机管理小组成员，还是各岗位上的工作人员，只要他们参加危机管理与施救工作，都要明确他们的责任和义务。

（五）危机对策和预演准备

危机并不经常发生。为提高急救水平，需要进行演练。为使演练有效，需要就酒店可能遇到的危机提出相应的对策。这些对策是酒店危机管理计划不可缺少的内容。对策和演练准备常常联系在一起，需要通过演练来强化对特定危机处理对策的理解和修正。

（六）对计划执行情况的监督和奖惩

为保障危机管理计划的实施，还必须规定对计划执行情况的监督与奖惩。比如，如何监督、检查，评价的标准，检查、评价、监督的主持方法等，都需要在计划中明确写出。否则，可能会出现"计划完美，落实无着"的情况。

除上述内容外，依据酒店自身的特定情况，对危机预防、处理、善后工作等与危机有关的工作安排，都可以作为危机管理计划的内容。

三、酒店危机管理计划的类型

（一）按酒店危机管理计划的内容或工作侧重点可分为危机应急计划和危机传播计划

1. 危机应急计划

它是指酒店在全面分析和预测的基础上，针对出现概率较大的危机事件而制订的有关工作程序、施救办法、应对策略措施等的书面计划。其侧重点在于具体危机出现后如何施救处理。

危机应急计划的有效性取决于危机预测的准确性，因而危机应急计划有其"先天"的局限性。如果预测准确，酒店危机应急计划就会产生良好的效果。如果预测失当，酒店危机应急计划就是无效的，甚至投入的时间精力和人财物都是一种浪费。因此，酒店必须认真对待这一工作，听取专家意见，全面、实际地分析，确保预测准确。

2. 危机传播计划

它是指针对酒店出现声誉、形象受挫以及伤亡事故等制定的旨在维护声誉、消除误解、告知大众的书面计划。其侧重点是危机事故发生后的新闻传播、信息控制。

酒店危机传播计划的目的是在距离危机事件发生的最短时间内作出反应，以控制或减少不利于企业的消息、传闻、报道等的流行，争取公众及有关方面的同情、支持，为酒店顺利处理危机提供一个良好轻松的舆论环境。危机传播计划是危机管理的重头戏之一。在国外，危机管理的概念几乎等同于危机传播。许多专家认为，危机管理在相当程度上就是危机传播管理。

无论危机应急计划还是危机传播计划，都是酒店全面危机管理计划的一个组成部分，一般不会单独出现。即使单独出现，其命名仍然是以全面的危机管理计划的形式出现的。

（二）按时间长短分为酒店危机管理计划的计划期有着两层含义：一是指危机管理计划的时间长短，比如1年还是3年、5年；二是指危机管理预测分析和相应对策的有效实现

短期计划。一般来说，涵盖时间较短的酒店危机管理计划称为短期计划。短期计划的重点是仅就近期的危机事件进行预测，并提出相应的对策、措施。比如，突发性事故的预防和施救，多数在短期计划中出现。通常，这类计划的涵盖时间为1年。一旦接近计划涵盖的期限，就需要调整或重新制定。

中期计划。它是指酒店企业根据自己的中期战略而制订的危机管理计划。根据企业的实践，中期计划的涵盖时间通常为1年以上、3年以下，即1~3年的时间，酒店中期计划的侧重点是围绕企业的短期或中期发展战略来预测、预防危机事件。

长期计划。它是指酒店企业依据自己的中长期或长期战略来制订的危机管理计划。长期计划的涵盖时间一般在3年以上、5年以下，即3~5年的时间，酒店长期计划的重点主要是依据企业的长期发展战略来预测、预防危机事件。

【同步案例】

阿胶文化主题酒店重大突发事件应急预案

一、总则

1. 编制目的

为加强重大突发危机事件的综合处理指挥能力，提高紧急救援反应速度和协调水平，确保公司在遇到重点突发事件时能够做到统一指挥、分级负责、救死扶伤、清理现场、降低风险、评估后果，使公司人员、财产和环境损失降低到最低限度，根据公司实际，制订本预案。

2. 预案适用范围

（1）自然灾害事件：地震、雪灾、暴雨等。

（2）因人为因素引起的突发事件：火灾、停电等安全事故。

（3）治安事件：被盗、打架滋事、嫖娼卖淫等。

（4）公共卫生事件：食品安全事件、传染疫情等。

（5）因社会安全引发的突发事件：恐怖袭击事件。

二、公司重大突发事件指挥系统

1. 应急指挥小组

2. 小组成员职责

三、预警和预防机制

1. 信息的收集

2. 分级响应

根据突发事件发生的时间、地点、规模、影响、控制范围来确定时间的等级。

四、各种预案

1. 地震

（1）地震发生时，至关重要的是要有清醒的头脑，镇静自若的态度。

（2）假若地震时你正在室内，如离门窗较远，暂时躲避在坚实的家具下或墙角处，是较为安全的。

（3）也可以转移到承重墙较多、开间较小的厨房、卫生间等处暂避。躲过主震后，应迅速撤到宽敞的户外。

（4）撤离时注意保护头部，最好用枕头、被子等柔软物品护住头部。

（5）假若地震时你正在室外空旷的地方，这是最庆幸的事情。如果在建筑物密集的地方，最好将手或皮包等柔软物品护住头部，尽可能做好自我防御的准备。并迅速离开变压器、电线杆和围墙、狭窄巷道等。

（6）地震会有层出不穷的次生灾害发生，每个人应根据不同情况，审时度势，采取灵活的应急对策。

（7）发生地震等自然灾害时，指挥小组立即组织疏散人员，迅速转移到安全地点；

（8）做好地震发生后的救援工作；

（9）做好地震发生后的救助工作；

（10）做好地震后工作恢复。

2. 火灾

（1）一般火灾

① 发现火灾后，起火部位员工1分钟内形成第一灭火梯队。处在假设起火部位的现场区域包括所在楼层的服务员、收银员、服务生和管理人员，为单位扑救和引导该区域人员疏散的第一梯队。

② 火灾确认后，单位3分钟内形成第二灭火梯队。其他区域工作的服务员、收银员、服务生和管理人员，为单位扑救和引导该区域人员疏散的第二梯队。

③ 每个梯队分成三个小组：灭火行动组、通信联络组、疏散引导组。

④ 发生火灾事故时，工作人员应立即通过室内电话、喊话器等通信工具或大声呼喊向酒店内的人员发出警报，告知最佳疏散路线、方法。同时组织人员维护现场秩序，组织有序疏散，防止惊慌造成挤伤、踩伤事故。

⑤ 能见度差时可通过绳子牵引带领方式；烟雾较浓时可用湿毛巾等堵住鼻、嘴撤出烟雾区；高层着火时利用落水管、自救绳等滑到没有起火的楼层进行求救；自身着火时可就地打滚把火压灭。

⑥ 人员疏散后要保护好疏散人员的安全，防止再入"火口"。

⑦ 物资疏散时要先疏散那些可能扩大火势和有爆炸危险的物质。尽量将疏散的物资堆放在上风口一侧，不得堵塞通道并派人看护。

（2）电器火灾

① 配电设施发生火灾、漏电事故时，禁止无关人员进入着火现场，对有电缆落地形成跨步电压的场所，一定要划分出危险区域，专人看管；

② 迅速切断电源，保证灭火的顺利进行。

五、事故救援优先原则

1. 员工和应急救援人员的安全优先；

2. 防止事故扩展优先；

3. 保护环境优先。

六、后期处理

1. 应急救援人员在进入现场前要佩戴相应的安全防护用品，离开现场后根据情况进行消毒。防护用品进行消毒处理后按要求存放。

2. 事故发生经现场救援处理完成后，小组成员会同相关应急救援人员和事故发生部门领导检查事故现场是否还有其他可能出现的异常情况，组织人员进行现场清理，必要时进行消毒并将废物集中交环卫部门处置。

3. 事故后重建与安全评价。对较大事故发生后要进行部分重建工作，重新建设前要聘请有关部门或专家进行现场安全评价分析，确认安全的建设方案然后实施。

七、灾情预防和演练

公司根据应急预案内容每年组织一次局部演习，各部门针对关键岗位每年组织两次演习，所有演习都要记录备案。

附：公司事故应急救援联系单位电话

资料来源：http://wenku.baidu.com/view/ac3b9b05b52acfc788ebc904.html.

模块三　酒店危机公关的处理

【能力培养】

1. 掌握酒店应对公关危机需要遵循的原则。

2. 掌握酒店处理公关危机的基本程序。

3. 理解并运用酒店危机处理公关工作的基本程序。

4. 了解危机公关时酒店组织外部的应对方案。

任务一　处理危机要有个清醒的头脑

【案例导入】

"双树旅馆事件"危机应对

两位在西雅图工作的网络顾问——汤姆·法默（Tom Farmer）和沙恩·艾奇逊（Shane Atchison）在美国休斯敦希尔顿酒店的双树旅馆（Double Tree Club）预订了一个房间，并被告知预订成功。

尽管他们到饭店登记的时间是在凌晨两点，实在是个比较尴尬的时间段，但他们仍然很安心，因为他们的房间已经预订好了。但在登记时，他们立刻被泼了一桶凉水，一位晚间值班的职员草率地告诉他们，酒店客房已满，他们必须另外找住处。这两位住客不仅没有得到预订的房间，而且值班人员对待他们的态度也实在难以用言语表达——有些轻蔑，让人讨厌。甚至在他们的对话过程中，这个职员还斥责了客人。

这两位网络顾问当时离开了，然后制作了一个严厉的但又不失诙谐幽默的幻灯文件，标题是"你们是个糟糕的饭店"。在这个文件里记述了整个事件，包括与那名员工之间不可思议的沟通。他们把这个幻灯文件电邮给了酒店的管理层，并复制给自己的几位朋友和同事看。

这一幻灯文件立刻成为有史以来最受欢迎的电子邮件。几乎世界各地的电子邮箱都收到了这份文件，从美国休斯敦到越南河内，还有两地之间的所有地区。这份幻灯文件还被打印和复印出来，分发到美国各地的旅游区。双树旅馆很快成为服务行业内最大的笑话，成为商务旅行者和度假者避之不及的住宿地。传统媒体的评论员们也将这一消息载入新闻报道和社论中，借此讨论公司对消费者的冷漠和网络对于公众舆论的影响力。

接着，法默和艾奇逊收到了3 000多封邮件，大部分都是支持他们的。对此，酒店的管理层也迅速有礼而大度地作出反应。双树旅馆毫不迟疑地向他们俩道歉，并用两个人的名义向慈善机构捐献了1 000美元作为双树旅馆的悔过之举。双树的管理层还承诺要重新修订旅馆的员工培训计划，以确保将此类事件再次发生的可能性降到最低。另外，双树旅馆的一位高级副总裁在直播网络上与法默和艾奇逊就此事展开讨论，以证明饭店认真对待此事。

问题：

1. 双树旅馆运用了哪些危机公关原则来应对自身所面临的负面舆论？
2. 网络媒体在双树旅馆事件中扮演着怎样的角色，起到了怎样的作用？
3. 从这个案例中，我们得到什么启示呢？

资料来源：http://www.17pr.com/viewnews-80565.html.

【知识拓展】

酒店应对公关危机包含三项任务，预防、准备和公关。预防，就是防患于未然，居安思危；准备，是指成立"危机管理小组"，拟订面临危机的沟通计划；公关，是指向传播媒介人士提供和发布与危机有关的公共信息，实施酒店危机管理计划。如前所述，酒店危机公关中的预防工作能够减小危机的规模、强度，降低危机对酒店组织所带来的伤害，但是，这并不意味着危机的消失。当危机发生时，酒店快速正确地进行应对准备并实施公关显得非常重要，那么，酒店在处理公关危机时如何保证有一个清晰的思路呢？这就需要在危机应对过程中遵循相应的原则。

一、坚持实事求是的原则

酒店在处理公关危机的时候，无论是对内部公众，还是对新闻记者、受害者、上级领导等，都不能隐瞒真相，绝不能因为逃避责任而歪曲事实，在面对危机时最重要的是实事求是，坦诚地面对酒店所需要承担的责任，不编造假话空话，采取公开透明的方式，保证所陈述事实的真实性，所采取评估的客观性，所传递信息的准确性。在当今社会，媒体对新闻、对事件的挖掘能力很强，它们喜欢曝光没有公布的内容，酒店越是隐瞒，就越容易引起媒体和公众的质疑，从而造成各种版本的猜测，甚至被少数媒体恶意炒作。

二、坚持敢于负责的原则

当危机出现时酒店不能推脱责任，无论事件的起因如何，无论谁是肇事者，只要发生在酒店，就与酒店有着剪不断的联系，所以，酒店要就危机快速地给予反应，安置受害者，降低危害，要给社会公众留下一个勇于担当的负责任的形象，绝不能搪塞回避，应以冷静沉稳的态度处理危机。酒店应该站在受害者的立场上表示同情和安慰，必要时还应通过媒体向社会公众发表谢罪公告，以解决深层次的心理情感问题，以赢得公众的谅解和信任。若在危机面前百般推诿，强词夺理进行狡辩，则会产生非常不好的影响。

三、坚持快速反应的原则

处理公共关系危机的目的在于，尽最大可能努力控制事态的恶化与蔓延，把损失降到最低，在最短的时间内重塑或挽回酒店的形象与声誉。及时向媒体在内的所有公众公布最新状况。能否第一时间作出反应是恰当处理危机的判断标准。按照危机公关处理的"24小时法则"，企业应在24小时内公布处理结果，如不然，则会造成信息真空，让各种误会和猜测产生。现代媒体传播的速度迫使酒店必须尽快掌握整个事件的具体情况，记者可能在几分钟内就能抵达现场，电子媒体就可以同步进行传播，这是对酒店公关人员的危机快速反应能力的考验。

四、坚持冷静应对的原则

酒店公关危机具有突发性的特点，危机的爆发往往出现得比较突然，加之危机的破坏性，常会让酒店工作人员措手不及，不知如何应对。这时要求危机的处理人员冷静、沉稳和镇定，按照既定的危机管理计划，遵照危机演练要求应对突发事件，避免头脑发热，盲目冲动，更不要让头绪繁多、关系复杂的事件使自己变得急躁、烦闷、怨声载道、信口开河等。只有掌握原则，冷静应对，才能在处理危机事件的过程中自如应付，泰然处之。

五、坚持顾客及员工第一的原则

在处理酒店危机时，一定要把顾客的安全和利益，员工的安危和健康放在第一重要的位置，绝不能先考虑酒店自身的利益，及时向事件中受影响的人员竭尽全力提供力所能及的协助，并向他们致以最真切的关怀。保护顾客的利益不受损害，是危机管理的第一要义，对于消费者的物质利益与心理利益都不能轻视。事实上，妥善安置顾客和员工就会为酒店在危机中的公众形象加分；否则就会顾此失彼，让公众、社会舆论口诛笔伐，围攻批评，因为在危机发展的过程中，舆论一般都会同情弱者，若与弱者争利，会给公众留下一个不人道的形象。

六、坚持重视媒体的原则

媒体在公共关系中扮演的重要角色决定了在公关危机事件处理中，酒店不能忽略媒体对舆论产生影响的巨大作用。从危机出现，到危机的发展和结束，媒体的态度都会左右公众的声音，特别是在事件初期，由于种种原因，传播的信息容易失真，为了防止公众的猜测、误解和有关危机事件的谣言传播，酒店选出的发言人不仅要及时传递有关信息，而且要保证信息准确，这就要求酒店和媒体事先沟通，将事件发生的实际情况客观及时地传递给公众，并实时予以更新。所以，酒店在危机公关中首先要处理好和媒体的关系。

七、坚持形成文字的原则

危机处理的过程中，本身容易引起猜疑，造成信息的混乱，如果此时组织内部还有多个声音对外说话，每个人的语言风格、对同一事物的理解角度等不同，会造成外界对危机事件的不同认知。这就需要酒店用一个声音对外说话，为了保证口径一致，形成统一文字发布信息能有效地避免上述问题。文字内容经过组织集体讨论的，大家共同思考，字斟句酌，可以减少口头语言表达的随意性，以更严谨的方式传播组织的危机处理信息。媒体能有酒店文字的依据，也不用重新组织新闻表达的语言，而可以直截了当地根据组织的文字去编排新闻文字，减少了记者的臆测。

【特别提示】

"双树旅馆" 的启示

首先，互联网无孔不入的威力挑战着传统的口口相传的传播方式，挑战的程度在该"双树旅馆事件"中表现得再清楚不过了。

其次，两位客人和负责预订房间的服务生的互动，证明了酒店雇员的个人行为会严重影响到公司的声誉。这显然是个别雇员恶劣服务的丑闻成了公众舆论的关注点而引起的公关危机事件。

再次，品牌的形象决定着消费者与这一品牌每时每刻的互动经历，可见平时强化全员危机意识是何等重要！因此需要强化居安思危意识，加大培训力度，注重服务细节，才能防患于未然。

最后，对双树旅馆来说，两位客人在旅馆中的经历为双树旅馆的服务引发了广泛的信誉危机。但同样重要的是希尔顿酒店管理层的态度和反应也很重要，他们与客人保持对话，采取这样的态度和方式，又可以保证品牌声誉的损害得到补救。

按照危机公关原则——"一个中心，两个重点，四项原则"分析如下：

所谓"一个中心"，即以维护、展现当事人良好社会形象为中心。发生危机事件后，一切处理都应该围绕此中心展开，千万不可"无理狡三分"。希尔顿对待自己员工的不当言行及时表态，即以一位负责任的家长姿态出现，不偏袒，坦诚认错，很好地展示了自身良好的社会形象。

"两个重点"，即"关心、保护利益相关群体"和"真正解决问题"。获知此事后，双树旅馆毫不迟疑地向当事人道歉，并用当事人的名义向慈善机构捐献1 000美元作为双树旅馆的悔过之举，同时双树的管理层还承诺要重新修订旅馆的员工培训计划，以确保将此类事件再次发生的可能性降到最低，以及双树旅馆的一位高级副总裁在直播网络上与法默和艾奇逊就此事展开讨论，以证明饭店认真对待此事，这些举措充分体现了"两个重点"的公关原则。

"四项原则"，即诚意原则；诚实、信息原则；全责或彻底原则；及时或飞毛腿原则（快速处理）。遇到危机事件，万万不可拖拖拉拉指望事件会自然平息或采取"鸵鸟政策"，这样只会使事态越来越糟，企业越来越被动，处理起来难度越来越大。

双树旅馆可能无法阻止他们的员工所造成的这一公关灾难，但双树旅馆事后的道歉，真诚悔过的表现，愿意做出惩罚和修订员工培训计划的补救性措施，正在修复消费者的信心，这些都是在出丑之后迅速反应的。希尔顿在该事件的处理上能够按照危机处理原则办事，值得称道。

资料来源：http://www.17pr.com/viewnews-80565.html.

任务二　处理危机也要按套路出牌

【案例导入】

危机公关为香港"非典"后旅游造势

2003年年初"非典"的爆发，对香港旅游业的打击最大，根据香港旅游发展局的资料，2003年5月份，赴港旅客同比下跌68%至谷底，香港旅游收入减少了123亿港元。

2003年6月23日，世界卫生组织把香港从疫区名单中去除，香港旅发局马上开展了重塑香港的系列公关活动，专门针对消费者市场、会展市场和专业旅游机构，打消他们对香港安全方面的疑虑，建立香港健康、美丽的形象。

在香港获世卫剔除"非典"疫区后的短短两个星期内，香港旅发局邀请了66位传媒嘉宾访问香港，让他们亲身感受恢复活动的香港。旅发局为本地及驻港的国际传媒机构安排了37次重要访问，进行了26次演讲活动，在短时间内争取到了大量的正面媒体报道。

随后的不到3个月内，旅发局效率极高地制作了5段新闻影带，分发到了69个国家的368家电视台，邀请了586位传媒嘉宾访问香港，接受传媒专访和出席演讲共79次。

在旅发局的调查中发现，韩国、泰国、菲律宾、澳洲等市场对富吸引力的优惠反应快、接受能力强，因此在"非典"疫区解除的第一时间，旅发局专门对他们进行了有针对性的促销活动，售出了约10 000个旅游行程。随后于7月13日推出的为期两个月的"好客月"促销活动，不但吸引了大量旅客赴港旅游，还派发了150万份多家商户联合推出的"欢迎礼包"，促进了多个行业3亿港元以上的消费。

与此同时，旅发局和64家酒店合作推出"Rediscover Hong Kong"活动，邀请了10个重点市场的370位国际旅游业界代表访问香港，并推出多个优惠项目，鼓励国际旅游业界的一线员工带亲友来香港访问。在整个活动期间，旅发局共邀请到了来自17个重点市场的1 930位旅游业界代表和46个考察团来香港考察。这些旅游经营商考察后在各个市场推出了全新的香港行程，让香港的旅游业得以快速恢复。

在此期间，香港政府和旅发局邀请了多位国际名人访问香港，他们包括利物浦和皇家马德里足球队、姚明和多位篮球明星、奥运滑冰冠军关颖珊，以及日本巨星松仁谷由实，利用他们在不同市场的知名度和影响力在世界各地市场推广香港。

思考：

香港"非典"后旅游危机公关的启示是什么？

资料来源：中国旅游营销网 www. aatrip. com.

【知识拓展】

酒店公关危机的处理程序是有共同性的，按照正确的流程来化解公关危机对

项目五 酒店危机公关

酒店来说是十分必要和重要的。公关专家诺曼·R·奥古斯丁总结了具有普遍意义的公关危机处理操作方法，他认为危机管理应按照六个阶段来实施，即危机的避免、危机管理的准备、危机的确认、危机的内部第一时间通报、危机的解决、危机后获利。另一位公关专家林安·斯蒂文森也提出了公关危机处理的"五部曲"，即找出问题、组建危机处理委员会、寻找盟友、制订计划、演练加演练。这里主要强调公关危机发生后的应对处理程序和技巧。

一、酒店公关危机处理的基本程序

（一）成立专门的危机处理组织

酒店公关危机的处理需要组建专门的机构，要有组织内部具有极高支配权和话语权的权威参与，以便危机应对中调度几十万甚至数百万的资金和相关的组织内外人员。危机处理组织的主要成员必须包括酒店最有权威的决策者，像总经理、行政总监、营销总监、财务总监等，以及最具战斗力的人员，如公关人员、销售人员等。

（二）现场深入调查，了解事实

酒店危机处理小组的成员必须协同相关的专业人员深入事故现场进行调查，了解危机事故的起因、发生的时间、人员的伤亡、财产的损失、市场的现状、媒体的反应、政府相关部门的态度等，及时根据实际发生情况调整实施危机管理计划，同时亲临危机现场进行指挥抢救工作。

（三）制定有效的危机处理的对策

危机处理小组要始终以维系形象，降低损失为指导思想，针对危机的实际情况制定出处理对策和方法。比如，媒体的选择，通知什么级别与层次的媒体接受采访，发布信息；危机解决方式，是与消费者个别协商解决，还是协同政府相关部门解决等，这些都是每次危机处理需要先行确定的内容。

（四）对外统一口径，协同行动

将制定的处理危机事件的基本原则、方针、程序和对策，及时传达给酒店全体员工，保证上至总经理，下到一线服务人员能准确清晰地知晓危机应对应答的要求，并且上下同心，保持一致，对外统一口径，统一思想认识，协同行动。

（五）进行人员分工，专人联络媒体

酒店处理危机时要明确人员分工，除了危机处理小组和公共关系人员的力量，还需要合理调动安排前台业务部门、后台职能部门的人员各司其职，全力以赴，按照部署分头行动，并按时汇报结果。酒店要安排专人负责和媒体联系，以便危机处理小组能够及时地告知新闻媒体和目标公众危机处理的进程。

（六）妥善进行善后工作，重塑形象

善后工作包括对受害者的物质赔偿、精神安慰和心灵关怀等，比如危机事件

若造成人员伤亡，酒店要及时对受害人进行救护工作，同时立即通知受害者家属，尽可能满足家属的要求。善后工作也直接关系到酒店的公众形象，反映了一个组织的社会责任感，社会良知和人情味，所以切忌虎头蛇尾。

（七）收集资料，进行评估

对危机处理的情况进行全面调查、评估，包括事故的原因，事故的发展进程，对受害者善后工作，政府部门给事故所下的结论，媒体在危机期间的新闻报道情况，目标公众对危机处理过程酒店行动的反馈，竞争对手的反应，市场的启动情况等，并将调查的结果告知董事会、股东、目标公众。奖励处理危机事件的有功人员，处罚事件的责任者。召开新闻发布会，阐述酒店今后预防措施和酒店重建计划，并对各方理解表示感谢。

【特别提示】

危机公关资料的收集与提供

当危机事件发生后，公关人员要根据组织的要求向公众提供相应的资料。收集提供的资料主要包括以下几个方面。

1. 完整记录危机事件发生发展的过程、阶段及其细节的资料。
2. 危机事故的图片资料。
3. 危机事故的音像资料。
4. 与危机相关的个人在危机事故中的行为表现及相关言论的资料。
5. 相关团体的反应，如声明、援助、决定、行为、相关活动等。
6. 新闻媒体对事故报道的信息，包括新闻、专访、特写、追踪报道、报社的评论等。
7. 危机事故造成损失的相关数据、证据资料。
8. 记录和搜集保险部门、法律部门、政府发言人或代表的言论、决定等。
9. 搜集电话值班记录、日志等资料。
10. 搜集与事故有关的其他证据或实物。
11. 紧急通讯录，即能够提供需要立即联系的有关部门的电话号码、联系人名单以及相关信息等，比如消防、医疗、公安、部队、政府及其职能部门等的联系电话。
12. 企业的背景资料，包括企业历史渊源、发展阶段、成绩、机构设置、员工素质、技术力量、海外发展情况，企业的有关决定、政策、制度等背景资料。
13. 与事故有关的产品资料，包括原设计图纸、产品使用说明、产品包装材料等。

14. 相关的客户档案资料，重要人物或社会名流对企业的指示、态度、言论等。

15. 企业在社区内开展公益活动的情况与成绩等。

资料来源：唐雁凌，姜国刚. 公共关系学（第二版）[M]. 北京：清华大学出版社，2011.

二、酒店危机处理公关工作基本步骤

酒店公关人员在酒店危机处理中的公关工作按照以下所列步骤（见图 5 - 4）展开行动。

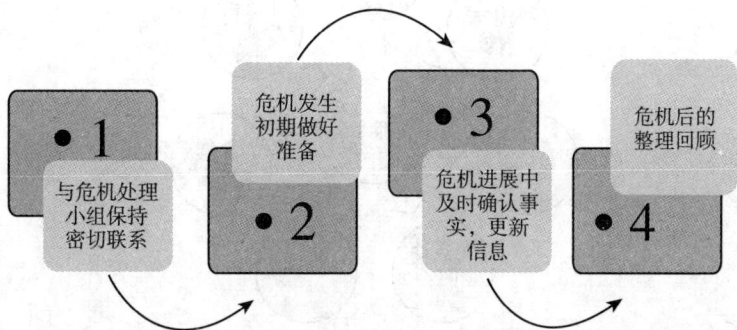

图 5 - 4　酒店危机处理公关工作基本步骤

（一）与危机处理小组保持密切联系

公关人员要熟知危机的进展情况以及所有行动措施，知晓"需要说什么"，"何时去说"，"谁将去说"以及"与谁进行沟通交流"等问题的答案。还要负责媒体管理，建立强大有力的媒体网络。

（二）危机发生初期做好准备

在危机爆发初期，公关人员要快速地编纂关键信息给媒体，为酒店新闻发言人准备发言稿，预备任何可能被问及的问题和答案，选定记者招待会或简报场地，为新闻发言人做应对媒体的培训。

（三）危机进展中及时确认事实，更新信息

尽快了解清楚并确认各项事实，包括危机中涉及的人，危机的规模、时间、地点、原因等，防止臆断以及恐慌，快速通知酒店员工统一口径，结合危机新状况向发言人更新信息，就媒体来电以及询问做好保留日志，妥善处理信息流以防止歪曲的事实报道，如有必要组织安排记者招待会，监测媒体报道并做好事实重

申，收集积极报道题材。

（四）危机后的整理回顾

酒店度过危机后公关人员需要回顾危机处理中的公关策略，审核危机管理策略执行结果检查所有媒体的报道和社论，组织评估公众以及媒体的看法反应，更新网站信息，监测企业在公众以及媒体方面的声誉和地位，贯彻执行新的市场策略，考虑形象重建措施。预知公众及媒体是否留有任何问题。

三、酒店危机公关的组织外部处理方案（见图5-5）

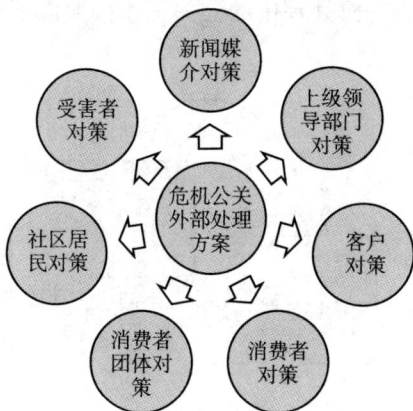

图5-5 酒店危机公关的组织外部处理方案

（一）受害者对策

1. 认真了解受害者情况，诚恳地向他们及其家属道歉，并实事求是地承担相应的责任。

2. 耐心而冷静地听取受害者的意见，包括他们要求赔偿损失的意见。

3. 了解、确认和制定有关赔偿损失的文件规定与处理原则。

4. 避免与受害者及受害者家属发生争辩与纠纷。即使受害者有一定责任，也不要在现场追究。

5. 酒店应避免出现为自己辩护的言辞。

6. 向受害者及受害者家属补偿方法与标准，并尽快实施。

7. 应由专人负责与受害者及受害者家属谨慎地接触。

8. 给受害者安慰与同情，并尽可能提供其所需的服务，尽最大努力做好善后处理工作。

9. 在处理危机事件的过程中，如果没有特殊情况，不可随便更换负责处理工作的人员。

（二）新闻媒介对策

1. 向新闻界公布危机事件，公布时如何措辞，采用什么形式，有关信息怎样有计划地披露等，应事先达成共识。

2. 成立记者接待机构，专人负责发布消息，集中处理与事件有关的新闻采访，向记者提供权威的资料。

3. 为了避免报道失实，向记者提供的资料应尽可能采用书面形式。介绍危机事件的资料简明扼要，避免使用技术术语或难懂的词汇。

4. 主动向新闻界提供真实、准确的消息，公开表明企业的立场和态度，以减少新闻界的猜测，帮助新闻界做出正确的报道。

5. 必须谨慎传播。在事情未完全明了之前，不要对事故的原因、损失以及其他方面的任何可能性进行推测性的报道，不轻易地表示赞成或反对的态度。

6. 对新闻界表示出合作、主动和自信的态度，不可采取隐瞒、搪塞、对抗的态度。对确实不便发表的消息，也不要简单地"无可奉告"，而应说明理由，求得记者的同情和理解。

7. 不要一边向记者发表敏感言论，一边又强调不要记录。注意以公众的立场和观点来进行报道，不断向公众提供他们所关心的消息。

8. 除新闻报道外，可在刊登有关事件消息的报刊上发歉意广告，向公众说明事实真相，并向公众表示道歉，承担责任。

9. 当记者发表了不符合事实真相的报道时，应尽快向该报刊提出更正要求并指明失实的地方，同时，向该刊提供全部与事实有关的资料，派重要发言人接受采访，表明立场，但应注意避免产生敌意。

（三）上级领导部门对策

1. 危机事件发生后，应以最快的速度向企业的直属上级部门实事求是地报告，争取他们的援助、支持与关注。

2. 在危机事件的处理过程中，应定期汇报事态发展的状况，求得上级领导部门的指导。

3. 危机事件处理完毕后，应向上级领导部门详细地报告处理的经过、解决方法、事件发生的原因等情况，并提出今后的预防计划和措施。

（四）客户对策

1. 危机事件发生后，应尽快如实地向有关客户传达事故发生的消息，并表明企业对该事件的坦诚态度。

2. 以书面的形式通报正在或将要采取的各种对策和措施。

3. 如有必要，还可派人直接与重点大客户面对面的进行沟通、解释。

4. 在事故处理的过程中，定期向各界公众传达处理进程。

5. 事故处理完毕，应用书面形式表示歉意，并向理解和援助的单位表示诚挚的谢意。

（五）消费者对策

1. 迅速查明和判断消费者的类型、特征、数量、分布等。

2. 通过不同的传播渠道向消费者颁发说明事故概况的书面材料。

3. 听取受到不同程度影响的消费者对事故处理的意见和愿望。

4. 通过不同的渠道公布事故的经过、处理方法和今后的预防措施。

（六）消费者团体对策

1. 所有的对策、措施，都应以尊重消费者权益为前提。

2. 热情地接待消费者团体的代表，回答他们的询问、质询。

3. 不隐瞒事故的真相。

4. 及时与消费者团体中的领导以及意见领袖进行沟通、磋商。

5. 通过新闻媒介向外界公布与消费者团体达成的一致意见或处理办法。

（七）社区居民对策

1. 社区是企业生存和发展的基地，如果危机事件给社区居民带来了损失，酒店应组织人员专门向他们致歉。

2. 根据危机事件的性质，也可派人到社区居民家庭中分别道歉。

3. 向全国性的报纸和有影响的地方报刊发谢罪广告。其内容包括：作为谢罪广告对象的有关公众；公众了解的事项；明确而鲜明地表示企业敢于承担社会责任、知错必改的态度。

4. 必要时应向社区居民赔偿经济损失或提供其他补偿。

除上述关系对象外，还应根据具体情况，分别对与事件有关的交通、会安、市政、友邻单位等公众采取适当的对策，通报情况，回答咨询，巡回解释，调动各方面的力量，协助酒店尽快渡过危机，把酒店形象的损害控制在最低限度。

四、酒店公关危机处理中媒体应对技巧

1. 发言人应对酒店不希望见诸报端的言论保持沉默；

2. 事故发生后，最短时间准备好由律师起草的"致媒体公开信"之类的声明，告之酒店遭遇的紧急情况，正采取一切可能的措施妥善处理事故。

3. 首先掌握事故的一手资料，对相关质疑的回应速度很重要。

4. 保持冷静。酒店在可能的范围内尽量配合媒体，不可丧失原则。

5. 不可用"无可奉告"作为回答，最好的办法是实话实说：事故原因正在调查，现在调查阶段，无法说明事故原因。

6. 为记者提供一切可能的便利。

7. 在证实某些媒体已经掌握的消息，把证实的消息限定严格，不可对事故原因、损失数额、事故责任、可能的停工、停业时间等妄加揣测。

【小资料】

应对危机公关几要和几不要

几要：

1. 回答媒体提出的问题之前，一定要做好充分的准备。

2. 一定要将酒店方面乐于向媒体提供一切最新进展的消息，配合他们及时完成采访任务的意愿表达清楚。

3. 对非酒店工作人员散布的任何不实的消息，一定要予以澄清。

4. 要关注媒体对于事故的报告，提醒媒体不要对不准确的消息进行渲染。

5. 要在现有事实的基础上，强调积极和正面的内容：酒店过去的安全记录，重建的计划，一直以来都非常谨慎，员工所表现出的英雄主义，对员工的关心等。但不用刻意歪曲负面的效应，保持积极而诚信的态度。

几不要：

1. 回答媒体的问题时，不要草率行事，回答中坦言事实。

2. 不要随便将事故归咎于某人。

3. 不要随意对任何事情主观猜测。

4. 不要发表任何涉及事故的人员的个人情况。要尊重别人的隐私权。

5. 不要在尚未核实准确或者未得到酒店公关部门主管授权的情况下，对酒店的损失数额做出评论。

6. 不要信口雌黄，危急时刻，任何言论都会被记录在案的。

7. 不要偏向某些媒体，要一视同仁，向所有的媒体发布同样的信息。

8. 不要即兴发挥，尽可能按照事先准备好的稿子发布声明。没有被包含在书面草稿中的媒体问题的相关答案，要适当记录。只有这样才能确保为所有的媒体提供完全一致的信息。

9. 不要重复记者使用的负面或煽动性很强的文字，否则很容易被误以为是酒店发言人的原话。

10. 不要在采访中过于情绪化，因为可能被误解为慌乱或不知所措，特别是面对电视镜头的时候，最好不要死盯着镜头。

资料来源：ALBERT. EKUDRLE, MELVIN. SANDLER. 酒店公关［M］. 机械工业出版社，2003.

【项目小结】

危机是市场经营活动的影子，也是公共关系过程的伴随物。在这个充满着不确定的世界，有一件事情是确定的，就是人们或组织都会陷入危机困境中，无论是心理危机，还是事实危机，酒店也不例外。公关危机是危机的一种特殊类型，这种突发事件会导致酒店陷入社会负面舆论，公众形象和信誉受损，阻碍酒店的正常经营活动。公关危机具有突发性、难以预测性、严重性、关注性、复杂性、可变性等特点；它的形成和发展经历了潜伏期、初显期、爆发期、抢救期和善后期五个阶段；它按照不同的划分标准可分为四个基本类型，自然危机与人为危机，一般危机与重大危机，组织内部危机和组织外部危机，机构性危机与突发性危机。

公关危机的化解需要危机公关，即酒店公关人员在危机意识或危机观念的引导下，依据危机管理计划，对发生的危机事件进行预测、监督、控制、协调和处理的全过程。酒店危机公关是危机的酒店公共关系管理活动，大体有三个任务，即预防、准备和公关。危机预防能降低危机发生的可能性，限制危机的发展扩散，减少危机带来的损失。它包括六项基础工作，即有效开展危机教育，建立危机预警机制，设置危机管理机构，制订危机管理计划，训练危机应急队伍，准备各种物资条件，其中危机预警、危机管理计划制订是危机预防工作的重点。当危机发生时，酒店快速正确地进行应对准备并实施公关显得非常重要。酒店在处理公关危机时遵循实事求是，敢于承担，快速反应，冷静应对，顾客和员工第一，重视媒体，形成文字等原则，并按照一定的程序步骤进行，同时要注意与公众和媒体之间的良好沟通。

【思考题】

1. 你是如何理解公关危机和危机公关含义的？
2. 酒店公关危机的特点体现在哪些方面？
3. 酒店公关危机形成和发展的阶段是怎样的？
4. 酒店公关危机可以分成哪几种类型？
5. 酒店公关危机的具体表现有哪些方面？
6. 为什么酒店公关危机预防很有必要？
7. 你认为酒店公关危机预防的主要内容有哪些？
8. 酒店应对公关危机需要遵循的原则是什么？
9. 理解并运用酒店危机处理公关工作的基本程序。
10. 你认为危机公关时应怎样应对媒体，有哪些技巧？

项目五　酒店危机公关

【案例分析题】

案例1：酒店房间卫生引发危机

2012 年 11 月，加拿大广播公司的《市场》节目在加拿大温哥华、多伦多及蒙特利尔 3 个城市对假日酒店、喜来登酒店等 6 间连锁酒店集团的房间进行卫生调查。

结果发现不论是豪华酒店还是廉价酒店，所有房间都藏有可致命、有超级细菌之称的抗药性金黄色葡萄球菌及难辨梭状芽孢杆菌，而被子和电视遥控器是滋生细菌的热点。

据报道，这次调查的连锁酒店包括价格实惠的 Econo Lodge 和 Super 8 中档酒店 Best Western 和假日酒店以及豪华酒店费尔蒙特和喜来登。调查在这些酒店内暗中进行 7 000 多次取样，涉及与住客接触频率最高、最易沾染细菌的 810 件物品。

各酒店检测结果：

1. Super 8 酒店的被子最脏，ATP 达到 26 124，大大超过了"不合格"的范围。而洗手间的水龙头，54 次检测有 16 次不合格，比率达到 30%。

2. 多伦多市中心假日酒店的水龙头最肮脏，ATP 高达 11 374。逾 70% 的遥控器评级为警戒区或不合格。

3. 温哥华费尔蒙特酒店的遥控器最肮脏，ATP 达到 22 292。其他最易藏菌之处，包括盖毯、洗手间水槽、马桶座和电话。

4. Econo Lodge 酒店的清洁工用马桶刷清洁洗手池，而且使用同一条布清洁马桶厕板和水龙头。

Best Western 酒店发出回应称卫生是集团首要考虑的事。而喜来登酒店表示调查结果令人不可接受，已要求所有清洁员工接受再培训。假日酒店及 Super 8 的母公司都表示旗下酒店属独立经营，如果危及服务质量及客人安全，将对个别酒店采取行动。Econo Lodge 高层看过偷拍片段后表示涉事员工的做法没有达到清洁标准。费尔蒙特酒店则拒绝回应。

资料来源：http：//www.sinonet.org/news/ca/2012－11－09/235613.html。

问题：

1. 你认为不同酒店就媒体曝光后的应对存在哪些问题？

2. 你认为酒店面对危机应该如何进行公关？

案例2：纽约华道夫—阿斯多里亚饭店危机应对

纽约一家华道夫—阿斯多里亚饭店在开张伊始，饭店配备的能为1 800套客房提供电信服务的崭新的电话系统，刚一启动就发生故障，无法使用了。这家纽约豪华酒店一下子陷入了极度的混乱，随后的15个小时，酒店的通信回到了19世纪的样子：客人将要打出的电话内容写在纸条上，交给跑来跑去传信的酒店服务生，特定的酒店工作人员则负责通过专线向外拨打电话，但是任何电话都打不进来。使问题更为复杂的倒是：为了便于"新系统"准确无误地运转，饭店在晚间对房间的门号进行了调整，有的客人一觉醒来竟然找不到自己到底住在哪间房了。

弗朗西斯·伯顿是一名经验丰富的资深公关人员。她在如此大的事故面前，始终保持着清醒的头脑。"有两点可以告诉记者，"她说："由于电话公司为我们安装的设备质量不过关，华道夫酒店成了受害者；华道夫酒店的员工非常敬业。很多人听说了发生的事故后，牺牲自己的公休日，主动来酒店加班，为需要紧急致电外界的客人提供周到的服务。他们不辞辛劳地在这栋42层高的大厦穿梭，为酒店的客人提供门对门的服务。要知道，整个酒店的面积相当于纽约城市广场这么大，可见我们的员工所承担的工作量有多么繁重。"媒体原本是云集华道夫，打算报道当时可能出现的狼藉场面的，但酒店方面则以不怕困难的豪气和沉着应战的实际行动，给世人留下了一段"应对困境"的佳话。

伯顿的果断应对受到了一致的喝彩，1980年，华道夫酒店被评为最佳危机应对公关方案奖项的得主。

资料来源：ALBERT. EKUDRLE，MELVIN. SANDLER. 酒店公关［M］. 机械工业出版社，2003.

问题：

1. 请运用危机公关的原则和程序思考弗朗西斯·伯顿是如何成功应对危机的？

2. 通过纽约华道夫—阿斯多里亚饭店危机的案例，阐述在酒店危机公关中应该如何和媒体打交道？

【实训题】

以小组形式，通过查阅旅游酒店专业报纸杂志，收集2~3例酒店应对危机的案例，结合危机公关原则和处理程序内容调查分析，形成PPT演示文件，以小组为单位进行讲解。

项目六　酒店公关活动管理

【主要内容】

酒店公关活动管理是酒店公关活动得以有效开展的重要保证，是实现公共关系目标的有力保障。本项目介绍了酒店开展公关活动策划的秘诀；阐述了酒店公关活动实施的定义、特点和原则，并分析了实施过程中如何做好准备阶段、执行阶段和结束阶段的管理工作；最后论述了如何根据酒店实际，选用合适的方法对酒店公关活动进行评估。

【学习目标】

1. 理解酒店公关活动的策划方法
2. 掌握酒店公关活动的实施步骤
3. 熟悉酒店公关活动的评估

【案例导入】

武汉香格里拉大酒店将举办"熄灯一小时"活动

2011 年 3 月 26 日晚 20：30 至 21：30，武汉香格里拉大酒店将连续第三年参与到"地球一小时"活动中。

为积极响应今年活动的主题——"超越熄灯一小时"，酒店将 3 月 21 日至 26 日设为酒店节能环保周，并为每一天都精心设定一个节能环保主题：3 月 21 日设为"无打印日"、22 号设为"节水日"、23 日设为"无电梯日"、24 日设为"无纸巾日"、25 日设为"无烟日"、26 日则是"熄灯及素食日"，号召员工积极行动起来，为节能环保贡献力量。另外，这一周酒店管理层的每日早会将改在自然光线充足的室外花园召开。武汉香格里拉大酒店希望以自身的实际行动，表示其应对气候变化的积极态度及对节能环保的鼎力支持，倡导更多的人加入"地球一小时"活动，共同抵御气候变化。

活动期间，酒店将关闭大部分员工区域的照明设备并将公共区域、餐厅及酒店外观的照明调暗。据饭店估算，此次"地球一小时"活动中饭店将节约 1 093 千瓦小时电力，即 1 093 度电，足够一户普通家庭使用 3 个月。此外，同时，酒店也鼓励下榻的客人通过将客房内灯光、空调及其他用电设备调至最小用电量、在床单上放置免换床单卡以减少洗涤次数及使用员工通道代替电梯等行动来积极参与到活动中。活动当晚，酒店的大堂酒廊、香苑、居酒屋和香宫餐厅将推出烛光晚餐、素食菜单和绿色饮品，居酒屋还将举办名为"回归自然"的低碳主题晚餐。

熄灯的一小时中，武汉香格里拉大酒店的管理层、员工代表以及部分外籍员工，还将一起以慢跑至西北湖的形式来加强市民对节能减排环保问题的重视。途中，他们不仅积极向路人宣传"地球一小时"、低碳生活，还邀请广大武汉市民参与到"地球一小时"的签名活动中。酒店希望在这特殊的一小时内唤起武汉民众对减少温室气体排放和在日常生活中做出低碳改变的支持；同时，借助慢跑的形式鼓励更多的市民可以加入运动及低碳生活的行列，让大家认识到适量的运动不仅有益于身心健康，更是对健康与环保的支持，可谓一举两得。

"地球一小时"是由世界自然基金会（WWF）发起的针对气候变化的一项全球性节能环保公益活动。武汉香格里拉大酒店一直积极参与社会公益性活动、努力采取各种措施积极应对气候变化、为节能环保做贡献；除了参与"地球一小时"活动外，还致力于建设绿色环保新型酒店，尽可能实现百分之百使用环境友好型设备，并寻求实现各个供应链环节的绿色环保，同时增强员工参与环保活动的意识，向社会各界倡导节能环保的理念。

活动期间，荆楚网、新浪网和当地多家媒体自发对这次活动进行了深度报道。武汉香格里拉大酒店通过这个活动拉近了与公众的距离，树立了良好的社会形象，为其自身发展营造了一个和谐的发展环境。

资料来源：http://news.163.com/11/0321/11/6VLS54QP00014AEE.html.

思考：
良好的管理过程对保障公共关系专题活动有效开展有什么重要意义？

模块一　酒店公关活动策划

【能力培养】

1. 熟练掌握新闻传播型公共关系专题活动的定义、内容和操作流程。
2. 熟练掌握庆典型公共关系专题活动的定义、内容和操作流程。
3. 熟练掌握展示型公共关系专题活动的定义、内容和操作流程。
4. 熟练掌握交际型公共关系专题活动的定义、内容和操作流程。

任务一　搞定新闻传播型公关活动的秘诀

新闻传播型公关活动，也就是所谓的新闻发布会，是酒店为公布重大新闻或解释重要方针政策而邀请新闻记者参加的一种公共关系专题活动。它是酒店传播信息、吸引新闻媒体客观报道，搞好与新闻媒介关系的重要途径和手段。在任务一环节，我们将学习新闻发布会的特点、举办时机和开展程序，以便大家掌握搞定新闻传播型公关活动的秘诀。

【知识拓展】

一、新闻发布会的特征

新闻发布会是一种二级传播，表现为酒店将信息告知记者，再通过记者所属的大众传播媒介告知社会工作。其具有权威性、开放性、传播速度快和成本高等特点。

（一）权威性

新闻发布会的举办主体是作为社会组织的酒店，答记者问的一般是酒店有关方面担任着重要职务的负责人或能代表酒店讲话的人士，甚至是酒店的最高领导人。记者提出的问题代表着群众共同的想法和意愿，而不是个别现象和个别情况。答问的内容也是经过有关方面反复研究后确定下来的，答问者代表酒店"官方"立场，也不是个人的意见和看法。

（二）开放性

新闻发布会是公开举行的，且有多种媒体参与报道。有关方面所提及的政策、立场、观点、态度、重要问题、重大事件的细节和经过，通过电视、广播、报刊等大众工具被大众所了解，具有很强的透明度和开放性。

（三）传播速度快

新闻发布会能减少信息传递过程中的损耗、偏移和曲解，提高了传播效率和传播效果。

（四）成本高

召开新闻发布会的耗费较高，要占用记者和组织者的大量时间，动用一定的人、财、物，需要较高的成本。

二、新闻发布会的举办时机

酒店召开新闻发布会需要选择恰当的时机，下面列举一些适宜召开新闻发布会的情况。

①酒店有特别新闻需要向社会工作公布，可通过记者招待会发表或解释。如酒店出现了公共关系危机事件，需要立即召开新闻发布会，在第一时间将真相告诉广大受众。

②酒店有重大活动并希望借机扩大影响。如酒店的纪念日或店庆、酒店发生重大或紧急事件等。

③酒店有希望记者临场观察的题材。如食品安全引发公众关注时，可组织记者来参观报道酒店的生产流程。

④酒店有重大经济信息需要发布。如酒店新产品、服务或新技术开发专利等。

三、新闻发布会的举行程序

举办新闻发布会是酒店形象的一次公开"亮相"，必须要精心组织和策划。新闻发布会的策划工作主要包括会前筹备、会议进程掌握、会后效果检测三个步骤。

（一）会前筹备

新闻发布会的准备工作具体包括以下六个方面。

1. 确定新闻发布会的主题

召开新闻发布会之前，必须确定会议的主题，即明确新闻发布会的中心议题。要确定中心任务是什么，是对一事件进行解释，还是公布一条消息。公共人员对此必须做到心中有数。

在确定新闻发布主题后，酒店作为组织方还要从新闻媒体和公众的角度出发，进一步考察这个主题是否十分必要，是否具有广泛的传播新闻价值，能否对公众产生重大影响，此时召开发布会是否妥当等。

【特别提示】

一个新闻发布会应只确定一个或者是少量几个相关性较大的主题。同时发布不相关的几则信息，会分散新闻媒体的注意力，影响主题新闻价值的体现。

2. 选择会议主持人和发言人

新闻发布会对主持人和发言人的要求较高。主持人和发言人面对提问必须头脑清醒、反应机敏，有较高的文化修养和口头表达能力。在组织过程中，会议的主持人一般由具有较高专业技巧的公关人员担任；会议的发言人由酒店或部门的高级领导担任，他们清楚酒店的整体情况，又具有权威性。

3. 准备发言稿和报道提纲

公关人员在会议召开前，应在酒店内部统一口径，组织专门小组负责起草发言稿，全面认真地收集有关材料，写出准确、生动的发言稿，并列出新闻报道提纲，以便在会上发给记者作为采访报道的参考。

4. 明确邀请记者的范围

明确邀请记者的范围时，各方新闻机构都要照顾到，不仅要有报纸记者，还要有电台、电视台的记者；不仅要有文字记者，还应有摄影记者。

5. 制作会议费用预算

酒店应根据所举行新闻发布会的规格制定费用预算，并留有余地，以备急用。费用项目一般包括场租费、会议布置费、印刷品费、邮电费、交通费、住宿费、音响器材费用、相片费、茶点费或餐费、文具用品、礼品费用等。

6. 具体事务安排

为了开好一场新闻发布会，酒店必须有一只精干的筹备团队，并由其开展具体事务的安排工作，具体包括以下五个方面（见表6-1）。

表6-1　　　　　　　　　　**新闻发布会的具体事务安排**

具体事项	主要内容及注意事项
（1）选择会议地点和日期	★在日期选择上，不要与重大假日同步，如周末与周一举办新闻发布会都不太适宜。一天内，具体会议时间一般安排在上午九点或下午三点左右，不宜太早或太晚
（2）准备请柬应及早发出	★请柬应及早发出 ★请柬上应注明举办新闻发布会的目的，列出发言人的姓名、职务、会议日期、地点及联系方式 ★会议召开前一到两天应电话询问和落实记者的出席情况
（3）会议时间安排	★会议时间一般以一小时为宜。会后可要求记者共进工作餐，可以利用非正式的交流方式来促进相互沟通
（4）会场人员安排	★安排足够的接待人员，设立签到处，并安排专人引导记者进入会场
（5）会场环境及设施安排安排	★酒店内部与会人员应佩戴名签、设立名牌，并发给与会记者写有名字和传播机构的标牌 ★会议桌和餐桌名牌要分清主次，合理排序，避免混乱和不愉快的出现 ★事先准备好音频负责器材，以便供与会记者使用

（二）会议进程掌握

举办新闻发布会，会议程序必须安排得详细、紧凑，避免出现冷场和混乱。

一般来说，新闻发布会应包括以下程序（见表6-2）。

表6-2　　　　　　　　　　　　　新闻发布会操作程序

步骤	注意事项
1. 签到	★设计签到处，并安排专人引导记者入场。参加会议的人应在签到簿上写下自己的姓名、单位、职业、联系电话等
2. 发资料	★会议工作人员应将写有姓名和新闻机构名称的标牌发给与会记者，并将会前准备好的材料有礼貌地发给每一位到会者
3. 介绍会议内容	★会议开始时，应由会议主持人说明举办新闻发布会的主题、会议的简要内容和流程、所要发布的信息或事件发生的简单经过
4. 主持人讲话	★主持人要充分发挥主持和组织的作用，活跃整个现场气氛，并引导记者踊跃提问。当提问偏离主题时，应巧妙地将话题引回主题；出现紧张气氛时，要能及时调节，不要随便延长预订的会议时间
5. 回答记者提问	★发言人要准确、流利、自信地回答记者提出的各种问题，不要随便打断记者的提问，也不要以动作、表情和语言对记者表示不满。对于需要保密的内容或不好回答的问题不要回避，而应以幽默、委婉的方式进行反问或回答，以确保所发布信息的准确无误
6. 参观或其他活动安排	★会议结束后，还应适度安排专人陪同记者进行参观考察，给记者创造实地采访、摄像、录像的机会增加记者对会议主题的感性认识，也可举办酒会、茶话会等活动，以便个别记者能单独提问，进而建立与新闻界的良好关系。另外，还可以向与会者赠送一些具有特殊意义或与新闻发布会主题有关的小礼品留作纪念

（三）会后效果检测

效果检测也是酒店召开新闻发布会的一个重要环节，可从以下三个方面来进行检验。

1. 会议总结

整理会议记录材料，从中总结此次发布会在准备、布置、支持和回答等环节中的成败，并将这些经验写成书面材料存档。

2. 分析相关报道

收集与会记者在报刊、电台、电视台、门户网站所作的报道，对其进行归纳分析，检测是否达到了酒店预期的目标。如有因自身失误引发的谬误，应设法补救。

3. 收集与会者的反应

收集到会者的反应，了解记者及其所属单位对本酒店的看法，以便日后更好地与他们开展合作。

【同步案例】

铂晶国际大酒店新闻发布会

一、活动背景

随着酒店开业来临之际，酒店内、外空间设计包装建设完工，一套套尊贵豪华的大堂、餐厅、客房空间将——展显出来。在此期间，为在开业之际赢得市场口碑及亲身体会到铂晶国际大酒店带来的身份和星级体验。故我们将举行开业前铂晶国际大酒店项目产品新闻媒体见面会，一场量身定做的公关活动。

二、活动主题

铂晶国际大酒店项目产品新闻发布会。

三、活动目的

1. 争取政府部门和广大消费者对酒店的关注和认可，引导社会舆论的支持；

2. 塑造酒店品牌形象，赢得市场的美誉度；

3. 加强同常州市的各大媒体的沟通、扩大项目的宣传力度；

4. 与媒体建立良好关系，伺机进行宣传，公关活动；

5. 宣传、介绍、推广酒店的优势，即铂晶国际大酒店内的各项配套设施及外部交通位置，并针对酒店的有关问题进行说明和解答。

四、活动地点

铂晶国际大酒店大型会议室（待定）

五、活动时间

2010 年 11 月 23 日上午 09：00（暂定）

六、拟邀请媒体

报纸：扬子晚报、南京晨报、常州日报、常州晚报、武进日报；

杂志：时尚旅游；

电视：武进电视台《时尚消费》栏目；

广播：交通电台；

网络：化龙巷、中国常州网、中吴网、天天红火网等。

七、拟邀请单位嘉宾

常州市人民政府，钟楼区区委政府，市、区工商局，常州市企业协会代表，当地知名媒体代表，意向客户，外地公司驻常州代表。

预计总到会人数 150 余人。

八、准备工作

A. 现场布置

1. 会场外面（酒店大门口放一个彩虹门，彩虹门两边各挂5个飘空气球），在酒店大堂树一个欢迎字牌，并在酒店大堂设置指示标识，直指产品新闻发布会现场（酒店内的会议大厅）；

2. 会场入口处设签到台，并准备好贵宾留言册，以方便宾客留言，赐名片；

3. 会场内：背景板画有"铂晶国际大酒店"标志，并写上"铂晶国际大酒店项目产品新闻发布会"；主席台周围布上盆景，彩虹机；

4. 准备好音箱，话筒，通信工具，照明设备等要在会前调试好，确定一切无恙。

B. 工作人员配备

1. 现场布置、和服务人员提前到会场进行相关的准备工作；

2. 广告公司工作人员进行现场服务，以备某个环节出现漏洞时抢救；

3. 礼仪小姐搞好接待指引工作；

4. 主持人一名，主持发布会过程，要充分发挥组织和主导的作用，突出重点，促进交流，活跃气氛，引导讨论；

5. 保安人员，负责现场的秩序和安全；

6. 会议的工作人员除做好会场服务工作之外，还应注意个体形象，取得与会宾客的信赖。

C. 物料准备

1. 布场物料

彩虹门、飘空气球、横幅、指示牌、盆景、展架、彩虹机。

2. 活动物料

签到本、笔、文件资料袋、邀请函、嘉宾名称牌、胸花、领导发言稿、宣传单页、录像设备、照相机，音箱、话筒。

九、活动程序

9:00—9:30	签到
9:30—10:40	发放资料
9:40	发布会开始
9:40—10:20	到会现场的领导发表短暂的讲话
10:20—10:40	酒店经理就项目产品向新闻媒体发布
10:40—11:10	答记者问
11:10—12:40	领导嘉宾和记者共进午餐

十、宣传方式

根据酒店宣传计划拟定宣传方式

十一、经费预算表（待定）

十二、效果评估与预测

1. 定性评估。定性评估是对项目产品新闻发布会活动效果进行质的评价。可以从会议上来宾的发言、提问、讨论、留言的主要观点和倾向，与会宾客的知名度和代表性，会场气氛，新闻媒介报告的侧重面，或没做好的工作等方面的情况与预设目标相比较，综合考察和评估。

2. 定量评估。定量评估是对项目产品新闻发布会的一些数量上的特征的考察和估量。可以从与会宾客人数、发言、提问和留言的人数，新闻报告篇数、篇幅大小、持续时数、版面位置、收视率、收听率。

3. 活动信息覆盖率达本地区人口的 60%。

4. 活动实际人数不少于 100 人。

5. 活动现场执行情况不发生明显失误。

6. 活动经费使用严格控制在预算内。

资料来源：http：//wenku. baidu. com/view/7bcd3f78168884868762d6d0. html.

任 务 二　搞 定 庆 典 型 公 关 活 动 的 秘 诀

庆典型公关活动，即庆典活动是指酒店围绕自身或所处社会环境中的重大事件、纪念日、节日所举办的各种庆祝活动，包括开幕庆典、周年庆典、节庆活动等。

在任务二环节，我们将学习开幕庆典、周年庆典、节庆活动的定义、组织方法和注意事项，以便大家掌握搞定庆典型公关活动的秘诀。

【知识拓展】

一、开幕庆典

（一）开幕庆典定义

开幕庆典又称开幕式，是指酒店为第一次与公众见面的、具有纪念意义的事件而举行的庄重而又热烈的活动形式。它包括酒店开张之喜、机构成立、重要工程开工、展览会、博览会、运动会、文艺会演第一次拉开序幕以及第一次向公众开放等。一个热烈、隆重的开业典礼能给公众留下美好的第一印象。

（二）开幕庆典的组织

开幕庆典的组织工作一般包括以下六个方面。

1. 拟定宾客名单

首先要拟出宾客的名单，然后按名单发出请柬，最好提前两周寄出（本地一周前送达），以便对方早作安排。

2. 确定典礼程序及安排接待事宜

开幕式的一般程序是主持人宣布典礼开始，介绍重要来宾，组织领导人或嘉宾致贺词、致答词、剪彩、参观、座谈或宴请招待等。

应事先指派专人负责签到、接待工作，并确定剪彩、放鞭炮、摄影、录像等有关服务人员，要求他们各负其责，在典礼开始前准时到达指定岗位。

3. 确定剪裁人员

参加剪裁的除了主办方的主要负责人外，在客人中应选择地位较高、有一定声望的知名人士，且要事先安排好他们的座次或站位。

4. 确定致贺词、答词人的名单

事先应确定主持人和致贺、答词人名单，并为本单位负责人拟定开幕词或贺词和答谢词。这些文稿应言简意赅，能起到沟通感情、增进友谊的目的。

同时，预先应准备好新闻参考资料或报道提纲，为前来报道的记者提纲新闻素材。

5. 安排助兴节目

开幕式基本程序结束后，开展一些助兴节目，如年会、酒会、茶话会等，能够营造热烈气氛，进一步增进感情。

6. 组织参观

开业典礼基本程序结束后，可以组织来宾参观本单位的工作现场。这是让上级、同行、新闻机构和社会公众了解酒店的好机会，也是自我展示、传递信息的一条有效途径。

7. 赠送纪念品

纪念品能使开业典礼活动产生持久效果，并成为有用的传播手段。因此，有必要准备一些能代表酒店经营特色的纪念品。

【同步案例】

镇江宾馆开业庆典

镇江宾馆是一家投资 1 个亿，按四星级标准设计建造的酒店。1997 年 10 月，镇江宾馆开业。为树立自己的形象，他们策划了"金秋美食节"的开业庆典，在庆典中推出长达 200 米的"金秋蛟龙宴"和"金秋乌龙宴"，邀请上级主管、社区、旅行社同行和客户代表共计 500 人出席开幕式，品尝美味佳肴。开幕式后，还安排来宾参观酒店的豪华设施。结果引起媒体的高度注意，《中国旅游报》、《华东旅游报》、《镇江日报》、镇江电视台等都争相报道，并给予了高度评价。由此，该酒店的知名度和美誉度得到了大大的提升。

二、周年庆典

酒店利用酒店的周年纪念日，尤其是逢 5 年、10 年的纪念日举行的庆典活动，既可以对外宣传酒店的成就，扩大社会影响；又能对内鼓舞士气，凝聚人心。从这个意义上看，周年纪念庆典也是一种很好的公关活动。

【特别提示】

周年庆典策划的注意事项

1. 体现总结过去、继往开来的内涵

周年纪念日是酒店发展的里程碑，需要借助庆典活动对酒店的过去进行回顾和总结，并根据对环境的预测来展望未来。

2. 强化对内员工的教育作用

作为酒店自己的节日，周年庆典应加强对内部员工进行热爱酒店、热爱本职工作的教育主题。

3. 凸显节日喜庆气氛

周年庆典活动是酒店一年一度的大事，应采取各种方式来渲染节日喜庆气氛，并为来宾提供良好的礼宾服务，这一点与其他庆典活动相同。

4. 重视内容创新

作为一种公共关系专题活动，周年庆典不能总是一种模式，公关人员应围绕周年纪念这一中心进行内容创新，以增强活动的独特性和对公众的吸引力。

【同步案例】

北京长城饭店周年庆典

1986 年 12 月，北京长城饭店（涉外饭店）迎来周年庆典，饭店公关部经过精心策划，将周年庆典与圣诞节结合，邀请了北京部分外籍专家和驻华使节的小孩子，到饭店欢度圣诞节。庆典结束后，又送给每个小朋友一份精美的圣诞礼物。长城饭店通过这样的庆典，在外国客人中提高了知名度和美誉度，赢得了外国客人的赞扬，为今后工作奠定了良好基础。

三、节庆活动

节庆是为节日或共同的喜事而举行的、表示快乐或纪念的庆祝活动。十里不同风，百里不同俗，各国甚至一个国家的不同地区都有自己的独特节日和庆祝活动。节庆日是公共关系部门，尤其是酒店等接待服务单位开展公共关系活动的绝好时机。

【特别提示】

节庆活动策划的注意事项

1. 区分节庆活动的重点

各国各民族的节庆日名目繁多，大体可分为法定节日和民间传统节日两大类。对于法定节日，除宾客所在国的国庆日可向其表示庆贺外，每逢我国的国庆日，也可酌量安排一些电影、文艺招待等活动。其他的法定节日一般由国家、政府首脑或军事首长主持，酒店的公共关系部门不必另行安排庆祝。

民间传统节日，除各国基本相通的元旦外，世界各国各地都有各自传统的民间节日和宗教节日。如欧美国家的"复活节"、"感恩节"，伊斯兰教的"开斋节"，佛教的"浴佛节"；我们传统的春节、元宵、七夕节、中秋节等。重要的民间传统节日和宗教节日，应列为酒店节庆活动的重点。

2. 贵在富有传统特色

开展节庆活动，贵在富有传统特色。比如我国的很多酒店，在我国传统的春节，给宾客吃"年夜饭"，组织员工向宾客"拜年"。这样做，可以使国内同胞感受到分外亲切，缓解思乡之情；也能使外宾领略异国他乡的特殊风情。

3. 重在创新

如今，各种各样的节庆活动名目繁多，让人眼花缭乱。即使是首次推出一个独特的节庆活动，也很快会被同类酒店所模仿。因此，为了给公众留下深刻的印象，在进行节庆活动策划时，无论是在主题、内容、形式等方面都要出新，力求做到"人无我有"。

【同步案例】

香港半岛酒店 2011 年圣诞节庆活动

一、"愿望之树"筹款活动

今年，香港半岛将连续第九年参与由半岛酒店集团举办的"愿望之树"筹款活动。宾客可于酒店大堂购买圣诞挂饰，并系在酒店瑰丽的圣诞树上。收入将会全数捐赠予"香港愿望成真基金"为病榻中的孩子达成愿望。此外，宾客凡于节日期间惠顾"愿望之树下午茶"或"愿望之树鸡尾酒"，酒店将会把"愿望之树下午茶"百分之二十的收益，以及"愿望之树鸡尾酒"的所有收入全数赠予"香港愿望成真基金"。

二、甜蜜乐聚

圣诞节对儿童来说分外特别。今年，The Bar 将布置成巨形姜饼屋，以闪烁的装饰和穿梭屋内外的火车为小朋友带来惊喜。父母于节日与小朋友共尝特别为儿童而设的下午茶，尽享天伦之乐。儿童下午茶于十二月三、四、十、十一、十七及十八日，下午三时至五时供应。

三、自制"节日曲奇饼"新鲜上市

欢度佳节，滋味可口的曲奇饼可以加添不少节日雅趣；有见及此，香港半岛酒店今年首度推出"节日曲奇饼"，由香港半岛酒店饼房行政主厨卢尔德永率领厨师团队精心炮制，以一新口味与众迎接圣诞来临。

资料来源：http：//gd. sohu. com/20111215/n329124465. shtml.

任务三　搞定展示型公关活动的秘诀

展示型公共关系专题活动就是通过实物展示、环境展示、图片与模型展示，广泛吸引公众的注意和参观，并吸引新闻媒介的关注和报道，以提高酒店整体形象或产品知名度和美誉度的活动。

【知识拓展】

一、如何举办展览会

（一）展览会概述

1. 展览会的定义

展览会是一种综合运用各种传播媒介、手段推广产品，宣传酒店形象和建立良好公共关系的大型活动，它通过实物、文字、图表来展示成果，图文并茂，给公众以极强的心理刺激，从而加深公众的印象，提高酒店和产品在公众心目中的信誉。

2. 展览会的特征

为了成功地举办展览会，有必要了解展览会的特点，一般的展览会有以下五个方面的特点。

（1）复合性。

展览会是一种复合性的传播方式，表现为一个展览会通常会同时运用多种传播媒介，包括声音的媒介（如讲解、交谈和现场广播）、文字的媒介（如印刷的宣传手册、介绍材料）、图像媒介（如各种照片、幻灯片和录像）等进行交叉混合传播。

（2）直观而生动。

展览会是一种非常直观、形象和生动的传播方式，通常以展出实物为主，并进行现场的示范表演，如纺织品展览会上的时装表演。

（3）双向沟通。

展览会能给酒店提供与公众进行双向沟通的机会。在展览会上，一般都有专人回答参观者的问题，并就他们感兴趣的东西进行深入的讨论。

（4）高集中度。

展览会是一种高效率和高度集中的沟通方式。

（5）新闻性。

展览会是一种综合性的大型活动，除对自身的自我宣传外，往往能成为新闻媒介追踪的对象,是新闻报道的好题材。通过新闻媒介的相关报道,展览会的宣传效果将得以大大的加强。

3. 展览会的类型

根据不同的标准可以将展览会分成多种类型,下面我们分别以规模、内容、性质、地点和时间为依据对其进行分类。

(1) 按展览会的规模划分。

① 大型展览会。

其规模可大至世界性的博览会。这类展览会是综合性的,参展的组织多,展出的项目多,涉及面也广,需要有较高的专业技术水平才能办好。

② 小型展览会。

规模较小,常常由一个酒店自己举办,展出的项目比较单一。

③ 微型展览会。

这是最小规模的展览会。如酒店橱窗的商品展览等。

(2) 按展览会内容划分。

① 综合性展览会。

综合展示一个国家、一个地区或一个酒店的建设成就,既有整体概括,又有具体形象,观众参观后会有一个比较完整的印象。

② 专业专题性展览会。

介绍某一些专业或专题的情况,虽不要求全面系统,但也要求内容集中、主题鲜明、有一定深度。例如我国举办的"中国酒文化博览会",就是专门以酒为核心,通过酒来展示企业文化和传统的中国酒文化。

(3) 按展览会性质划分。

① 贸易性展览会。

举办这种展览会的目的是为了促进商品交易,展出的也是一些实物产品和新技术等。

② 宣传性展览会。

通过展品向观众宣传某一思想或观点,或让观众了解某一事实,其特点是重在宣传,没有商业色彩,展品通常是照片、资料、图表及实物等。

(4) 按展出地点划分。

① 室内展览。

在室内举行,不受天气影响和时间限制,可展出较为精致,价值高的展品。

② 室外展览。

在室外举行,规模可以很大,布展也比较简单,但会受到天气的制约。

③ 巡回展览。

这是一种流动性的展览，往往利用车辆运往各地进行巡回展出。

（5）按展览会时间划分。

① 长期展览。

展览形式是长期固定的，如故宫博物院等。

② 定期展览。

这类展览会的展出内容会定期进行更换。

③ 短期展览。

这是一种展出时间较短的展览会，展览结束后即行拆除的展览会。

（二）展览会策划与实施

一场成功的展览会应做到主题思想明确，布局结构合理，布置美观大方、经济、新颖，解说精练、流畅、动人，给人以深刻印象。为实现这一目标，在进行展览会策划和实施时，应遵循以下流程（见表6-3）。

表6-3　　　　　　　　　　　展览会策划和实施操作流程

步骤	注意事项
1. 必要性和可行性分析	★展览会是综合性的大型公关专题活动，需投入较多的人力、物力和财力，如不对其必要性和可行性进行分析和论证，就有可能导致费用开支过大而得不偿失或是盲目举办而起不到应有作用的不良后果
2. 明确展会主题	★在决定举办展览会后，首要工作就是明确展览会的主题和目的、展览会的传播方式和沟通方式，确定整个展览会的领导者、策划者、执行者和工作人员
3. 确定参展单位、参展项目和展览会类型	★举办者可以采取广告，或给可能参展的单位发邀请函的方式吸引相关单位参加。在广告和邀请函中，需要写清展览会的宗旨、展出项目类型、展览会的要求和费用以及对参观人数和类型的预测等，同时给潜在参展单位提供决策所需的资料
4. 明确参观者的类型	★需要明确参观者的类型，以便使展览会的策划者和讲解人有针对性的准备材料
5. 选择展览会的时间和地点	★有些展览会要考虑时间性和季节性。在选择地点上要考虑的因素包括方便参观者、预选地点周围的建筑是否与展览会主题相得益彰、辅助设施是否容易配备和安置等
6. 培训工作人员	★展览会工作人员的素质和展览技能的高低对整个展览会的效果有重要影响。因此，必须对展览会工作人员（包括讲解员、接待员、服务员和操作员等）进行良好的公关意识和技能培训，并就展览会内容进行必要的专业知识培训
7. 成立对外发布信息的专门机构	★该机构负责与新闻界联系的一切事宜，并制订信息发布的计划，如确定发布的内容、时机、形式等。公关人员应发掘展览会上有新闻价值的东西，以此作为媒体报道的素材，扩大展览会的影响

续表

步骤	注意事项
8. 准备辅助宣传资料	★预备所需的各种辅助宣传资料，如录音、录像带、光碟、幻灯片、各种小册子、展览会目录表、招贴画等
9. 准备辅助设施和相关服务	★预备展览会的辅助设施和相关服务，如业务洽谈室、合同签订室、文书业务、影视、音响、灯光、展柜、广告栏及银行、邮政、海关、检验、交通运输、停车场等
10. 布置展览厅	★在展览厅入口，应设置咨询服务台和签到处，并贴出展览会平面图，作为参观指南。展览会的布置应考虑角度、方向、背景、光线等综合因素，力求展品展出后达到整齐、美观、富有艺术色彩的效果，给人以美感
11. 制作展览会徽标和纪念品	★设计制作展览会徽标，备好相关纪念品，以强化参观者对展览会的印象
12. 采用一些展览会技巧	★有必要策划采用一些展览会技巧，如邀请政府要员或知名人士出席或剪彩，并为参观者签名留念等。总之，尽量把展览会办得生动活泼、别具一格和富有创意，以吸引社会公众的关注
13. 制定经费预算	★制定展览会经费预算，具体做法是列出展览会的各项费用，加以核算，有计划地分配展览会的各项经费，防止超支和不必要的浪费

（三）展览会举办效果评估

展览会举办效果的评估是对实施展览工作所带来的社会效益进行的测量和评估，它主要变现为参观者对展品的反映，对酒店的认识和对整个展览会举办形式和效果的看法等方面。具体可采用以下五种形式对展览会的效果进行评估。

1. 参观者留言

即举办者或参展者在展览厅出口处设置参观者留言簿，主动征求参观者意见。

2. 召开观众座谈会

在展览会过程中，可随机抽取一些观众座谈，谈论一下对展览会的观后感，并要求提出其看法和意见。

3. 记者采访

在展览会期间，记者活动在展览会上，随时随地提出一些双方感兴趣的问题，让观众回答，以此来收集参观者的意见和建议。

4. 问卷调查

展览会结束后，向观众分发调查问卷，了解展览会举办的实际效果。

5. 知识竞赛

展览会期间，可举办有关展览会内容的知识竞赛，当场提问，当场解答，当场发奖。

二、如何参加商品展览会

目前，商品博览会、商品展览会、交易会层出不穷，酒店经常接到这方面的邀请函。一般来说，酒店应该主动、积极地参加有关的展览会。因为交易会能使酒店全面分析市场动态、掌握市场趋势；还能摸清竞争对手的情况。

（一）了解相关商品展览会

由于展览会层出不穷，参加展览会的费用较高且不能保证立刻带来经济效益。所以，并非所有的展览会都要参加。酒店公共关系人员应想设法了解展览会，并且有选择地参加。可以从以下四个方面来判断一个展览会是否值得参加：

1. 了解展览会的历史和组织者的成绩

一个经常性的展览会能吸引更多的参加者。同时，一个经验丰富的组织者，更能妥善处理交易会过程中出现的问题，以保证展览会的成功。

2. 了解参展规模

在选择产品展览会时，需要了解有多少参展者。有信誉的组织者会提供这方面的详细信息。

3. 了解是否有国际参展者

一般较大规模的展览会都应有 15% ~ 30% 的国外参展者。

4. 了解展览会的信誉

可通过展览会是否被国际机构认可来了解展览会的信用。要获得"国际联合商品博览会"的认可，必须同时具备三个条件：其一，是同一展览会在同一城市连续举行三次；其二，能提供一套完整的产品检测系统；其三，能吸引一定比例的外国参观者。

（二）明确参展目的

参加展览会不能只关注订单的多少，而应更多地注重在展览会上宣传和提高企业形象，巩固原来的贸易关系，挖掘潜在市场。

（三）主动适应展览会特点

酒店总是以周围所处地区的人们为主要客户，当打算扩大市场辐射范围时，通过参加酒店主题展览会是一个快速的渠道。考虑到当地的经营环境，酒店应主动适应展会主办方的要求，以便更有效的拉进与当地市场的距离。

（四）精心布置展台

展台必须提前布置好，切忌在临开幕前才草率完工。交易会的规模越大，你的展台就越要醒目。如果是在外地参展，需要找展览会的组织者帮忙。一般大会组织者都会提供一些官方的展台代理人，这些人了解环境，熟悉程序，且有优先于其他代理人提前进入展厅布置展台的权利，他们比较可靠。

（五）积极促销

不能在展台前坐等，应该积极主动地促销。比如，组织一个研讨会，宣传本酒店的最新产品和服务；准备一些宣传资料，诸如精美的样品画册、小巧的馈赠礼品；或者举行新闻发布会，邀请潜在的主顾共进晚餐。

三、如何组织开放参观

开放参观实际上是酒店的一次公开展览。它有助于提高酒店经营管理的透明度，增进外界公众对酒店的了解和认同，形成良好的形象，进而营造和谐的公共关系。

酒店策划开放参观的具体方法是：

1. 确定参观项目

安排开放参观活动要有明确的目的，由此才能确定参观主题，并围绕主题设计参观项目。

参观的项目非常广泛，比如酒店的展览室，酒店环境，酒店的工程设备和工艺流程，员工的教育和培训，酒店的福利、娱乐、服务、卫生等设施等。

2. 落实参观者

参观者可以是新闻记者、社区公众、消费者公众、上级领导、员工家属、学校师生以及其他相关公众。酒店应根据参观主题，合理落实参观者。

3. 选择参观时间

开放参观的时间最好安排在有意义的日子里，比如酒店周年纪念日等各种节庆日、重大事件前后等。

4. 指定组织者

与其他公共关系专题活动相比，开放参观活动比较简单，但是也要认真组织，指定专人做好开放参观的各项工作。最好由酒店内部的公共关系人员牵头，成立一个开放参观活动工作小组。

5. 安排活动程序

开放参观活动的程序包括：寄发请柬、准备入场券、训练接待人员、准备接待房间和用品、编制来宾登记册、制定参观路线等。同时，还要对内部员工进行宣传教育工作，让员工理解开放参观的意义并且很好地配合。

【同步案例】

美国纽约国际酒店用品展览会（IHMRS）

美国纽约国际酒店用品及餐饮业博览会是世界上规模最大、最具影响力的酒店相关行业产品的展示及贸易的盛会之一，代表了全美酒店及餐饮用品行业的流行趋势。该展每年举办一届，从 1915 年至今已经是第 97 届了。2012 年展商总数超过 1 250 家，主要参展国家为美国、加拿大、墨西哥、阿根廷、英国、法国、德国、中国、印度、韩国、泰国等，展出面积达到 22 500 多平方米，专业观众构成包括酒店用品及餐饮业用品的大型酒店独立采购员、批发商、进口商、代理商、制造商、零售商等，总计达 35 000 多人次，其中 35% 观展人则为采购决策者。据主办方统计，平均一个买家在观展期间至少拜会 5 家供应商；93.1% 买家会在展会后选购他们在展会上见到过的商品；超过 40% 买家仅参加此博览会。全美航空航天业旗下的宾馆酒店每年在该展会上花费 3 000 万美金以采购各种产品及设备。

美国纽约国际酒店用品展览会的展品范围如下：

1. 酒店设备及用品

厨房设备、餐饮设备、制冷设备、洗衣房设备、烘烤设备、大堂用品、桌面用品、金银器、瓷器、玻璃器皿、防盗系统、易耗品、装饰用品、酒店制服、酒店配套电器等。

2. 清洁设备及用品

吸尘器、烘干机、洗地机、扫地机、抛光机、高空作业机械、垃圾桶、榨水车、清洁剂、除垢剂、干手设备、洗手液、消毒液、洁厕精、石材护理系统、空气净化产品。

3. 浴室设备及用品

各类卫生洁具、马桶、面盆、浴缸、淋浴房、淋浴喷头、水龙头及配件、开关、浴室照明、镜子、浴室五金挂件、浴室供暖设备、新技术替代产品及服务。

4. 床上用品

床上用品系列、浴室系列、装饰布艺系列、羽绒寝具、纺织专业刊物等。

5. 酒店家具

客房家具、户外家具、宴会餐椅、会议用台、活动舞台、酒店家具运输车、健身、休闲及娱乐设施等。

任务四　搞定交际型公关活动的秘诀

在任务四环节，我们主要介绍交际型公共关系的内涵、使用范围和实施要则，以便大家掌握搞定交际型公关活动的秘诀。

【知识拓展】

一、交际型公关活动内涵

（一）交际型公关活动的定义

交际型公关活动是指不借助其他媒介，而只在人际交往中开展的公关活动，其通过直接接触来建立感情，继而达到建立良好关系的目的。它是一种有效的公关方式，能使沟通进入情感阶段。

（二）交际型公共活动的特点

交际型公关活动的特点是直接，灵活，富有人情味。这些特点决定了我们一旦利用交际型关公活动与公众建立了真正的感情联系，其往往相当牢固，甚至能超越时空的限制。

1. 直接性

个人之间的沟通是彼此面对面进行的双向沟通，省去了众多的中介环节和其他条件的限制，具体生动，针对性强，在一定程度上比大众传播媒介效果好。据调查，人们亲友之间的宣传信任程度可达 75% 以上，而对于传播媒介中的广告宣传的信任程度则只是 30%。

2. 灵活性

灵活性是指交际型公关活动形式的多样化和灵活性。在与公众直接打交道时，公共关系人员可以采用包括个人拜访、交谈、通信、有个人签名的信件来往及贺电等多种形式。同时，还可以根据对方情绪色彩的变化，调整沟通的内容、方式和方法。

3. 富有人情味

情感既是扩大公共关系网络的重要内容，也是发展公共关系网络的动力。开展交际型公共关系的一个重要目标就是培养公关人员与公众之间的情感，使之成为熟识的朋友，相互间得到关怀、帮助和友谊，用良好的情感关系推动公共关系的发展。

（三）交际型公关活动的形式

交际型公关活动的形式主要有对外开放、联谊会、座谈会、慰问活动、茶话会、沙龙活动、工作午餐会、拜访、节日祝贺、信件来往等。

二、交际型公关活动的适用范围

开展公关活动时，可以选择的专题活动很多，如我们前面介绍过的新闻型、庆典型和展示型公共关系专题活动。这些专题活动有着各自的特点和使用范围，比较而言，交际型公关活动更适用于以下情景：客户关系的建立与访问，谈判中僵局的打破，向合作者进行信息传递，向公众推广酒店的方针，向顾客提供各种服务等。

在这些情景中，交际型公共关系活动显得更加直接，可以避免中间环节引发的信息失真；更加灵活，可以选用多种形式来开展交流；更富有人情味，能以情动人。因此，往往能取得更好的沟通效果。

三、交际型公关活动的实施要则

（一）情真意挚

开展交际型公关活动时，应把公众当做好朋友，报以真挚的感情，真心实意地交往。要说真话，向公众提供真实的信息；不要受社会地位、经济条件、文化程度的影响，要对公众平等相待。

（二）讲究礼仪礼节

公关人员要按基本礼仪规则行事，注重个人的仪表、仪态和精神风貌，力求以良好的形象出现在公众面前。充分利用交际型公共活动，巩固和推进与公众的友谊。

（三）杜绝不正当手段

需要明确的是，不要把一切私人交往混同于交际型公关活动，也不能使用不正当的手段，如欺骗、行贿等。社会交际只是公共关系的一种手段，绝不是公共关系的目的。

【特别提示】

情感营销

交际型公关是一种有效的公关方式，使沟通进入情感阶段，具有直接性、灵活性和较多的感情色彩，因此被称为情感营销。真正的情感营销是一种人文关怀，一种心灵的感动，绝不是眼睛紧盯着人家手里的钱，嘴里说些寒暄的套话。在这越发冷淡的科技时代，情感变成了一种稀有资源。在这样的时代背景下，适时选择交际型公关活动往往能取得意想不到的巨大效果。

【同步案例】

新望江酒店 2011 年新春客户联谊会

一、活动概况

活动名称：新望江酒店 2011 年新春客户联谊会

活动时间：2011 年 1 月 18 日 18：18 ~ 20：30

活动地点：望江宾馆一楼酒店大厅

二、活动目的

1. 迎新春新老客户答谢晚宴

2. 提高知名度，树立新望江酒店的品牌竞争力和影响力

3. 展现新望江酒店的人文亲和力

4. 展示新望江酒店的新颖独特的文化魅力

三、活动定位

隆重、热烈、喜庆、时尚

四、活动内容

17：30～18：10 恭候嘉宾入场

第一项：18：18～18：23 董事长宋业贵先生致欢迎词

18：25～20：25 文艺演出、游戏互动、抽奖

第二项：歌舞表演

第三项：游戏互动

第四项：模特表演

第五项：第一次抽奖互动

第六项：杂技

第七项：第二次抽奖互动

第八项：戏曲表演

第九项：魔术

第十项：第三次抽奖互动

模块二　酒店公关活动实施和评估

【能力培养】

1. 了解酒店公关活动实施的定义与特点。

2. 理解酒店公关活动实施的原则。

3. 掌握酒店公关活动实施的程序。

4. 掌握酒店公关活动实施的管理。

5. 了解酒店公关活动评估的概念、意义和内容。

6. 掌握酒店公关活动评估的程序和方法。

任务一　为你量身定做一场酒店公关活动

　　定做的衣服最合身，因为它是完全依据你的身材来打造的。同样的道理，对一家酒店而言，依据自身情况"量身定做"的公关活动才是最有价值的。在本任务环节，我们主要介绍酒店公关活动实施的定义与特点、原则、程序和管理，以便大家能够依据酒店实际来量身定做一场公关活动。

【知识拓展】

一、酒店公关活动实施的定义与特点

（一）公关活动实施的定义

公关活动实施是在公共关系策划被采纳后，酒店将公关策划活动中形成的公关计划和具体行动方案付诸执行的过程。主要是酒店利用各种传播渠道，把有关的信息传递给对象公众，影响他们的态度和行为，继而创造酒店生存和发展的良好内外部环境。

（二）公关活动实施的特点

公关实施是公共关系工作的第三个步骤，也是最为复杂、最多变的一个环节。它具有机动性、创造性和广泛性特征。

1. 机动性

所谓机动性是指在实施过程中需要根据新的情况对计划方案进行调整，这是由于公共活动所涉及范围的多面性和复杂性决定的。

2. 创造性

在公共活动的实施过程中，需要创造性地执行公共关系计划，不能固守既定计划，应懂得根据内外部环境的变化权变地进行必要的调整，这正是由公关活动实施的机动性特征决定的。

3. 广泛性

广泛性是指公关活动实施所辐射的范围较广，因此，酒店应营造强烈的社会气氛，最大限度地扩大公关活动的影响力。

二、酒店公关活动实施的原则

公关活动实施是将公共关系计划所规定的目标和内容转化为现实的过程，在这个过程中，公共关系实施人员必须遵循一定的原则，按科学规律办事。

（一）做好准备工作

公共关系活动是一项时效性很强的活动，一般在公共关系策划方案正式实施之前，必须做好各种实施准备工作，具体包括实施内容设计、时间和进度安排、实施工作的要求和方法、公众互动计划、实施工作的分配、实施机构设置和相关人员培训等。准备工作是公共关系活动得以实施成功的基础和前提条件。

（二）做好实施过程中的目标控制

即在实施过程中，应保证公共关系实施活动不偏离公共关系计划目标。也就是说公共关系计划在实施过程中，需要随时监督检查实施的进程，以便及时调整偏差，保证实现计划的总体目标。

（三）做好实施过程中的整体协调工作

整体协调就是在计划实施过程中，使工作所涉及的方方面面达到和谐、统一的状态。协调不同于控制，控制是根据一个组织的公关计划在实施过程中是否与目标有差异或背离，而进行的纠正或克服；协调则强调在实施过程中的各个环节之间、部门之间及实施主体和公众之间的调节，尽量避免矛盾的发生。

（四）做好实施过程中的反馈与调整

反馈是控制论的一个重要概念，也是公关活动实施的一个重要概念。由于人们通常要用反馈所获得的信息来调整个公共关系计划的实施活动，所以又称为"反馈调整"。其基本思路是根据过去实施的情况对未来的行为进行调整。

（五）充分发挥传播媒体的作用

公共关系的传播渠道主要包括人际传播和大众传播两种。前者有利于双方间的及时交流，富有情感，但信息覆盖面窄；后者的覆盖面大，影响范围广，不受时间限制。因此，实施过程中必须深入、全面了解各种传播媒体的特点，根据公共关系目标、对象、内容、经费等具体情况，选择适当的传播方式。

【特别提示】

当酒店处于创建时期，要提高组织知名度，可以采用大众传播媒介。当酒店处于发展时期，需要加强与政府和社会名流的沟通时，可采用交际型公共活动。当酒店出现特殊情况，如危机事件时，还可以将两种传播方式结合起来，取长补短，以产生更好的效果。

三、酒店公关活动实施的程序

（一）准备阶段

酒店公共活动的准备阶段，实际上是形成公关活动实施方案的一个过程。在这个过程中，需要对公共关系策划方案中所涉及的内容进行细化，使之成为更为具体的系统（见图6-1）。

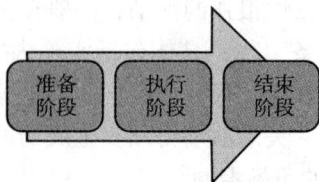

准备
阶段　执行
阶段　结束
阶段

图6-1　酒店公关活动实施的程序

公共关系实施方案又称公共关系策划的实施文案或公共关系技术文案，它是保证公关活动实施取得成功的关键，一般包括以下七个方面的内容。

1. 实施内容

一项公共关系策略的实施，往往由许多个项目组成。这些项目属于一级工作项目，它又可分解为若干个二级工作项目（即更小的工作项目），二级工作项目同样可分解为若干个三级工作项目，直到不能再分解为止。不能再分解的最后一级工作项目称为工作内容。

【特别提示】

在准备阶段，应把一个个的项目细化为一个个的工作内容，以便明确实施过程的具体执行内容，使各项公共关系策略具有更强的可操作性。

2. 时机和进度安排

公共关系实施内容分解完毕后，就要对公共关活动的实施时间（或时机）、工作时间进度等进行策划和设计。

【特别提示】

酒店公关活动实施时机的选择要点

时机的选择应该视实际情况而定，首先，注意避开或利用重大节日；其次，要注意避开或利用国内外重大事件；最后，还应注意不要在同一时间进行多项公共关系活动，以免出现效果的相互抵消。

3. 实施工作的要求和方法

实施工作要求指各项公共关系实施工作内容的操作目标、原则、注意事项和各项工作的控制，它对具体工作方法设计和实际工作过程具有重要指导作用。这里的工作方法特指工作内容的操作规范，而非工作项目的操作方法。对工作项目而言，只存在分解方法，不存在操作方法。

4. 与公众的行动沟通计划

公共关系实施的目的在很大程度上是引起公众的关注，因此，在活动实施前必须认真地制订针对公众的行动沟通计划，包括公共关系专题活动类型的确定、新闻媒体的选择及活动信息载体的制作等。在选择新闻媒体时，应该根据对象公众所惯常使用的传播媒介或渠道来传递信息。

5. 实施工作的预算分配

在实施阶段，应该将总体预算分配到每个工作内容上，以使各项工作得到足够的资金保障。在进行预算分配时，注意不要把一级项目的经费分配完，也应该留有一定的余地，一般每个一级项目要留下至少5%的预算经费来备用，以备出现调整时有资金可用。

6. 实施机构的设置

在准备阶段，还应设置实施机构，使所有的资源在这一机构下高效运转。一般来说，实施机构应包括策划部门、控制部门、执行部门和协调部门。策划部门负责实施方案的设计，控制部门负责对实施过程的监控，执行部门负责各项工作内容的实施，协调部门负责前面三个部门间的协调，以便四部门相互配合，共同致力于公共关系目标的实现。

7. 培训实施人员

在公共关系活动实施方案实施前，酒店必须对实施人员进行一定培训。培训的主要内容有方案实施的具体操作方法及实施工作制度。

（二）执行阶段

1. 注意外部因素的干扰

在执行阶段，应注意外部因素的干扰。具体来说，就是应根据表6－4所示的酒店公关活动实施的影响因素的变化情况，对实施方案进行必要的调整。

表6－4　　　　　　　　酒店公关活动实施的影响因素

目标受众因素	信息传播因素	客观环境因素	突发事件
语言因素 习俗因素 心理因素	信息滞后 信息失真 实施人员间缺乏沟通 渠道单一导致信息不足	社会文化 政治法律 经济 技术 竞争状况 人口	地震 台风 洪水 海啸

2. 落实各项工作内容

在公共关系活动实施的执行阶段，实施人员按照设计好的实施方案，严格控制工作进度，落实各项措施。

3. 实施过程控制

实施人员还应该做好对实施过程的控制，即利用检查、监督和纠偏等控制手段，对传播信息、实施人员、进度、预算和执行效果进行控制。

（三）结束阶段

当一项公共关系活动实施结束时，都要对实施执行的情况进行总结。比如执行过程中的一些突发事件、预算超支严重、新闻媒体宣传时出现问题等，应将这些情况汇总，连带对应的分析结果形成报告，如期、如实地上报，为下一步的效果评估做好相应准备。

四、酒店公关活动实施的管理

在公共关系实施准备工作就绪后，实施成败的关键就在于实施的领导与控制。下面，我们简单介绍一些实施领导和控制的方法。

（一）实施领导与指挥

1. 目标管理法

公共关系实施过程本质上就是实现公共关系目标的过程，在这一过程中，可以对公共关系的总目标进行分解，分配到实施机构的每一个部门、每一个岗位、每个人身上，要求他们进行"自我管理"，这就要求实施机构的领导要动员全体实施人员参与公共关系目标的制定，通过充分协商，使实现酒店公共关系目标成为酒店每个员工的自觉行为。

2. 系统管理方法

即将公共关系活动实施过程看做一个系统来考虑，并要求其各项工作之间、各种工作方法之间、实施人员之间、部门之间、上下级之间都能够完整、统一，以系统运作的形式来实施公共关系计划。

3. "攻心"管理法

"攻心"管理法是指领导者利用自身的领导才能和独特魅力，采用有效的激励措施，使下属能够在感觉受到尊重、信任的前提下，保持个人目标和公关活动实施工作的目标一致，富有激情地投入到公共关系实施的活动中去。

4. 行政管理法

即公共关系活动实施机构的领导者利用酒店赋予他的职权，下达命令、指示，分配各项任务，统一指挥实施工作，以完成公关活动的实施目标的一种方法。

（二）实施控制与反馈

实施控制即将实施过程中的各项工作与公共关系目标相对照，一旦发现偏差及时采取补救措施，以保证组织公共关系目标的过程。具体包括前馈、中馈和后馈控制三种方法。

1. 前馈控制法

又叫超前控制，是指在公共关系活动实施以前，对可能影响活动实施的各种障碍进行充分的调查，并采取有效措施，以保证实施工作的顺利开展。这种方法可以体现酒店的危机预防意识，但是这种方法不便于操作，它对调查分析人员的要求非常高。

2. 中馈控制法

是指在公共关系活动实施过程中，它要求采取各种检查及时发现实施行为偏差，并及时补救的方法。它主要是及时发现问题，在问题出现的初期进行纠正，因此，对检查人员的素质要求比较高。在公共关系活动实施过程中，实施检查的类型主要有行政检查、专业检查、值班检查和委托检查等。

3. 后馈控制法

一种事后控制的方法，它是将公共关系实施中各项工作内容的工作方法操作结果与工作内容的目标要求进行对照，发现偏差及时补救，确保公共关系目标的实现。这种方法虽然也有很强的针对性，但是由于问题已经发生，或者已经造成损失，只能采取补救措施，但是无疑增加了实施过程的管理成本，因此，不应该将此法作为公共关系实施的重要控制方法，只能作为实施过程中其他方法的补充。

【同步案例】

楚风楼大酒店元旦公关活动创意与执行方案

一、活动主题
燕赵楚风，琴瑟和鸣——楚风楼新春书画联谊会

二、活动方式
书画笔会，感怀过去，畅叙新春

概要说明：

1. 书法家代表楚风楼题赠书画作品，根据友情加利益的原则，赠送合适的作品。获赠者均要求与书法家合影。

2. 每次都邀请文字记者参与，择主要人物予以采访。如有能力及被采访对象应允可以公开发表的话，可以发表。如不能发表，即可以作为楚风楼制作年度画册使用。

3. 在活动期间来楚风楼就餐的非受邀客人，凡对书画作品有兴趣者均获赠书法作品一幅（提前准备好的）。若有浓厚兴趣愿与书法家见面者，亦可玉成。（需到办公室登记）

三、宣传方式
对受邀客人的文字表达：

A 面

邀请函

×××先生/女士

您好：

为酬谢您一年来对楚风楼大酒店的鼎力支持，本酒店决定在 2010 年新春到来之际举办书画家与楚风楼大酒店贵宾联谊活动，楚风楼大酒店董事长韩建华携全体员工诚邀您在本月×

日至×日之内，择您方便的时候前来助兴。本店将有名家书画作品相赠及新菜品品鉴活动。

楚风楼大酒店董事长　韩建华（笔签）

年　月　日

B 面

燕赵楚风，琴瑟和鸣

——楚风楼新春书画联谊会

地点：石家庄裕华东路　号楚风楼大酒店

时间：2009 年　月　日

迎新春电话：

备注 1. "燕赵楚风，琴瑟和鸣"为张济海书法

备注 2. B 面可以印刷书画家照片（视情况定）

四、画册

为了使"楚风楼新春书画联谊会"活动能够产生余波，在很长的时间释放影响，在活动结束后，应该印刷一本画册，记录这次活动。

内容

1. 封面

燕赵楚风，琴瑟和鸣

——楚风楼新春书画联谊会

配图：楚风楼酒店照片

背景文字：书画混排

楚风楼大酒店有限公司

2010 年新春

备注：张济海题字

2. 内页

前言（介绍楚风楼的一年感受）

中间的页码（页数视情况定）

内容是：

A. 参与活动的贵宾与书画家的合影

B. 楚风楼的风采（员工、老板、社会活动，如领导参观、捐款收据放大样、荣誉等）

C. 接受采访的贵宾照片及感言（采访者同意这样做）

3. 封底

与封面相同，加上地址、电话、网站、邮箱、QQ 等联络工具

4. 印刷数量

凡参与者必须有。其他可视情况定

五、活动的新闻传达

可以在活动结束后，委托新闻单位以楚风楼大酒店注重文化建设为题进行报道

资料来源：http://www.hbrc.com/rczx/shownews－1790190－13.html.

任务二　酒店公关活动成功与否谁说了算

　　酒店实施公关活动是为了实现既定的公共关系目标，在活动结束后，自然要对其进行评估。公关活动的好坏由酒店面临的社会公众"说了算"。在本任务环节，我们主要介绍酒店公关活动评估的概念与意义、内容、程序和方法，以便大家能够根据需要来进行酒店公关活动的评估工作。

【知识拓展】

一、酒店公关活动评估的概念与意义

（一）酒店公关活动评估的概念

　　酒店公关活动评估是指酒店依据特定的标准，对公关计划、实施及效果进行的评价和估量。通过对公关活动的评估，肯定工作成绩，找出实施效果与目标之间的差距，继而适时地调整公关目标、公共关系的计划和实施方案，以保证公关活动的持续有效开展。

（二）酒店公关活动评估的意义

　　1. 总结经验、吸取教训

　　任何公关活动在结束时都需要及时进行总结，通过对公关活动的计划、实施、效果的分析评价，其经验和教训可以为下一个公关活动和环节提供借鉴。"总结经验、吸取教训"是公关活动评估的重要意义所在。

　　2. 激励内部公众士气的重要形式

　　开展公关活动对酒店树立良好形象所起到的作用，内部员工一般很难有全面而深刻的了解和认识。通过公关活动评估，将公共关系方案的目标、措施和效果向内部员工解释和说明，才能使他们体会到公关活动的重要性，同时也能认清本酒店的利益和实现的途径，自觉地将实现本酒店的战略目标与自己的本职工作紧密地联系在一起，从而增强凝聚力。

　　3. 增强公关意识

　　公关活动评估的另一重要意义还在于使酒店的领导人看到开展公关工作的明显效果，从而使他们能更加自觉地重视公关工作。

　　4. 制造新闻、扩大影响

　　酒店可以将评估的结果和经验提供给新闻传播媒介进行宣传报道，以进一步扩大在社会公众中的影响。即使新闻传播媒介没有做报道，酒店公共关系部门也可以利用自己制作的通报、简报、印发宣传材料等渠道对外宣传评估的成果和经

验，以扩大影响。

二、酒店公关活动评估的内容

公关活动评估的内容较多，主要有以下三个方面：

（一）公关活动原定目标是否实现

公关活动的原定目标是公关活动方案中所设计的主要目标，它是酒店公关活动效果评估的核心标准。将其与通过公关活动实施所达到的实际目标进行比较，可以分析目标实现的程度。

（二）公关活动所选择的模式、传播媒介是否与目标公众相适应

通过公关调查，依据掌握的资料进行评估时，应分析公关活动所选择的模式、传播媒介的效果，具体是看其与目标公众的相符度和对实现目标的作用，以判断是否与目标公众相适应，并作为制订新的公关计划和活动时的重要参考。另外，还需对预算控制进行评估，分析资源投入与目标实现的价值比和效益比，使酒店的人力、财力、物力和时间的投入得以充分利用。

（三）公众态度

在进行评估时，需要对公关活动前后公众对酒店的认识、了解和理解程度进行比较分析，还应评估公众对酒店观点、态度的改变程度。公众"态度"的评估，对公关活动持续有效的开展具有重要的指导意义。

【特别提示】

公关活动评估困难多多

酒店在对公关活动进行评估的过程中，面临众多困难。下面对这些困难进行简单总结，以便酒店公共关系人员对其有所认识和了解。

（1）识别方法不一。

评估对象不同，其对评估结论的识别方法就不同。酒店认为识别公关活动是否成功主要是看营业额上升与否，而公关人员则认为应该是目标受众的态度、观念和行为的变化。

（2）标准不一致。

即便使用同一种识别方法，在衡量标准上也很难统一。比如，同是使用品牌形象的提升作为识别方法时，提升多少幅度可视为成功？没有一个固定的标准来衡量。

（3）难以量化。

公共关系活动的效果难以量化是面临的另一个难题。比如，酒店形象作为社会公众的一种主观性评价，它的提升幅度就很难量化。

（4）时效性。

与大多数营销手段相比，很多公关活动的效果需要持续很长时间才能显现，而现实情况是在项目结束时就需要对其进行评估。此时，公关活动的效果可能尚未得以体现。

（5）受多种内在因素制约。

一个商业目标的实现，受到很多内在因素的制约。公关活动提升了酒店的知名度和美誉度，若产品质量和服务在活动期间出现了危机，两者会相互抵消，进而使公关活动的效果得不到体现。

（6）受多种外在因素的影响。

外在因素的影响也给客观评价公关活动的效果带来了困难。一种常见的情况是来自于同期竞争对手公关活动的影响。酒店公共关系效果不好，可能是公关人员的问题，也可能是投入过低，同竞争者的差距较大。

（7）片面强调某一指标的评估。

比如，目前最普遍的情况是把媒体报道作为评估的重点，甚至是衡量公关活动效果的唯一标准。这虽然大大降低了公关活动评估的难度，但往往因为指标单一而忽视了整个公关活动对酒店全面而深远的影响。

（8）缺乏连贯性。

由于评估面临的种种困难，酒店的公关活动评估多是一种"偶然行为"，缺乏连贯性，这导致无法通过历史的总结来形成一套针对目标受众且被双方都认可的评估方法。

三、酒店公关活动评估的程序

评估工作是对公关活动的计划、实施及效果进行的分析总结，作为一项完整的工作过程，评估过程可概括为以下六个基本步骤。

（一）明确评估目标

明确评估目标，即设计评估的用途和目的，它是用比较法来检验公关计划与实施结果的统一标准。统一的评估目标，可以减少在评估过程中出现的不必要的劳动，除去无用的材料，从而提高评估的效率与效果。

（二）组建评估机构

评估目标的实现，需要借助于一定的组织机构。首先，应取得酒店最高管理者的认可，确保组织将公关活动的评估列入公关计划，这样才能够保障评估工作的正常有序进行。其次，在公关部门内部取得对评估研究意见的共识。最后，在组建一个评估机构或临时性、专项性评估工作班子时，评估人员的构成面要广，既要有专职的公关人员，又要聘请有关的兼职人员，如专家、酒店同行、外部公众代表、内部公众代表和其他相关利益者代表等。

（三）细化评估目标

从可观察和可测定的角度，将目标具体化、精确化，这样可以使评估的实施过程更加明确化与准确化。如果设立的目标不能得到实施，目标就没有了意义。

（四）选择合适的评估标准

公关活动计划的目标说明了酒店期望达到的效果。应针对不同的活动形式和目标，确立评估标准，如果开展的是以改善自身形象，提高美誉度为目标的公关活动，评估应该将公众对组织的认识、态度的变化作为评估标准。

（五）收集和分析评估数据

获取评估数据的途径和方法并不是唯一的，它取决于评估的目的和标准。抽样调查、实地实验或活动记录都可能成为获取数据的好方法。在收集评估数据时，应充分利用保持完整的计划和实施记录，这些记录可以提供大量的评估材料。

对收集到的数据，在整理的基础上应依据事先确定的评估标准对各项目标进行评估。评估机构的工作人员可以运用各种研究方法对这些数据进行分析，看哪些达到了原定的目标，哪些没有达到，哪些甚至超过了预期的效果，原因何在？

（六）及时提交评估报告

评估机构必须如实地将分析结果以正式报告的形式及时上报给酒店的决策部门，这是为了保证酒店的管理者及时掌握相关情况，以便把评估的结果运用到公关工作的调整上，同时也说明了公关活动评估在实现酒店目标中的重要作用。

四、酒店公关活动评估的方法

一项公关活动总是处于一个变化的社会环境之中，它所产生的影响，可能是由活动本身引起的，也可能是其他社会因素作用的结果。评估的方法有很多，这里根据评估主体的不同，介绍三个基本方法。

（一）公众评价法

它是由公关活动的参与对象通过亲身感受，对公关活动给予评价的方法。这种方法在公关活动评估中应用较为普遍，即采用问卷或提问的方法征求公众的意见，了解他们对指定问题的意见、态度、倾向，继而来对公关活动的效果进行分析评价。

（二）专家评价法

它是由公关方面的专家来审定公关计划、观察活动的实施、对计划的实施对象进行调查，综合各方面意见对公关活动进行的评估。评价时，将拟定好的评价项目、评价标准和活动背景资料送至专家手中，请专家就所掌握的资料，提出评估结果、列出评估依据；综合汇总专家意见后，形成评估报告。

（三）实施人员的评估

它是由实施公关活动的人员对计划和实施的进展情况进行评估。这种评估能够及时、充分地利用实施过程中的实际情况，对该项活动的影响效果进行判断。当然，这种评估也有缺陷，缺陷的根源在于实施人员"身在其中"，可能无法公正客观的看出公关活动的真实影响。

【项目小结】

酒店公共活动是酒店为实现公共关系目标而开展的一系列活动，通常是以专题活动的形式来进行。酒店公共关系专题活动是指酒店为了实现特定的公共关系目标，围绕一个特定主题所进行的专题性的传播活动。酒店公共关系专题活动具有主题明确、感染力强和时效性强的特点，是酒店与广大公众进行沟通、塑造自身形象的有效途径。按照主题的不同，可将酒店公关活动分为新闻传播型公关活动、庆典型公关活动、展示型公关活动和交际型公关活动四种类型。

在酒店完成公关活动的策划后，接下来就是公关活动的实施阶段。公关活动实施是在公共关系策划被采纳后，酒店将公关策划活动中形成的公关计划和具体行动方案付诸执行的过程。主要是酒店利用各种传播渠道，把有关的信息传递给对象公众，影响他们的态度和行为，继而创造酒店生存和发展的良好内外部环境。

在实施结束后，酒店需要对公关活动进行评估。酒店公关活动评估是指酒店依据特定的标准，对公关计划、实施及效果进行的评价和估量。通过对公关活动的评估，在肯定工作成绩的同时，找出实施效果与目标之间的差距，继而适时地调整公关目标、公共关系的计划和实施方案，以保证公关活动的持续有效开展。

【思考题】

1. 如何正确理解新闻发布会的程序？
2. 酒店如何开展庆典活动的组织工作？
3. 酒店如何举办专题性的展览会？
4. 如何正确理解交际型公关活动的实施要则？
5. 酒店进行公关活动实施的程序是什么？
6. 酒店开展公关活动评估的程序包括哪些步骤？

项目六　酒店公关活动管理

【案例分析题】

南沙养生酒店形象评估

1. 背景

2012年9月6日，国务院正式批复《广州南沙新区发展规划》，标志着南沙成为全国级别新区。南沙新区得到了前所没有的关注，成为一个旅游热点，人们对南沙新区内的酒店的关注度也大大提升。南沙养生酒店作为一间处于南沙中心的新兴酒店，它的形象成为人们的关注点，也是人们旅游住宿的一个考虑因素。

2. 问题

南沙养生酒店于2011年6月份正式开业，是一家四星级酒店，首创以养生为主题的特色酒店，它拥有266间客房，并拥有养生堂、国医经络馆、中餐厅、大堂吧、多功能宴会厅、会议室、恒温泳池、康体中心、KTV等。为充分地了解南沙养生酒店各方面的形象，为酒店的发展和游客的选择提供一个真实的参考依据。某人运用观察法、访谈法和资料查阅法，以网评客户、酒店员工和管理层为调查对象，了解金沙养生酒店的网上销售情况以及网友对它的评价，并在此基础上完成了对南沙养生酒店形象的评估。

问题：

1. 此次评估目标是否明确，评估标准存在什么问题？
2. 调查对象存在什么问题，还应当包括哪些群体？
3. 酒店公关活动评估包括哪些方法，这些方法应如何相互配合？

【实训题】

1. 请为某酒店成立30周年的庆典活动设计一个"庆典活动策划"，制定详细的实施策略，指明此次活动实施过程中的注意事项，并为此次活动拟定评估方案。

实训要求：运用所学方法，以小组为单位（自愿组合，原则上每组不超过5人）对某一酒店的公共关系经理或负责人进行采访，了解该酒店及其组织形象的现状，据此为该酒店成立30周年的庆典活动设计一个"庆典活动策划"，制定详细的实施策略，指明此次活动实施过程中的注意事项，并为此次活动拟定评估方案。

2. 情景模拟。

情景设定：假设你任职于一家新成立的酒店，为扩大酒店的影响，酒店总经理要求策划一次开业仪式，邀请相关的公众到场。本次公关策划的任务由你负责。

实训要求：

（1）将全班同学分成几个小组，按小组完成训练任务。

（2）每组策划一份公共关系实施方案，重点对公众对象及公关过程进行描述。

（3）小组同学之间相互评分和点评，并对优胜的小组进行奖励。

参考文献

［1］尹景明，贺湘辉．酒店公关实务（第三版）［M］．广州：广东经济出版社，2012．

［2］冉戎，吴颖．公共关系学［M］．重庆：重庆大学出版社，2012．

［3］何燕子，欧绍华．公共关系理论与实务［M］．合肥：合肥工业大学出版社，2012．

［4］张玉雁，刘成君，卢国红．公共关系理论与实务［M］．天津：天津科学技术出版社，2010．

［5］霍瑞红．公共关系实务［M］．北京：中国人民大学出版社，2011．

［6］刘军．公共关系理论与实务［M］．北京：机械工业出版社，2012．

［7］姜华，姜锐．酒店公共关系［M］．北京：中国人民大学出版社，2009．

［8］谢红霞．饭店公共关系实务［M］．北京：高等教育出版社，2012．

［9］董原，陆凤英．公共关系学［M］．北京．经济科学出版社，2012．

［10］曾思燕．公共关系实务［M］．北京：中国劳动社会保障出版社，2012．

［11］葛金田．公共关系基础［M］．北京：中国财政经济出版社，2011．

［12］窦红平．公共关系实用教程［M］．北京：北京邮电大学出版社，2012．

［13］魏振香，王爱玲，黄朴．公共关系理论与实务［M］．北京：中国石油大学出版社，2011．

［14］王银平．现代公共关系（第二版）［M］．北京：高等教育出版社，2012．

［15］张岩松．张丽英．实用公共关系［M］．大连：大连理工大学出版社，2012．

［16］周朝霞．公共关系理论与实务［M］．北京：高等教育出版社，2011．

［17］查灿长．公共关系学［M］．上海：上海大学出版社，2010．

［18］弗兰·迈特拉．公关造势与技巧［M］．北京：中国人民大学出版社，2009．

［19］方莉玫，熊畅．公共关系实务［M］．北京：机械工业出版社，2013．

［20］张践．公共关系学（第二版）［M］．北京：中国人民大学出版社，2011．

［21］王文慧，吕莉．酒店营销新拓展［M］．北京：企业管理出版社，2011．

［22］刘晓萍，崔春芳．酒店服务新概念［M］．北京：企业管理出版社，2012．

［23］唐雁凌，姜国刚，公共关系学（第二版）［M］．北京：清华大学出版社，2011．

［24］中国酒店素质研究组，公关营销部经理案头手册［M］．北京：中国经济出版社，2008．

［25］黄传武，洪向华，提升同媒体打交道的能力［M］．北京：中共中央党校出版社，2008．

［26］尹华光，现代饭店管理［M］．北京：中国林业出版社/北京大学出版社，2008．

［27］CHUCK. Y. GEE，谷慧敏主译，国际饭店管理［M］．北京：中国旅游出版社，2002（4）．

［28］周安华，苗晋平．公共关系——理论、实务与技巧（第三版）［M］．北京：中国人民大学出版社，2010．

［29］梭伦．宾馆酒店公关秀［M］．北京：中国纺织出版社，2009（3）．

［30］荣晓华．公共关系——理论、实务、案例、实训［M］．北京：高等教育出版社，2010．

［31］斯蒂芬·P. 罗宾斯．管理学原理［M］．大连：东北财经大学出版社，2005．

［32］孟帽．营销策划（方法、技巧与文案）［M］．北京：机械工业出版社，2005．

［33］杨再春，林瑜彬编．公共关系理论与实务［M］．北京：机械工业出版社，2012．

［34］唐雁凌，姜国刚．公共关系学（第二版）［M］．北京：清华大学出版社，2011．

［35］ALBERT. EKUDRLE, MELVIN. SANDLER. 酒店公关［M］．北京：机械工业出版社，2003．

［36］费雷泽·P. 西泰尔．公共关系实务［M］．北京：机械工业出版社，2004．

［37］徐永娇．企业宣传手册的作用［J］．决策与信息（下旬刊），2010（6）．